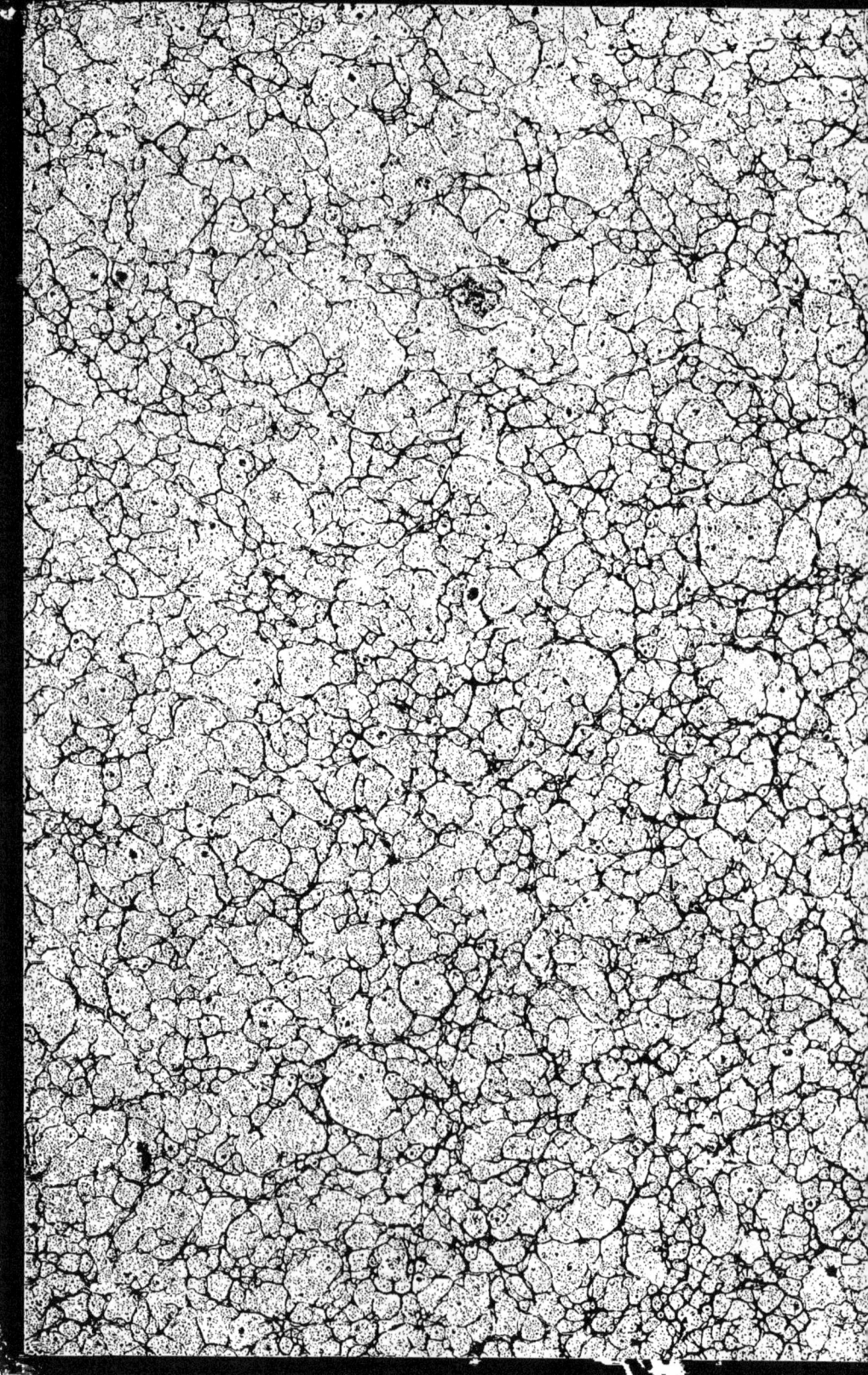

TRADITIONS ET SOUVENIRS

ou

MÉMOIRES

TOUCHANT LE TEMPS ET LA VIE

DU GÉNÉRAL AUGUSTE COLBERT

(1793-1809)

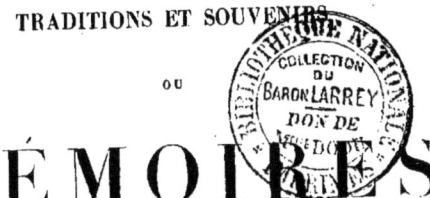

Paris. — Imprimerie de Ad. Lainé et J. Havard, rue des Saints-Pères, 19.

TRADITIONS ET SOUVENIRS

OU

MÉMOIRES

TOUCHANT LE TEMPS ET LA VIE

DU GÉNÉRAL AUGUSTE COLBERT

(1793-1809)

PAR N.-J. COLBERT,

MARQUIS DE CHABANAIS (SON FILS).

TOME SECOND.

PARIS,
LIBRAIRIE DE FIRMIN DIDOT FRÈRES, FILS ET Cⁱᵉ,
RUE JACOB, 56.
—
1863

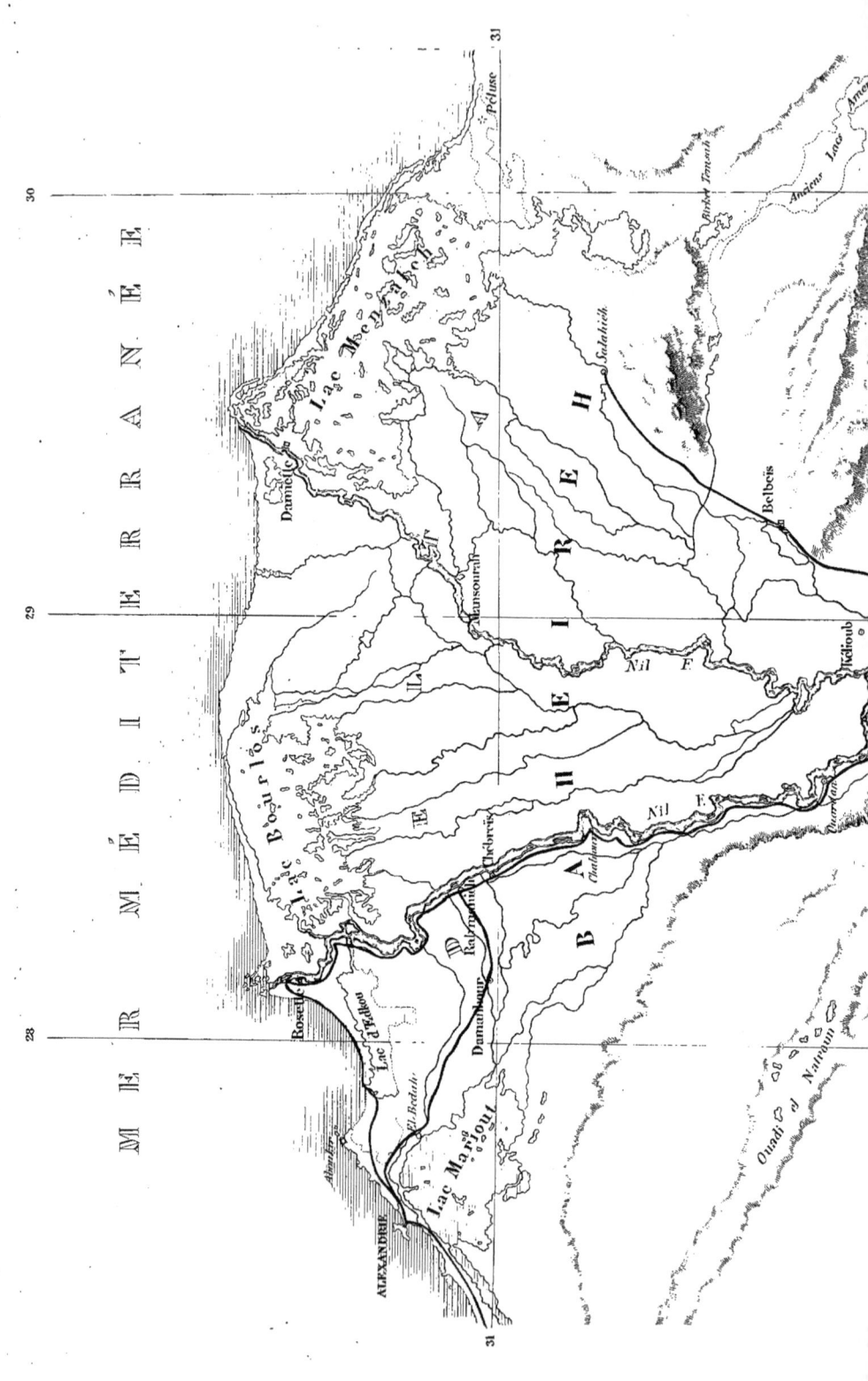

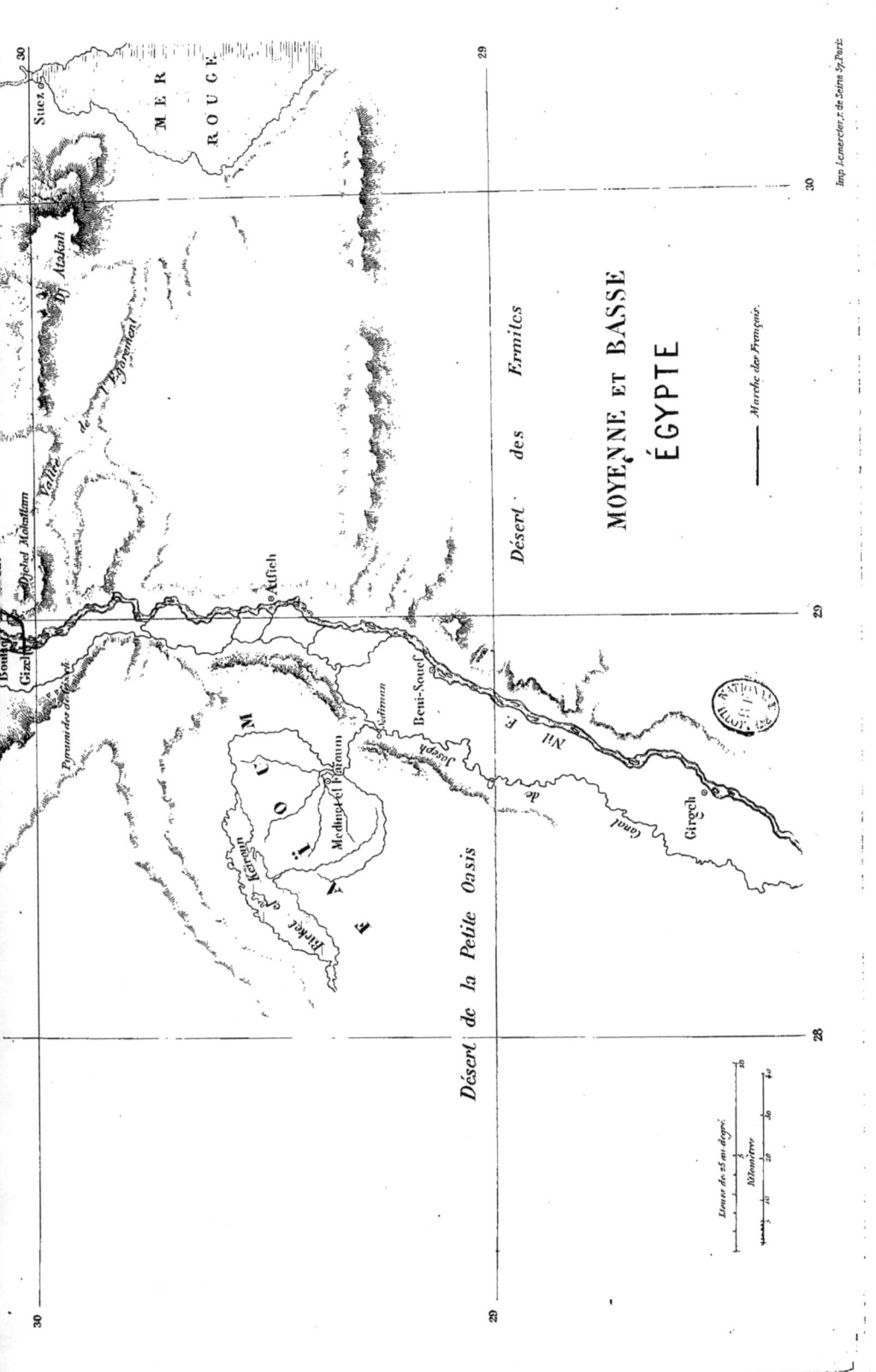

TRADITIONS ET SOUVENIRS

ou

MÉMOIRES

TOUCHANT LE TEMPS ET LA VIE

Du général AUGUSTE COLBERT.

CHAPITRE HUITIÈME.

L'Égypte. — Le Nil. — Inondations. — Le lac Mœris et le canal de Joseph. — Que la fertilité de l'Égypte dépend de son gouvernement. — Le Désert. — Le chameau. — Déserts qui dépendent de l'Égypte. — L'Arabe Bédouin. — Les Coptes. — Population de l'Égypte sous les Ptolémées, sous les Califes, en 1798. — Arabes et Turcs. — Les Mameluks. — Leur pouvoir. — Origine, recrutement, organisation de cette milice. — Sélim partage l'Égypte en vingt-quatre beyliks. — Ali. — Mourad. — Ibrahim. — Mœurs, éducation des Mameluks. — Leurs costumes, leurs armes, leurs exercices. — Les Mameluks et la cavalerie française. — Productions de l'Égypte. — Son admirable situation commerciale. — Les caravanes. — L'Orient et l'Occident se retrouvent en présence. — Comment Mourad reçut la nouvelle de l'arrivée des Français en Égypte.

L'Égypte est un des pays les plus curieux qu'il y ait au monde. Qu'on se figure une vallée de plus de deux cents lieues de long sur cinq de large environ et terminée par une plaine d'une surface de deux mille six cents lieues carrées, s'étendant jusqu'au bord de la mer. Au milieu de cette vallée coule un fleuve encaissé; dans son long parcours, il ne reçoit aucun affluent et roule communément à la mer, en vingt-quatre heures, de soixante-dix à quatre-vingt millions de mètres cubes d'eau. Mais, vers le milieu de juillet, ce volume commence à s'accroître et va en grossissant jusqu'au mois de septembre : c'est près de cinq ou six cents millions de mètres cubes que le fleuve fournit alors par jour, et la masse des eaux, passant par-dessus les bords, inonde la plus grande partie de la vallée.

Telle est l'Égypte, telle est la cause de son antique et toujours nouvelle fécondité. Voilà pourquoi elle a été l'un des premiers lieux habités du monde.

Vers le mois de novembre ou de décembre, lorsque les eaux se sont retirées, la terre est couverte d'un limon sur lequel l'agriculteur jette la semence; elle s'enfonce par son propre poids, germe bientôt, et en mars on récolte le blé. C'est ainsi que l'Égypte produit sans engrais, sans labour et sans pluie, car il n'y pleut pour ainsi dire jamais; le limon conserve assez d'humidité pour résister à l'action du soleil, et d'ailleurs les rosées sont toujours abondantes.

Sans les inondations, l'Égypte ne serait qu'un pays misérable : l'industrie humaine a donc cherché de bonne heure à les étendre, à les régulariser, car il faut qu'elles ne soient ni trop hautes ni trop basses. Le lac immense creusé par le roi Mœris avait pour but de remédier à ce double inconvénient : si l'inondation était trop faible, les eaux du lac s'écoulaient dans le Nil par le canal de Joseph; était-elle trop considérable, les eaux venaient se rendre dans le lac par le même canal : immense système dont il reste peu de traces, mais dont le souvenir excite encore aujourd'hui l'étonnement et l'admiration.

L'abondance, la bonté des récoltes, tenant à l'étendue et à la régularité des inondations, « dans aucun pays l'administration n'a autant d'influence sur la prospérité publique qu'en Égypte. Si l'administration est bonne, les canaux sont bien creusés, bien entretenus, les règlements pour l'irrigation sont exécutés avec justice, l'inondation plus étendue. Si l'administration est mauvaise, vicieuse ou faible, les canaux sont obstrués de vase, les digues mal entretenues, les règlements de l'irrigation transgressés, les principes du système d'inondation contrariés par la sédition et les intérêts particuliers des individus ou des localités. Le gouvernement n'a aucune influence sur la pluie ou la neige qui tombe dans la Beauce ou dans la Brie; mais, en Égypte, le gouvernement a une influence immédiate sur l'étendue de l'inondation qui en tient lieu. C'est ce qui fait la différence de l'Égypte administrée sous les Ptolémées, et de l'Égypte déjà en décadence sous les Romains et ruinée sous les Turcs [1]. »

Si le Nil est le dieu bienfaiteur de l'Égypte, le génie du bien, l'Osiris qui vient la féconder, tout à côté est le génie du mal, Typhon, le désert, qui de tous côtés, à l'exception de celui où elle est bornée par la mer, l'enveloppe, l'étreint, et cherche à l'envahir.

« On trouve, dit Napoléon, de l'eau, de

[1] *Camp. d'Égypte et de Syrie, dictées au général Bertrand*, t. I, p. 45.

l'herbe et des arbres dans les déserts de l'Amérique; on trouve de l'eau et de l'herbe dans les déserts de la Tartarie; on ne trouve ni eau, ni herbe, ni arbres dans les déserts de l'Afrique et de l'Arabie. » Les premiers peuvent devenir la vie, les autres sont à tout jamais la stérilité et la mort. Des horizons sans limites n'y montrent que du sable, toujours du sable, que parfois le vent soulève en nuages épais et brûlants, effaçant les aspects de la veille, en créant de nouveaux sans en changer la monotonie, de telle sorte que, sur cet océan en apparence immobile, la trace du voyageur qui passe ne peut servir à celui qui le suit : séjour mortel pour l'homme, espace infranchissable pour lui, si la Providence n'y avait placé l'animal qui, seul, peut le rendre habitable.

« Le chameau est l'image du désert, grand, maigre, difforme, monotone, patient, mais d'un caractère sauvage et méchant quand il est poussé à bout. Il se nourrit d'absinthe et de plantes épineuses. Une livre de cette nourriture par jour, ou autant de fèves, d'orge ou de noyaux de dattes, et une livre d'eau, lui suffisent. Il reste quatre ou cinq jours sans boire, quelquefois jusqu'à six et sept, mais alors il souffre. Il passe plusieurs jours sans manger. Son lait, son fromage, sa chair, nourrissent l'Arabe; son crin, sa peau, l'habillent et forment ses tentes. Le chameau est une bête de somme; il n'est pas bâti pour traîner, il porte autant que trois chevaux; c'est le navire du désert. Chargé et à son pas naturel, il fait mille huit cent cinquante toises par heure; il marche dix-huit heures avec le repos d'une heure. Lorsqu'il le faut, il fait seize lieues de vingt-cinq au degré par jour, mais il en fait facilement douze. L'Arabe le loue au commerce et à l'agriculture. Il en vend, car il en élève beaucoup plus qu'il ne lui en faut. Né pour le désert, cet animal y prospère et y croît en grand nombre. Avec le gain du travail du chameau, l'Arabe se procure les blés, l'orge, les habits et les armes dont il a besoin. Une tribu de quinze cents à deux mille personnes a souvent six à sept cents juments, poulains et chevaux, quinze à vingt mille chameaux, grands ou petits, mâles ou femelles [1]. »

[1] *Camp. d'Égypte et de Syrie dictées au général Bertrand*, t. I, p. 51.

Six déserts dépendent géographiquement de l'Égypte et forment une surface d'environ quarante mille lieues carrées. Trois appartiennent à la Libye : le désert de Baheiréh, qui s'étend d'Alexandrie à El-Baratoun et à l'oasis d'Ammon ; le désert de la Petite-Oasis, borné par les pyramides de Gizeh, le Faioum, la Petite-Oasis et le canal de Joseph ; enfin le désert de la Grande-Oasis, qui commence à la hauteur de Syène et comprend l'espace existant entre le Nil et la Grande-Oasis.

Le quatrième est le désert de la Thébaïde, dans la Nubie : il s'étend de la rive droite du fleuve, de la presqu'île de Coptos à la mer Rouge, et de Cosseir à Kénéh.

Le cinquième est celui des Ermites, entre le Nil et la mer Rouge, borné au nord par la vallée de l'Égarement.

Le sixième enfin est celui de l'isthme de Suez, qui s'étend du Caire à Suez et de Suez à mi-chemin du mont Sinaï, de Jérusalem, de Gaza.

L'hôte de ces déserts est l'Arabe nomade ou Bédouin. A l'époque de l'expédition française ils étaient au nombre d'environ cent mille, pouvant fournir dix-huit à vingt mille cavaliers.

Pour l'Arabe, ces vastes et arides solitudes, qui nous inspirent de l'effroi, sont la plus chère des patries ; errer sans cesse dans un espace sans limites, changer à chaque instant d'horizon et de gîte est l'idéal de sa vie. Il regarde en pitié le malheureux attaché au champ qu'il cultive, au toit qui l'abrite. Pour lui, le désert est la liberté. Impatient de toute autorité, il a toute la fierté de son indépendance.

Les mœurs des Arabes sont, en général, simples et pures. Il n'est pas rare de rencontrer parmi eux des sentiments élevés. Plusieurs tribus, il est vrai, vivent de rapine, détroussent les voyageurs, pillent les caravanes, mais c'est le plus petit nombre.

Malgré les inconvénients qui résultent de ces habitudes et de ce caractère indisciplinable, leur utilité est trop marquée, le rôle qui leur est assigné trop évident, pour qu'il soit d'une sage politique, de la part des maîtres de l'Égypte, de chercher à les détruire. Il faut les maîtriser, mais non les faire disparaître. Eux seuls savent se frayer une route à travers ces régions stériles. Avec une étonnante sûreté de coup d'œil, d'observation ou d'instinct, ils s'avancent, sans hésitation, à travers l'espace et arrivent à point nommé. Aussi est-ce par eux, et par eux seuls, que l'Égypte peut entretenir des communications avec la Syrie, l'Arabie, les Oasis, l'Afrique centrale, Tripoli et le Fezzan. Les transports du Nil à la mer Rouge, de Kénéh à Cosseir, du Caire à Suez, seraient également impossibles sans eux. On a donc pu dire, avec raison, qu'ils étaient les pilotes d'un océan dont les chameaux sont les navires.

La population de l'Égypte est à la fois très-variée et très-mêlée. C'est la conséquence de sa position centrale au milieu des trois parties de l'ancien continent; de tout temps, elle a été l'un des grands chemins du monde, le point de rencontre des nations. Ce résultat doit être attribué aussi aux nombreuses conquêtes subies par l'Égypte, depuis les temps historiques les plus reculés jusqu'à celles des Grecs, des Romains, puis des Arabes, qui sont venus tour à tour y superposer, pour ainsi dire, tant de races diverses. La polygamie des Mahométans enfin a beaucoup contribué à ce mélange des différents types. Celui de la population indigène, ou du moins des très-anciens habitants de l'Égypte, est le plus difficile à retrouver. On a cru le reconnaître dans les Coptes. En 1798, on en comptait environ cent mille. Ils sont chrétiens, ont des évêques, des églises, des couvents, mais ne reconnaissent pas le pape. Leur fidélité à leur foi au milieu de maîtres mahométans, leur éloignement pour les armes au milieu de populations guerrières, sont les causes de l'espèce de dégradation qu'ils ont subie et du mépris sous lequel ils sont tombés. D'ailleurs intelligents, habiles, rusés, ils ont su, depuis des siècles, se faire les hommes d'affaires, banquiers, receveurs des gouvernements qui se sont succédé en Égypte.

D'après l'historien Josèphe, la population de l'Égypte était, de son temps, de 7,500,000 âmes. Amrou, bien plus tard, l'évalue à 26,000,000, ce qui semble fort exagéré. Quelque habile et prospère qu'ait été le gouvernement des califes arabes, il est peu probable qu'après la longue période de guerres, d'anarchie, d'invasions, qui avait accompagné la dissolution de l'empire romain et précédé la domination des califes, l'Égypte ait pu renfermer une population tellement supérieure à ce qu'elle était au premier siècle, époque, au contraire, où, depuis de longues années déjà, sous le gouvernement des Romains, le pays jouissait d'un calme profond.

En 1798, la population était évaluée à deux millions cinq cent mille habitants. Dans ce nombre, les Arabes comptaient pour deux millions environ. Les uns, sous le nom de *moultezins*, formaient une sorte de noblesse et étaient seigneurs et propriétaires de villages ; d'autres fournissaient des interprètes à la loi, des ministres à la religion ; une troisième classe enfin était composée de petits propriétaires, même de simples journaliers, qui se considéraient comme fort supérieurs aux autres *fellahs* ou paysans. Toute l'administration supérieure du pays était aux mains des Arabes.

Les Turcs, y compris les femmes, les enfants et les vieillards, à l'époque de l'expédition française, étaient au nombre de quarante mille. C'étaient les descendants de ceux qui, au seizième siècle, avaient conquis l'Égypte, ou qui, depuis, y avaient été successivement envoyés de Constantinople pour remplir les fonctions d'*effendis,* de *caïds,* d'*émirs*. Toute cette partie de la population habitait dans les villes; elle fournissait une garde au pacha, qui représentait le pouvoir du sultan.

Venaient enfin les maîtres réels du pays, les Mameluks. Le rôle qu'ils ont joué pendant plusieurs siècles, le pouvoir auquel ils étaient arrivés, l'éclat de la lutte qu'ils soutinrent contre les Français, méritent que l'on donne quelques détails sur leur origine et leur organisation.

L'histoire des Mameluks présente un fait curieux et peut-être unique : celui d'une simple milice, étrangère au pays qu'elle habite; dont les membres n'ont entre eux aucun lien de nationalité ou de famille, ne se recrutant que par l'achat d'esclaves vendus sur le marché de Constantinople ou du Caire, se perpétuant ainsi pendant des siècles, et finissant par exercer un pouvoir souverain, et par le fait indépendant, sur une des plus belles contrées de la terre, vaste, riche et populeuse.

Déjà, bien avant le dixième siècle, les souverains de l'Orient, califes, soudans, achetaient de jeunes enfants, les faisaient dresser au métier des armes et en formaient des corps de troupes. Telle est l'origine des Mameluks. Mameluk signifie esclave acheté. Cette milice devint tellement puissante qu'elle s'affranchit du pouvoir des sultans. Noureddin, Saladin, étaient des Mameluks. Pendant près de cinq cents ans, cette milice, où jamais, pour ainsi dire, le fils ne succédait au père, mais où toujours un chef nouveau s'élevait des derniers rangs, gouverna l'Égypte et la Syrie.

Lorsqu'au seizième siècle le sultan Sélim détruisit leur pouvoir, il agit ainsi qu'Octave avait fait seize siècles avant. Octave, ne voulant pas confier à un seul gouverneur cette Égypte qui a toujours eu le privilége d'attirer l'attention des maîtres du monde et d'exciter la jalousie de ses possesseurs, la divisa en onze prétures. Également soupçonneux et jaloux, Sélim, craignant qu'un pacha ambitieux ne fût tenté de s'approprier un tel joyau et de se rendre indépendant, imagina de partager l'Égypte entre vingt-quatre beys mameluks. Chacun d'eux devait avoir une maison de six à huit cents esclaves. Ces esclaves devaient être achetés en Asie ou en Europe, surtout en Circassie, mais ne pouvaient jamais être pris parmi les Arabes ni parmi les habitants de l'Égypte. En subdivisant ainsi le pouvoir, en le plaçant en des mains étrangères au pays, il espérait maintenir à tout jamais l'autorité des sultans et prévenir l'usurpation.

D'ailleurs l'Égypte, comme toutes les autres parties de l'empire, avait ses janissaires, et un pacha turc y représentait la souveraineté du chef des croyants. Mais bientôt l'influence de ce pacha fut effacée par celle des beys, qui croissait toujours. Ils formèrent une espèce de république soumise aux plus influents, dans laquelle le plus brave et le plus habile occupait presque toujours la première place. En 1767, ce chef, nommé Ali, qui avait pris le titre de *Scheik-el-Belad du Caire*, se déclara indépendant. En 1798, Mourad et Ibrahim, élevés dans la maison d'Ali, étaient les maîtres réels de l'Égypte, et le pacha turc résidant au Caire n'était plus que l'ombre d'un pouvoir évanoui. Les Mameluks pouvaient alors mettre à cheval 12,000 cavaliers, accompagnés chacun de deux *hélots* ou domestiques.

Chose qui mérite quelque attention : ces hommes, remarquablement beaux et vigoureux, ces vaillants soldats, ne se reproduisaient pas, ou du moins ne faisaient pas race. On a cherché à expliquer ce fait bizarre, anormal, par leurs mœurs : l'explication est au moins insuffisante. Beaucoup de Mameluks se mariaient, avaient des femmes, des harems, quelquefois des enfants; mais ces enfants, en général, vivaient peu, ou disparaissaient. Ils ne pouvaient hériter des honneurs de leur père, à peine de ses biens. Cela ne constituait pas une famille. La vraie famille des Mameluks était la maison du bey à qui ils appartenaient et dans laquelle ils avaient été élevés. Là se concentraient toutes leurs affections, leurs souvenirs, leurs espérances. Arrachés à leurs parents dès l'âge de sept à huit ans, amenés de Circassie ou du Caucase au Caire et vendus, ils trouvaient dans la maison de leur maître, d'abord tous les soins que réclamait leur enfance, puis bientôt tout ce qui peut séduire, enflammer la jeunesse, des chevaux, des armes, des jeux brillants avec de jeunes camarades. Le but de l'éducation qu'ils recevaient était de faire d'eux des soldats intrépides et d'habiles cavaliers. Ils apprenaient de bonne heure, par les exemples qu'ils avaient sous les yeux, que l'adresse et la bravoure étaient non-seulement les moyens d'attirer sur eux la faveur de leur maître, mais encore de s'ouvrir la route des honneurs et d'arriver un jour au premier rang. Mourad-Bey, Ibrahim-Bey, avaient ainsi commencé.

L'enfance, la jeunesse des Mameluks, se passaient donc à apprendre à manier leurs chevaux avec une hardiesse et une habileté qui excitèrent l'étonnement et l'admiration des Français, lorsqu'ils se rencontrèrent pour la première fois. On les voyait s'élancer au galop avec la rapidité de l'éclair, puis, s'arrêtant court, décharger leur armes et faire volte-face; tantôt faire cabrer leurs chevaux pour esquiver le coup d'un adversaire, ou, les faisant pirouetter sur leurs pieds de derrière, se débarrasser avec le sabre de plusieurs assaillants. Cette équitation, il faut le dire, tenait à la nature des chevaux qu'ils montaient, et surtout au pouvoir qu'ils exerçaient sur ces animaux, au moyen de mors capables de maîtriser les plus vigoureux, enfin à l'assiette inébranlable du cavalier emboîté dans une selle qui le soutenait en avant et en arrière, plutôt qu'elle n'était due à une véritable science équestre employant avec précision et finesse des moyens raisonnés.

Les Mameluks enroulaient autour de leur tête de riches étoffes, souvent des châles de cachemire avec lesquels ils formaient ces beaux turbans dont l'aspect est si pittoresque et qui accompagnent si bien un mâle visage. Quelques-uns portaient des casques en fer, de forme à peu près conique, terminés par une pointe; sur le devant était adaptée une étroite barre de fer qui, glissant et s'abaissant à volonté le long du nez jusque sur la bouche, mettait la figure à l'abri des coups de sabre. A cheval, leur habit de guerre était une espèce de veste ou de gilet à manches. Parfois ce vêtement, fait de la soie la plus brillante, dissimulait une fine cotte de mailles placée en façon de doublure, qui s'étendait jusque sur les bras et même sur le dessus de la main et des doigts, de manière à les préserver. Ils avaient de larges pantalons et plaçaient leurs pieds chaussés de babouches dans de grands étriers dont le tranchant pouvait servir à la fois d'éperon et d'arme offensive contre les chevaux et les cavaliers ennemis, dans la mêlée. Outre les pistolets qu'ils portaient à leur ceinture à côté de leur poignard, ils en avaient une autre paire suspendue à l'arçon de la selle, avec un tromblon et une seule baguette en fer destinée à charger toutes ces armes; le tout bien attaché à l'homme ou au cheval; joignez encore à cet attirail une hache ou marteau d'armes, dont le manche, se dévissant, contenait quelquefois un *djérid* ou léger javelot, dont je parlerai plus tard.

A cet équipement déjà si formidable il faut enfin ajouter l'arme qui, dans leurs mains, était la plus redoutable : le sabre recourbé, communément appelé *damas*. Son admirable composition, sa fine trempe, ont longtemps défié toute la science et l'habileté de nos chimistes. Convenablement aiguisé en biseau d'un seul côté, et manié par des mains exercées, il produit des effets extraordinaires. On ne frappe pas avec ce sabre, mais la lame, soit poussée en avant par l'impulsion du cheval ou de la main, soit brusquement ramenée d'avant en arrière, glisse ou plutôt scie, et pénètre de manière à produire d'effroyables blessures. Dans une charge, un hussard du 7e régiment eut, à la lettre, le corps coupé en deux ; il ne tenait plus que par la colonne vertébrale. Je tiens ce fait d'un témoin oculaire et digne de foi[1]. Mourad-Bey tranchait d'un seul coup la tête d'un jeune taureau.

Pour s'exercer à se servir de ces sabres, les Mameluks se plaçaient dans leur salle d'armes, debout, très-près d'un pilier, de telle façon qu'il n'y eût place entre leur visage et le pilier que pour le passage de la lame. Alors, élevant la main qui tenait le sabre au-dessus de la tête et de l'épaule opposée, ils la ramenaient par un mouvement rapide et diagonal, de manière que la lame passât entre la figure et le pilier, et répétaient ce mouvement avec célérité. Lorsqu'ils

[1] Le général Alphonse Colbert.

avaient pris l'habitude de sabrer ainsi, ils s'exerçaient à trancher d'un seul coup un large morceau d'étoffe légère lancé en l'air. Voici en quoi consistait cet exercice ; il demande beaucoup d'adresse et peut être fort gracieux :

Deux personnes, tenant par les quatre coins une longue écharpe de mousseline étendue, l'abaissent et l'élèvent successivement jusqu'au moment où elles la sentent gonflée et soulevée par l'air. Alors elles l'abandonnent et le léger tissu flotte un instant, suspendu au-dessus de leurs têtes. C'est à ce moment que celui qui tient le sabre doit la couper en deux d'un seul coup. S'il est bien donné, la lame traverse la mousseline comme si elle n'avait eu qu'à fendre l'air, et les deux côtés de l'écharpe tombent aussi mollement à terre que s'ils n'eussent pas été touchés.

Une seule personne peut aussi lancer à la fois la mousseline d'une main et, de l'autre, donner le coup de sabre.

Un des exercices les plus propres à faire, des Mameluks, des cavaliers hardis et agiles, à leur donner à la fois du sang-froid et un coup d'œil juste et rapide soit pour l'attaque, soit pour la défense, était la course du *djérid*[1]. Le djérid est une espèce de javelot de deux à trois pieds, ou tout simplement un bâton de bois dur et pesant. Deux cavaliers au galop, armés du djérid, cherchaient à s'atteindre en le lançant. Dans ce jeu, qui n'était pas exempt de péril, l'habileté consistait, non-seulement à frapper juste, mais encore à esquiver le djérid, quelquefois même à le détourner ou à le saisir avec la main[2].

La perfection de l'équipement des Mameluks, la bonté de leurs armes, leur adresse à s'en servir, la vigueur et la souplesse de leurs chevaux, l'habileté avec laquelle ils savaient les diriger, en faisaient des adversaires redoutables. Napoléon dit : « Un Mameluk était plus fort qu'un Français, il était plus exercé. Cent Mameluks se battaient avec probabilité de succès contre cent Français; mais, dans une rencontre de deux corps d'un nombre supérieur à deux cents chevaux, la probabilité était pour les Français. Les

---

[1] *Djérid* signifie bâton.
[2] Je tiens tous ces détails du général Édouard Colbert, qui avait passé plusieurs années en Égypte, et qui, à son retour en France, fut chargé par le premier Consul d'organiser l'escadron des Mameluks de la garde.

Mameluks se battent sans ordre ; ils forment un tourbillon sur les ailes pour tourner les flancs et se jeter sur les derrières de la ligne[1]. »

Tels étaient les adversaires que les Français allaient avoir à combattre. La tactique européenne devait bientôt montrer combien la supériorité individuelle disparaît devant la science des mouvements d'ensemble.

Les Mameluks joignaient d'ailleurs à leurs qualités physiques un caractère fier et hardi. Une longue habitude de domination les avait remplis du sentiment de leur supériorité ; leur bravoure était brillante, audacieuse : il semblait qu'ils eussent conservé comme un reflet de la valeur et des qualités chevaleresques de ces croisés que leurs devanciers avaient combattus au moyen âge.

Les Mameluks, on le voit, étaient essentiellement l'élément militaire, guerrier, de la population de l'Égypte, celui qui seul pouvait offrir une résistance. Il y avait bien les Arabes ; mais leur caractère indiscipliné, la haine qu'ils portaient aux Mameluks, la jalousie que le général

[1] *Camp. d'Égypte et de Syrie*, dictées au général Bertrand, t. I, p. 277.

Bonaparte sut entretenir et même exciter entre eux et ces derniers, empêchèrent toujours qu'ils ne fissent cause commune.

Il me reste à dire quelques mots sur les productions de l'Égypte et sur son état commercial, pour bien faire comprendre quelle était la situation de ce pays lorsque l'armée d'Orient y débarqua.

Le sol de l'Égypte a des productions très-variées et fournit plusieurs récoltes par an. La première et la principale est celle qui provient des terres inondées naturellement par le Nil. Les semences ayant été faites en novembre et décembre, elle a lieu en mars, avril et mai, et donne du blé, de l'orge, des fèves, des lentilles, des trèfles, du fenugrec, etc., etc. Dans les autres terres, arrosées artificiellement, c'est-à-dire au moyen de machines, on cultive le *dourah*, espèce de millet, le maïs, le riz, la canne à sucre, l'indigo, le henné, etc.

L'*ardeb*[1] de blé valait, au Caire, 8 francs, en 1798. La nourriture d'un cheval coûtait par jour 12 *paras*[2]; celle d'un bœuf, 10; d'un chameau, 5.

---

[1] L'*ardeb* est de 184 litres. — [2] Le *para* vaut 8 centimes.

La journée d'un homme se payait 10 paras. On estimait, terme moyen, le revenu annuel du *feddam*, qui représente une surface de 5,029 mètres, à 50 francs. Le bas prix de toutes les denrées peut faire apprécier l'abondance de la production.

Les bœufs, les buffles, sont très-communs en Égypte. Les chevaux, les ânes et les mulets sont d'une belle race. Les moutons sont grands et ont beaucoup de laine. Les poules sont innombrables. On connaît l'art que les Égyptiens possèdent, de temps immémorial, de faire éclore des poulets dans des fours appelés *ma'mals*[1]. On estimait qu'il y avait alors en Égypte deux cents fours de cette espèce, pouvant contenir chacun vingt mille œufs par *couvée*. On faisait quatre couvées par an, ce qui donne environ seize millions de poulets.

L'Égypte est couverte de colombiers. C'est en Orient qu'on a commencé à se servir de pigeons pour porter les messages.

Le poisson est abondant dans les mers et

---

[1] Ces fours sont chauffés de 36 à 38 degrés centigrades, et au bout de vingt jours l'éclosion a lieu.

dans les lacs qui baignent l'Égypte. Ceux du Nil ont un goût de vase.

Nul pays n'est mieux placé pour servir d'entrepôt et de lieu d'échange au commerce de l'ancien monde. Par la Méditerranée, il est en rapport avec l'Europe, l'Asie Mineure, la Syrie; par la mer Rouge, avec l'Inde, l'Arabie et une partie de l'Afrique. Il a, d'ailleurs, de nombreuses communications par terre. « Les caravanes du désert arrivent au Caire comme un convoi de bâtiments marchands dans un port, sans y être attendues. On signale une caravane qui débouche aux Pyramides par les déserts de la Libye; elle demande à passer le Nil et un emplacement pour se camper : c'est une caravane qui arrive du Fezzan, ou de Maroc, ou d'Alger, ou de Tripoli, ou du Darfour, ou du Sennaar. On signale une caravane qui arrive par le désert de Suez ou de la Syrie : elle arrive de Tor, ou d'Arabie, ou de Jérusalem, ou de Damas, ou de Bagdad, ou de Gaza[1]..... »

La masse des affaires qui se faisaient au Caire

---

[1] *Campagnes d'Égypte et de Syrie, dictées au général Bertrand*, t. I, p. 113.

à la fin du dernier siècle, par aller et retour, peut s'évaluer à deux cents millions de francs. Le café seul y comptait pour trente millions. Combien ce commerce devait-il être plus considérable alors que le passage par le cap de Bonne-Espérance était ignoré! On peut également juger de ce qu'il peut redevenir par le percement de l'isthme de Suez.

Napoléon estime que les différents impôts pouvaient produire au moins cinquante millions, représentant, par suite du bas prix des denrées et de la main d'œuvre, cent cinquante millions en France. Pendant les quarante mois que dura l'administration française, malgré une guerre continuelle et la stagnation du commerce, le trésor perçut 80,000,000 de francs, et, de leur côté, les Mameluks, les armées turques et les Anglais avaient également beaucoup tiré du pays.

L'Égypte était donc une magnifique conquête, surtout quand on songe à ce qu'elle pouvait devenir entre les mains d'une administration éclairée et habile.

En 1798, ses maîtres, les beys et leurs Mameluks, jouissaient paisiblement de leur pouvoir et de toutes ces richesses sans se douter que l'orage s'avançait sur eux, et, quand on le leur eût dit, s'en seraient-ils inquiétés?... Dans leur orgueilleuse ignorance, pouvaient-ils croire à un danger possible, surtout de la part de ces *infidèles* méprisés? Qui oserait affronter le tranchant de leurs sabres et se flatterait d'échapper à la rapidité de leurs coursiers? Mourad, leur chef, ne faisait-il pas voler une tête d'un seul coup? Qui donc pouvait être plus fort et plus puissant que lui?

Ce fut, il faut en convenir, un réveil bien inattendu pour le vieil Orient, si tranquillement endormi depuis des siècles sur ses vieilles prouesses, que de se trouver tout à coup en présence de son ancien rival l'Occident, cet Occident dont l'audacieux génie avance toujours. L'un était resté à peu près ce qu'il était au temps des croisades; l'autre, depuis cette époque, avait toujours marché; il avait accumulé des prodiges d'invention, d'industrie, et reculé de toutes parts les limites de la puissance humaine. Aussi, lorsque, sur le bruit de la prise de Malte, le consul d'Autriche, M. Charles Rossetti, très-influent auprès des Mameluks, crut devoir prévenir Mourad-Bey de la nécessité de se mettre en mesure contre une invasion possible et même très-présumable de la part des Français, celui-ci, pris d'un fou rire, lui dit : « Que voulez-vous que nous ayons à craindre de ces gens-là, surtout s'ils sont comme ces *cawadgis*[1] que nous avons ici? Quand il en débarquerait cent mille, il me suffirait d'envoyer à leur rencontre les jeunes élèves mameluks, qui leur couperaient la tête avec le tranchant de leurs étriers[2]. » M. Rossetti s'efforça de lui faire comprendre que les vainqueurs de l'Italie étaient autre chose que les pauvres marchands étrangers qu'il avait vus au Caire ou à Alexandrie. Mourad ne fut point convaincu ; seulement, par complaisance pour M. Rossetti, il envoya deux quintaux de poudre à Alexandrie. Peu de jours après, lorsqu'il apprit le débarquement des Français, il fit demander M. Rossetti et lui dit d'un ton irrité que ces impertinents de Français avaient osé mettre le pied en Égypte, et

---

[1] Cafetiers.
[2] Clot-Bey, *Aperçu général sur l'Égypte*, t. II, p. 174.

qu'il eût à leur écrire de sa part de décamper au plus vite. — « Mais, fit observer M. Rossetti, ils ne sont pas venus ici pour s'en retourner sur la première injonction. » — « Eh! que veulent donc ces infidèles, ces meurt-de-faim? reprit Mourad impatienté, envoyez-leur quelques milliers de pataques, et qu'ils partent! » — « Mais, ajoute encore le consul, cela ne payerait pas le nolis du plus petit des navires qui les ont transportés... Il faut vous préparer à la défense. »

« Cette anecdote, exactement vraie, » dit le docteur Clot-Bey, de qui je l'emprunte, « doit donner une idée de la portée de l'intelligence et de la vanité incommensurable et naïve de ceux même qui, en Turquie, étaient à la tête du gouvernement. Si tels étaient les chefs, que devait être le peuple, qui avait encore bien moins de moyens qu'eux de connaître l'Europe? »

CHAPITRE NEUVIÈME.

L'armée se dirige sur le Caire par Damanhour. — Dugua va s'emparer de Rosette. — La flottille du chef de division Perrée. — Desaix à l'avant-garde; ses inquiétudes. — Marches pénibles, souffrances. — Larrey. — Le mirage. — Départ de Bonaparte d'Alexandrie. — Contraste entre la démoralisation de l'armée et l'enthousiasme des savants. — Ce n'est que la mort! — Damanhour. — Le général Muireur et plusieurs officiers massacrés par les Arabes. — Première rencontre avec les Mameluks. — Joie de l'armée à la vue du Nil. — Rahmaniéh. — Vif engagement entre la flottille française et la flottille turque. — Combat de Chébreïs. — L'eau du Nil n'est pas du champagne. — Sainte Pastèque. — Calme de Bonaparte. — On aperçoit les Pyramides. — Terreur dans la ville du Caire. — Un chroniqueur arabe. — Mourad et les négociants français du Caire. — Rossetti. — Zetti-Zuleïka. — Mourad s'apprête à combattre. — Relation d'Abdul-Rhaman. — Ibrahim essaye de traiter. — Bataille des Pyramides. — Incendie de la flottille turque. — Le courage aveugle et la tactique. — La treille de Mourad. — Le champ de foire. — La pêche aux Mameluks. — Consternation et désordre au Caire. — Le kiaya turc au quartier général de Gizéh. — Entrée du colonel Dupuis au Caire. — Proclamation aux habitants. — Conférence de Bonaparte avec les ulémas, les scheiks, etc. — Son installation place de l'Esbekiéh. — Il organise l'administration. — Mécontentement dans l'armée, parmi les généraux. — Dîner chez le général Dugua. — Mourad dans la Haute-Égypte. — Ibrahim à Belbeïs. — El Kankah. — La caravane de la Mecque. — Combat de Salahiéh. — Auguste Colbert est nommé chef d'escadron sur le champ de bataille.

Nous avons vu combien le général Bonaparte, aussitôt après la prise d'Alexandrie, était impatient de marcher sur le Caire. Deux chemins y conduisaient : l'un par Rosette, l'autre, plus court, par Damanhour. L'organisation d'un convoi remontant le Nil et suivant l'armée eût sans doute été le meilleur moyen d'assurer sa subsistance et de répondre à tous ses besoins; mais une pareille organisation eût peut-être exigé plus d'un mois. Les moments paraissaient trop précieux à Bonaparte. Il prit donc la résolution hardie de lancer, sans plus attendre, son armée à travers le désert, toute considération cédant pour lui devant l'importance qu'il y avait à se porter, avec le plus de rapidité possible, sur la capitale de l'Égypte, afin de ne pas laisser le temps à l'ennemi de préparer ses défenses ou de disperser les ressources que contenait cette grande ville. Il voyait, d'ailleurs, l'impression fâcheuse que l'Égypte produisait sur l'esprit de l'armée et sentait la nécessité de l'occuper et de la mettre tout de suite en présence de l'ennemi. Il savait combien l'inaction est funeste aux soldats français, et qu'il y a des choses qu'on n'obtient d'eux qu'*à la faveur des coups de fusil*[1]. Il fit donc partir quatre di-

---

[1] On connaît le mot d'un sergent au maréchal de Vaux. Le maréchal, lui montrant une brèche escarpée, lui demandait s'il pensait

CHAPITRE IX.

visions par la route la plus directe, celle de Damanhour, pendant que la cinquième, commandée par le général Dugua, devait aller s'emparer de Rosette, puis remonter le Nil par la rive gauche jusqu'à Rahmaniéh, où devait avoir lieu le rendez-vous général. Une petite flottille avait été organisée à la hâte et placée sous le commandement d'un marin d'une énergie éprouvée, le chef de divison Perrée. On y avait fait embarquer les brigades de cavalerie démontée, des artilleurs, des soldats du génie et les non-combattants. Cette flottille avait surtout pour but de permettre à l'armée de manœuvrer sur les deux rives du fleuve et de tenir tête à la flottille que les Mameluks y avaient eux-mêmes.

Toute l'armée se composait de quarante-deux bataillons d'infanterie, divisés en cinq divisions, sous les ordres des généraux Desaix, Reynier, Bon, Vial et Dugua; d'une réserve de deux mille six cents hommes, commandée par Murat; de deux brigades de cavaliers démontés, et d'hom-

---

pouvoir y gravir avec ses camarades. « Ma foi, monsieur le Maréchal, répondit le sergent, ça n'a pas l'air aisé, mais, à la faveur des coups de fusil, on en viendra à bout. »

mes appartenant à divers corps et placés sous les ordres des généraux Zayoncheck et Andréossy. L'artillerie à pied et à cheval avait quarante-deux bouches à feu. L'effectif total de l'armée était de vingt et un mille hommes de toutes armes [1].

Le général Kléber, dont la blessure nécessitait du repos, fut laissé à Alexandrie avec mille hommes. Menou, également blessé, devait prendre le commandement de Rosette.

Ainsi que je l'ai déjà dit, dès le 4 juin au soir, c'est-à-dire trois jours après le débarquement, la division Desaix s'était mise en route, et les autres devaient suivre à vingt-quatre heures de distance. Reynier partit le 5, Bon le 6, et Vial le 7, à la pointe du jour. Dès le 5 au soir, Desaix écrivait au général en chef : « Si l'armée ne traverse pas le désert avec la rapidité de l'éclair, elle périra. Pour l'amour de Dieu, ne nous laissez pas dans cette position : ordonnez-nous promptement d'avancer ou faites-nous revenir. Je me désole de vous faire entendre un

---

[1] Suivant Napoléon. Marmont le porte à 24,340. *Mémoires du duc de Raguse*, t. I, p. 371.

tel langage. Quand nous serons sortis de l'horrible position où nous sommes je retrouverai ma fermeté habituelle. » Quelle était donc la cause de ce trouble dans une âme telle que celle de Desaix? L'explication ne se fit pas attendre.

Le départ de l'avant-garde s'était fait assez gaiement, ou du moins avec cette insouciance que donnent les habitudes militaires. On avait dit : le premier jour, nous allons à El-Bedah ; le second, à El-Ougah ; le troisième, à El-Behi, et chacun avait répété ces noms en y attachant l'idée d'un gîte où l'on trouverait des vivres et du repos, comme en Europe. Pendant la nuit, la marche ne fut pas trop pénible; mais, lorsque avec le jour se déroula aux yeux l'immensité d'une plaine aride, lorsque le soleil, montant à l'horizon, eut bientôt tout embrasé, alors commencèrent les difficultés de la route. Les troupes, enfermées depuis plus d'un mois à bord des navires, avaient perdu l'habitude de la fatigue; puis, qu'on se rappelle le lourd équipement et le gênant costume de cette époque : des habits de gros drap, aux formes étriquées, dont les cols élevés engonçaient la tête et le cou ; de longs cheveux arrangés en lourdes tresses, ou de façon à former cet ornement bizarre qu'on appelait une *queue;* d'énormes chapeaux de feutre noir absorbant la chaleur en ne garantissant que très-imparfaitement la nuque et le visage ; des havre-sacs mal ajustés, surchargés de biscuit pour cinq jours, et dont le poids, mal réparti, portait sur le bas des reins ; enfin de larges buffleteries comprimant la poitrine et gênant la respiration ; d'un côté, une lourde giberne, de l'autre, un sabre venant, à chaque pas, battre dans les jambes ; qu'on se figure, dis-je, cet attirail, et l'on pourra se faire une idée des souffrances que nos soldats eurent à supporter. Avançant péniblement par une chaleur de 5o à 6o degrés, ils enfonçaient à chaque pas dans le sable brûlant, qui se dérobait sous leurs pieds, et, marchant toujours, ils voyaient fuir devant eux l'horizon et se renouveler sans cesse un espace infini, sans abri, sans arbres, sans ombre... Était-ce donc là cet Orient si vanté? Les plus tristes réflexions s'emparaient des esprits ; où allait-on? qu'allait-on devenir? Les forces manquaient aux plus vigoureux ; plusieurs moururent asphyxiés par cette chaleur étouffante.

On voyait l'ardent et infatigable Larrey se multiplier pour porter des secours; bien des malheureux, haletants, au moment de périr, lui durent la vie; trop souvent ses efforts furent vains. Cette mort semblait, d'ailleurs, assez douce. Un soldat, sur le point d'expirer, disait « se trouver dans un bien-être inexprimable[1]. » Mais malheur à ceux qui s'écartaient de la colonne ou restaient en arrière ! Pour eux, la mort était affreuse : ils étaient impitoyablement mutilés, massacrés : car, semblables aux requins qui suivent une flotte[2], les Arabes harcelaient sans cesse l'armée, guettant le moment de fondre sur leur proie. Un reste de gaieté fit dire aux soldats que « c'était la maréchaussée qui faisait la police. » Police fort sévère, mais qui fut utile, parce qu'elle stimula l'énergie de chacun et fit comprendre à tous la nécessité de rester à leur poste.

[1] Larrey, *Relation historique et chirurgicale*, p. 9.
[2] *Camp. d'Égypte et de Syrie*, dictées au général Bertrand, t. I, p. 139.

Cependant, en approchant d'El-Bedah, un spectacle inattendu vint frapper les yeux : c'était un immense lac d'où sortaient des îles verdoyantes. Quel aspect pour des gens qui mouraient de chaleur et de soif! Cette vue les ranimait; on marchait avec plus de courage; mais le lac fuyait toujours; il finit par disparaître, et l'on n'eut plus devant les yeux que le même sol aride et desséché. Cet effet trompeur était dû au phénomène appelé *mirage :* il se produit dans le désert, à l'approche des lieux un peu élevés, et l'illusion qu'il cause est si vive que ceux même qui en ont l'expérience échappent avec peine à l'erreur de leurs sens. La déception était cruelle, sans doute, mais elle avait fait naître un moment d'espérance; pour quelques instants les yeux s'étaient reposés de l'aspect fatigant du désert; les forces et le courage s'étaient ranimés, et n'était-ce pas quelque chose? N'en est-il pas souvent ainsi dans la vie? que serait-elle sans les illusions qui nous soutiennent?

Enfin on arriva à El-Bedah, dont on se plaisait à répéter le nom comme celui d'une terre promise. Alors la déception fut complète et, cette fois, sans compensation : pas une maison, pas un refuge; quelques palmiers, qui ne donnaient même pas d'ombre. On courut au puits : pour assouvir la soif de milliers d'hommes il n'y avait qu'un peu d'eau; les premiers venus l'eurent bientôt tarie, ne laissant aux autres qu'une boue liquide, remplie de sangsues. La consternation fut grande. Quelle perspective avait-on devant soi? Le lendemain, les jours suivants, subir le même supplice, et finir par mourir étouffés de chaleur ou bien assassinés par les Arabes. « Dans quel pays les avait-on menés? Les généraux étaient des bourreaux, et Bonaparte bien bon enfant de s'être ainsi laissé déporter par le Directoire! » Propos dans lesquels s'évapore la mauvaise humeur française, et qui n'empêchent jamais personne de faire son devoir. Malgré les cris, il n'y eut, quoi qu'on en ait pu dire, aucun acte d'insubordination.

Le 7 juillet, de très-grand matin, la dernière division, celle de Menou, alors commandée par Vial, se mit en route. Le soir du même jour, le général en chef partit avec son état-major; il était suivi de la réserve formant arrière-garde et placée sous les ordres de Murat. Bonaparte fut très-gai pendant la route : « Eh bien! disait-il à Berthier, en riant et en lui frappant sur l'épaule, nous y sommes enfin ! » Il marcha toute la nuit et traversa les bivouacs de plusieurs divisions. On rencontra quelques cadavres sur la route; il les fit visiter : on reconnut que leurs blessures provenaient d'armes blanches. Vers trois heures du matin, l'obscurité étant encore fort grande, au détour d'une petite colline on reçut tout à coup plusieurs décharges de coups de fusil. C'étaient les grand'gardes de la division Bon qui, surprises à l'improviste par les guides de l'avant-garde du général en chef, avaient pris l'alarme et fait feu. En un instant toute la division avait été sur pied. On se reconnut; le désordre cessa. Il n'y avait eu que quelques chevaux de blessés.

Après une marche de seize heures, Bonaparte arriva à Damanhour. L'arrière-garde, commandée par Murat, étant en grande partie composée d'infanterie et de quelques chevaux harassés par la traversée, n'avait pu marcher avec la même rapidité que le général en chef. Venant la dernière sur une route déjà parcourue par toutes les autres colonnes, ses privations furent encore plus grandes, et les Arabes la harcelèrent sans relâche.

Toutes les relations écrites par des témoins peignent sous les couleurs les plus vives les souffances qu'eut à subir l'armée. On est étonné que ce trajet si court, que deux petites journées de marche, aient pu produire des effets aussi désastreux sur des soldats depuis longtemps éprouvés. Larrey va jusqu'à dire que « jamais armée n'a pu éprouver d'aussi grandes vicissitudes et d'aussi pénibles privations[1]. » Des historiens ont même brodé sur ce thème, inventé des scènes de désordre et représenté Dumas, Lannes et Murat jetant de désespoir leurs chapeaux à terre et se roulant sur le sable[2]. L'image est assez bizarre, il faut en convenir, et, d'ailleurs, le moyen eût été assez mal choisi pour se mettre à l'abri du soleil. Je ne pense pas que jamais les

[1] Larrey, *Relation historique et chirurgicale* p. 8.
[2] *Histoire de l'expédition d'Égypte*, Paris, Dénain, 1830-1836, t. III, p. 165. — Alison's *History of Europe during the French revolution*, t. III, p. 495.

généraux Lannes et Dumas aient pu se livrer à cette pantomime ridicule, mais ce que je puis affirmer, c'est que Murat ne s'abandonna pas à une pareille faiblesse. Mon père, son aide de camp, était alors avec lui : dans une longue lettre, que j'aurai occasion de citer plus tard, il parle de cette marche, la qualifie de *cruelle*, mais il ne fait, ni directement ni indirectement, la moindre allusion à la conduite qu'on attribue à son général, et ce silence ne peut s'interpréter par la réserve qu'il devait s'imposer dans une lettre, car, en d'autres circonstances, bien que son langage soit toujours mesuré, il se permet toutefois d'apprécier la conduite de Murat et de le juger même sévèrement lorsqu'il croit devoir le faire. Si Murat eut un mouvement de découragement, ce fut plus tard, et ce n'eût certes pas été lorsque le général en chef venait de lui accorder la plus grande preuve de confiance en le chargeant de conduire la réserve et de couvrir l'armée.

Quant aux souffrances de nos troupes en traversant le désert, l'expérience acquise aujourd'hui par les campagnes d'Afrique a montré quel effet produit le soleil de ces brûlantes latitudes sur des hommes qui n'y sont pas habitués. Mais, encore une fois, cela ne suffit pas pour expliquer la singulière démoralisation dont fut frappée l'armée pour deux journées de marche et le souvenir profond qui en resta dans les esprits. Il faut en chercher la principale cause dans l'impression produite sur les imaginations par un ensemble de choses aussi imprévu que nouveau. Chacun s'était dépeint l'Orient comme un pays de délices. Pour les soldats, c'étaient de belles et grasses campagnes comme celles de l'Allemagne, où ils avaient fait la guerre ; pour les officiers, quelque rêve tiré des *Mille et une Nuits*. Au lieu de cela, tout ce qui vint les frapper était inattendu, bizarre, choquant pour eux, en dehors de toutes leurs habitudes, contraire à toutes leurs idées de bien-être. Il en résulta un *mécontentement,* un *dégoût*[1], qui, pour le moment, paralysa toute leur énergie morale. Marmont, dans ses Mémoires, fournit une preuve de ce que j'avance : « C'était, dit-il, un contraste parfois fort plaisant que le mécontentement et le dégoût de l'ar-

[1] Voir plus loin la citation de Marmont.

mée, venus si promptement, et l'enthousiasme toujours croissant des savants et surtout de Monge[1]. » Sans doute les savants, et Monge, entre autres, qui n'était plus un jeune homme, n'avaient pas une force physique, une énergie plus grandes que la plupart des soldats, mais ils étaient soutenus, stimulés par l'ardeur de la science, par tout ce qu'ils voyaient ou croyaient voir, par leur imagination enfin, tandis que les soldats, qui n'avaient pas les mêmes motifs de s'enthousiasmer, étaient, au contraire, désagréablement affectés par les mêmes objets et démoralisés par les effets de cette même imagination, qui leur présentait tout sous le plus sombre aspect.

L'inconnu, l'imprévu, le mystérieux et, en général, tout ce qui sort des règles ordinaires de la nature et de nos habitudes frappe l'esprit d'une vague terreur, qui dépasse toutes les autres. Tel homme, qui tiendrait sans broncher devant la mitraille, ou aborderait résolûment son ennemi, hésiterait à pénétrer le premier dans une caverne obscure, ou même à passer

---

[1] *Mémoires du duc de Raguse*, t. I, p. 375.

la nuit dans une chambre de quelque vieux château inhabité. Il n'est pas de péril si grand, lorsqu'il est connu, mesuré, défini, qui ne trouve des gens de cœur pour l'affronter, tandis que, si ce même péril se présente sous une forme inaccoutumée, avec quelque chose de vague, de mystérieux, les plus intrépides peuvent se troubler.

Une colonne d'infanterie traversait le désert qui sépare l'Égypte de la Syrie; le vent du sud soufflait; tout d'un coup l'horizon disparaît, et la troupe se trouve enveloppée dans un tourbillon de poussière enflammée. On ne se voyait plus; les soldats, frappés d'un vertige soudain, fuient, jettent leurs armes, lorsque apparaît Bonaparte : « Eh bien! soldats, leur dit-il avec calme, où courez-vous? De quoi avez-vous peur? Mais... *ce n'est que la mort!* » Ce seul mot suffit pour les arrêter.

Cependant l'armée avait continué sa marche et Damanhour se montrait à l'horizon. Ses élégants minarets, les dômes de ses mosquées, quelques palmiers balançant au-dessus de leurs sveltes tiges leurs têtes touffues, se dessinaient sur l'azur du ciel. Les négociants *francs*, qui avaient l'habitude de se rendre d'Alexandrie au Caire par le Nil, avaient souvent remarqué ce gracieux paysage. Jugeant de la ville par cet aspect lointain, ils l'avaient beaucoup vantée aux Français. Suivant eux, c'était bien autre chose qu'Alexandrie, et là, du moins, on pouvait non-seulement trouver ce qui était nécessaire à la vie, mais se faire une idée des richesses de l'Égypte et du luxe de ses habitants. Lorsqu'on y fut arrivé on vit de pauvres huttes construites en terre, avec des portes tellement basses qu'il fallait se courber pour y entrer. La plus grande partie de la population avait fui. Malgré toutes les recherches, on trouva très-peu de vivres. Il y avait cependant du blé, mais point de moulins pour le moudre : les gens du pays ne le réduisent en farine, en le broyant entre deux pierres, qu'au fur et à mesure de leurs besoins. Le moyen était peu expéditif pour satisfaire immédiatement à des milliers d'hommes affamés. Heureux ceux qui avaient eu le courage de conserver leur biscuit! Le général en chef et son état-major dînèrent avec du lait et quelques petites galettes. Toutefois on trouva à Damanhour deux choses précieuses : de l'eau d'abord ; puis de l'ombre, sous un bois d'acacias, où l'on établit un bivouac. Les maisons offrirent aussi des abris. Enfin, la halte de deux jours qu'on y fit remit l'armée de ses fatigues. Elle reprit un peu de gaieté et de confiance. Seulement elle était de plus en plus serrée et harcelée par les Arabes. On ne pouvait s'aventurer seul hors des lignes des bivouacs. Le général Muireur, brave officier de l'armée d'Italie, ayant voulu faire quelques pas en dehors des postes pour essayer un cheval, fut assailli par des Arabes cachés derrière un petit monticule de sable, percé de coups de lance et dépouillé, avant qu'on eût eu le temps de lui porter secours.

Le métier d'aide de camp était devenu des plus périlleux. Un aide de camp du général Desaix et le capitaine Gallois, portant un ordre du général en chef, furent massacrés. Un jeune officier nommé Desnanols, neveu du naturaliste Lacépède, fut enlevé. On sut qu'il était encore en vie, et Bonaparte, voulant essayer de le sauver, envoya un fellah avec cent piastres pour le racheter. Les Arabes consentirent à le rendre, mais la vue de l'argent surexcita tellement leur cupidité que la plus violente dispute s'engagea entre eux pour savoir comment se ferait le partage. Le scheik, pour couper court à cette scène qui allait dégénérer en lutte armée, n'imagina rien de mieux que de faire sauter d'un coup de pistolet la cervelle au pauvre Desnanols; puis il remit religieusement au fellah les cent piastres.

Dans la nuit du 9 au 10 juillet, les divisions se remirent en marche à une heure d'intervalle les unes des autres : Vial en tête et Desaix à l'arrière-garde. Le repos qu'on venait de prendre et la pensée qu'on allait bientôt rencontrer le Nil donnaient à tous du courage.

Le général en chef avait reçu à Damanhour un violent coup de pied de cheval à la jambe droite; la contusion était douloureuse; il partit le dernier avec son état-major; escorté de quelques guides. Tandis qu'il s'avançait paisiblement, suivant de loin la division Desaix, quatre ou cinq cents Mameluks, partis le 5 juillet du Caire, arrivaient sur Damanhour. Quand ils aperçurent la dernière colonne de l'armée, qui venait d'en sortir, ils tournèrent immédiatement à droite pour la joindre et n'aperçurent pas à gauche le groupe de l'état-major, que leur cachait un pli de terrain. « Desaix marchait en colonne serrée, par division, son artillerie à la tête et à la queue, ses bagages au centre, entre ses deux brigades. A la vue de l'ennemi, il fit prendre les distances de peloton et continua sa marche, tout en escarmouchant avec cette belle cavalerie qui le côtoyait et qui se décida enfin à le charger. Aussitôt Desaix commanda : *Par peloton, à droite et à gauche en bataille, feu de deux rangs.* Il serait difficile de peindre l'étonnement et le mécompte qu'éprouvèrent les Mameluks quand ils virent la contenance de cette infanterie et l'épouvantable feu de mitraille et de mousqueterie qui leur portait la mort si loin, dans toutes les directions. Quelques braves moururent sur les baïonnettes. Le gros de la troupe s'éloigna hors de la portée du canon. Desaix rompit alors son carré et continua sa marche, n'ayant perdu dans ce combat que quatre hommes[1]. » Quant à Bonaparte, les Mameluks ne l'avaient pas même vu. On peut juger de ce qu'il dut à la fortune, et à la fortune seule, en cette circonstance. Il s'écria, dit-on : « Il n'est donc pas écrit là-haut que je doive être pris par les Arabes ! »

Bien que les Mameluks eussent été repoussés, l'impétuosité de ces brillants cavaliers, leur adresse à manier leurs chevaux, la certitude d'être sabré ou enlevé sur-le-champ, pour peu qu'on fût isolé, ne laissèrent pas de faire impression sur l'armée. Pour Mourad-Bey, quand il apprit le résultat de cette rencontre, il ne put comprendre comment ses Mameluks n'avaient pas écrasé sous les pieds de leurs chevaux de misérables fantassins, et traita de lâches le bey et les kachefs qui les avaient conduits.

Au bout de quelques heures de marche, on vit cet éternel horizon de sable, noyé dans une atmosphère embrasée, se nuancer peu à peu de teintes plus douces, puis une fraîche verdure apparaître. Cette fois, ce n'était plus une illusion ; c'étaient les bords du Nil, et bientôt le

---

[1] *Camp. d'Égypte et de Syrie, dictées au général Bertrand*, t. I, p. 142.

Nil lui-même, le fleuve sacré, le fleuve béni, ce miracle éternel au milieu du désert, apparut à tous les yeux. « Le Nil! voilà le Nil! » crie-t-on de toutes parts; on ne sent plus la fatigue ni la chaleur; on ne pense plus à l'ennemi, et tous, courant à l'envi, soldats, généraux, entrent tout habillés dans le fleuve, se plongent dans ses eaux, et, en un instant, oublient et les cruelles souffrances et les intolérables privations des jours précédents.

Cependant les Mameluks, qui, le matin, avaient attaqué Desaix, reparaissaient. La voix des officiers, le rappel des tambours, eurent grande peine à rallier ces hommes qui jouissaient si délicieusement de la vue du fleuve et de la fraîcheur de ses eaux. Enfin l'armée se rangea en bataille sur les bords du Nil. Murat se porta en avant avec son escadron. Les pauvres chevaux français, épuisés de fatigue, faisaient fort triste mine; toutefois la ferme contenance de cette troupe, son aspect compacte, en imposèrent à l'ennemi. Les Mameluks se rappelaient, d'ailleurs, la manière dont ils avaient été reçus le matin. Ils se contentèrent de galoper en avant des lignes, d'observer. Quelques volées d'artillerie les eurent bientôt fait disparaître.

L'armée séjourna le 10, le 11 et le 12 à Rahmanjéh. Le 12, au matin, était arrivée la division Dugua. Elle s'était emparée de Rosette sans y trouver de résistance, puis s'était hâtée de remonter le Nil, accompagnée par la flottille.

Bonaparte, ayant appris que Mourad était à Chébreïs[1] avec 3,000 Mameluks et 2,000 Janissaires, appuyés par de nombreux bâtiments bien armés, ne voulut pas lui donner le temps de s'établir fortement dans cette position, d'y rallier ses troupes, et résolut de marcher immédiatement à lui. Le 12, dans la soirée, il partit pour aller avec l'armée camper à Miniéh, distant de deux lieues environ de Chébreïs.

Tous les non combattants et, parmi eux, les savants Monge et Berthollet s'embarquèrent à

---

[1] Dans les bulletins et dans les anciennes relations de la campagne, ce nom est écrit ainsi. Dans les mémoires de Napoléon publiés par le général Bertrand, le nom de cette localité est écrit *Chobrackhit*. Dans la carte de la basse Égypte dressée par Linant de Bellefonds d'après l'ordre de Méhemet Ali : *Chébreket*. Très-probablement, cette dernière orthographe est celle qui représente le mieux la prononciation arabe; je continuerai cependant d'écrire *Chébreïs*, qui semble consacré par l'usage.

CHAPITRE IX.

Rahmaniéh. La flottille devait suivre le mouvement de l'armée, mais, poussée pendant la nuit par un vent violent du nord, elle la dépassa de beaucoup et se trouva, dès le matin, en présence de l'escadrille turque. Elle eut alors à soutenir un combat très-désavantageux. Non-seulement nos bâtiments étaient en moins grand nombre et moins bien armés que ceux de l'ennemi, mais, resserrés entre les rives escarpées du Nil, dont les eaux étaient fort basses, ils avaient à supporter la fusillade des Arabes placés sur ces rives et le feu de petits canons que Mourad avait fait apporter du Caire à dos de chameau. Les généraux Andréossy et Zayoncheck, ne voulant pas rester spectateurs oisifs de ce combat et faire inutilement tuer leurs hommes qui encombraient le pont des navires, se firent débarquer sur la rive droite. Là, formés en carrés, ils repoussèrent du mieux qu'ils purent les attaques des Arabes.

Le combat sur le fleuve durait depuis deux heures; une demi-galère était tombée au pouvoir des Turcs; le chef de division Perrée était blessé; la position devenait des plus critiques.

L'armée ne paraissait pas encore. Cependant elle avait quitté Miniéh à deux heures du matin; mais le sable, un sol souvent profondément gercé, avaient rendu sa marche très-lente, et ce n'était que vers huit heures qu'elle avait aperçu l'ennemi. La droite des Musulmans était appuyée à Chébreïs, défendue par les janissaires et par une batterie de neuf pièces de canon. Au centre étaient les Mameluks, développés sur une longue ligne, puis, à leur gauche, une nuée d'Arabes se prolongeant jusqu'au désert. La vue de cette nombreuse cavalerie, dont on connaissait déjà l'audace et la rapidité, causa quelque étonnement. C'était la première fois qu'on se trouvait réellement en présence, et plus d'un héros d'Italie, haletant de chaleur, marchant péniblement sur un sol mouvant, put, malgré son courage, se demander comment, ainsi isolés au milieu d'une plaine, entourés de toutes parts (car déjà les Arabes s'étaient répandus sur les derrières de l'armée), ils pourraient résister ou même échapper à cette agile cavalerie dont les chevaux soulevaient à peine la poussière du désert... Mais ils savaient que quelqu'un y pourvoirait pour eux; ils pouvaient se plaindre, *ils grognaient, mais le suivaient toujours*, et, dans cette circonstance, la difficulté ne consista pas, pour Bonaparte, à raffermir les courages, mais bien à transformer les hardis tirailleurs de l'armée d'Italie, habitués à combattre isolément, à enlever des positions au pas de course, en murailles immobiles contre lesquelles viendrait se briser l'impétuosité des Mameluks.

Le général Moreau disait : « Je fais la guerre; Bonaparte l'invente. » En effet, par des dispositions ingénieuses, par l'ascendant moral qu'il exerçait sur les troupes, par la confiance aveugle qu'il leur inspirait, Bonaparte sut résoudre le difficile problème de faire combattre avec avantage, et cela dans les conditions en apparence les plus défavorables, de l'infanterie seule contre une cavalerie peu régulière, il est vrai, mais d'une audace et d'une impétuosité sans pareilles.

Dès que l'ennemi fut en vue, le général en chef fit ranger l'armée de la manière suivante : Desaix, placé à l'extrême droite, s'appuyant à un gros village qu'il fit barricader, forma sa division en un parallélogramme de trois cents mètres de front sur cinquante de côté. A l'extrême gauche, un peu en arrière d'un petit village et près du Nil, la division Vial prit des dispositions semblables; puis, entre ces deux ailes, vinrent se placer les trois autres divisions formées en carrés réguliers à six cents mètres environ l'une de l'autre : la division Reynier, en retraite et en échiquier par rapport à la division Desaix; la division Bon, soutenant de la même manière la division Vial; enfin, en arrière et de même en échiquier par rapport aux divisions Reynier et Bon, vint se former la division Dugua, dans le carré de laquelle se plaça le général en chef. On voit que de cette manière les carrés se flanquaient réciproquement. Ce n'est pas tout encore : à deux mille mètres environ en arrière, Bonaparte fit occuper deux villages, distants entre eux d'une demi-lieue, par la réserve et du canon. La cavalerie, divisée en cinq pelotons, fut placée, avec les bagages, au centre des carrés; l'artillerie, aux angles et en dehors. Des pelotons de carabiniers, enfin, étaient disposés à trois cents pas environ en avant et sur les flancs,

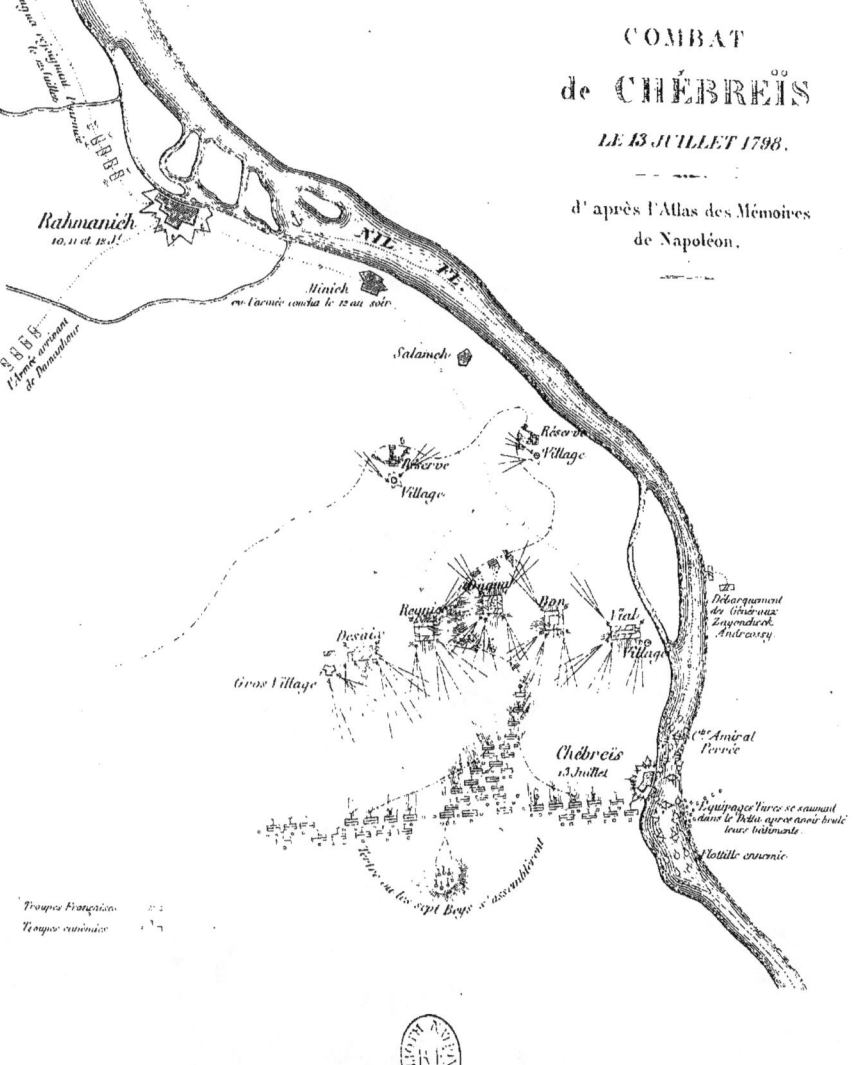

pour éloigner les tirailleurs. Ils devaient se retirer dans les carrés lorsque l'ennemi s'approcherait en force pour charger. « Si les ennemis surent juger ces dispositions, dit Napoléon, elles durent leur paraître redoutables. »

Pendant quelque temps les deux armées restèrent à s'observer : de part et d'autre on avait affaire à un adversaire nouveau, inconnu ; puis les Mameluks voulurent voir de plus près ces masses de piétons qui leur paraissaient si extraordinaires ; un grand nombre accoururent au galop et se mirent à parcourir le front des divisions ; quelques-uns même engagèrent le combat avec les tirailleurs. Ils arrivaient ventre à terre, le sabre suspendu au poignet, s'arrêtaient court, déchargeaient leurs armes, puis, repartant avec la rapidité de l'éclair, passaient derrière les pelotons de tirailleurs, entre eux et la ligne de bataille. L'aisance et la facilité avec lesquelles ils accomplissaient ces traits d'audace causaient de la surprise et de l'admiration. Il semblait que les chevaux ne fissent qu'un avec leurs maîtres et fussent « animés des mêmes passions. » Au reste, ils ne s'engagèrent pas sérieusement; leur but n'était d'abord que de reconnaître. Enfin, à un moment, on vit les étendards à queue de cheval, qui indiquaient la présence des beys, se réunir sur un petit tertre; puis, quelques instants après, un gros de cette brillante cavalerie se lancer au galop dans la plaine, pénétrer entre la division Reynier et la division Dugua, tourner autour, comme pour s'assurer si toutes les faces étaient également défendues, et, partout accueilli par la fusillade et la mitraille, continuer jusqu'au village où était placée la réserve. Là, reçus de la même façon, ces cavaliers firent un à gauche au galop et se mirent bientôt hors de portée.

Cependant quelques-uns étaient restés sur le terrain : la richesse de leur costume, de leur équipement, et surtout les sommes assez considérables en or qu'on trouva sur eux firent grande impression sur les soldats; ils reprirent pour un moment confiance et gaieté; ils commencèrent à penser que cette Égypte, où, jusqu'à présent, ils n'avaient trouvé que du sable et des maisons de boue, pouvait bien cependant être un pays riche comme on le leur avait dit.

CHAPITRE IX.

Jusqu'alors la ligne française était restée immobile. Il semblerait, et Bourrienne l'affirme dans ses Mémoires, que Bonaparte aurait eu l'intention de porter sa droite en avant, de manière à rejeter sur le Nil tout ce qui était à gauche de Chébreïs; mais, entendant une vive canonnade sur le fleuve, il comprit que sa flottille pourrait être compromise pour peu qu'on tardât à venir à son secours. Il ordonna donc à toute la ligne de se porter droit devant elle. La division de gauche atteignit rapidement Chébreïs, d'où se sauvèrent les janissaires chargés de sa défense, abandonnant les quelques mauvais canons qui y avaient été placés. Quant aux Mameluks, ils avaient disparu du champ de bataille. Dès qu'on eut occupé Chébreïs, les tirailleurs embusqués dans les maisons et quelques pièces d'artillerie eurent bientôt forcé les bâtiments turcs à remonter le Nil, enfin à fuir, abandonnant notre flottille, qui avait été fort maltraitée.

Telle fut la bataille de Chébreïs, comme on a quelquefois nommé ce combat. La lutte sérieuse et sanglante eut lieu sur le Nil. Quant à l'armée de terre, elle eut une vingtaine de blessés, et les Mameluks ne perdirent que quelques hommes.

Cette rencontre ne fut, à bien dire, que la *répétition* de ce qu'on devait faire plus tard, et, sous ce point de vue, elle eut une grande importance. Elle montra à l'armée par quels moyens elle pouvait rendre nuls tous les efforts de l'ennemi et frappa en même temps celui-ci du sentiment de son impuissance. Mourad s'éloigna du champ de bataille, honteux, démoralisé, ne pouvant expliquer sa défaite qu'en l'attribuant au sortilége. Le *sultan français* était un sorcier, qui tenait tous ses soldats liés par une corde au moyen de laquelle il les faisait mouvoir à volonté tout d'une pièce.

Le jour même l'armée alla camper à quatre lieues de là, à Chabour[1]. La journée avait été longue et fatigante, mais on avait vu l'ennemi, et les événements dont elle avait été remplie avaient distrait de la fatigue; on acheva de l'oublier le soir à l'ombre d'un bois de sycomores,

Les jours suivants furent d'une triste et dé-

[1] Chobraris (Linant de Bellefonds).

courageante monotonie. Aux souffrances causées par la chaleur et les privations vint se joindre l'ennui d'une longue route dont on ne voyait plus même le terme, car les soldats avaient fini par ne plus croire au Caire : « Bah! disaient-ils, ce sera encore quelque grand village, un ramassis de huttes, comme à Damanhour! » Le Nil même, leur sauveur, n'avait plus pour eux le même charme, et ce fut probablement alors que se fit cette chanson que j'ai encore entendu chanter par les *anciens* d'Égypte :

> L'eau du Nil n'est pas du champagne :
> Pourquoi vouloir faire campagne
> Dans un pays sans cabarets ?

Une autre chose leur manquait dans ce pays, au moins autant que le *cabaret*, c'était de trouver à qui parler : le soldat français est essentiellement communicatif, causeur; les gens du pays ne lui offraient, à cet égard, aucune ressource; il éprouvait une répugnance invincible pour les fellahs et leurs sales moitiés, qui lui paraissaient aussi stupides que ces buffles à la mine farouche qu'il voyait se vautrer dans la fange du Nil.

La flottille étant arrêtée par les basses eaux du Nil, on n'eut plus à compter sur elle. Les subsistances devinrent de plus en plus rares : la plupart des villages avaient été abandonnés, et les habitants s'étaient réfugiés dans le Delta. On trouvait bien du blé, mais on était réduit à le faire griller. Les lentilles, les oignons étaient de quelque secours; la viande sèche et noire des pigeons inspira bien vite une extrême répugnance. Une seule chose fut une véritable ressource, ce fut la pastèque, ou melon d'eau, qui croissait en abondance sur les bords du Nil, et dont la chair, savoureuse et fraîche, faisait les délices d'hommes incessamment tourmentés par la chaleur et la soif. Les soldats, dans leur reconnaissance, l'appelaient *sainte Pastèque*. On eut, à bien dire, de quoi vivre, mais la privation qui parut la plus dure fut de ne pas avoir de pain. On y est tellement habitué en France que, lorsque le pain manque, il semble que tout manque. Le duc de Raguse fait observer avec raison qu'il serait bon d'accoutumer de temps en temps les troupes à s'en passer et de leur prouver ainsi qu'il n'est pas indispensable, en le remplaçant par quelque autre mode d'alimentation. N'y a-t-il pas, en effet, une notable portion des habitants du globe qui n'en connaît pas l'usage? Et, même en France, n'y a-t-il pas des provinces entières, comme la Bretagne, l'Auvergne, où les gens de la campagne n'en mangent pas?

Pendant que l'armée s'avançait ainsi lentement et péniblement, qu'elle s'enfonçait dans un désert où chaque pas rendait la retraite plus difficile, marchant vers un inconnu dont pouvait s'effrayer l'imagination la plus aventureuse, Bonaparte, l'homme des mouvements rapides, des coups foudroyants, ne manifestait aucune impatience; aucune préoccupation ne venait assombrir son front. Il était calme et même gai. Souvent il marchait à pied à côté des colonnes, causant avec les soldats, cherchant à relever leur moral. Tantôt il piquait leur amour-propre par d'ironiques propos; un jour ils lui disaient : « Eh bien, général, nous menez-vous aux Indes? » — « Ce n'est pas avec de pareils soldats, leur répondit-il d'un air moitié riant, moitié dédaigneux, que j'entreprendrais le voyage. »

D'autres fois, il leur adressait de plus douces paroles; il leur disait « que cette terre si nue, « si monotone, si triste, sur laquelle ils mar- « chaient avec tant de difficulté, serait bientôt « couverte de moissons et de riches cultures « qui leur représenteraient l'abondance et la « fertilité des rives du Pô...; que la chaleur « était excessive sans doute, mais serait sup- « portable quand ils se trouveraient en repos « et seraient organisés; que, pendant les cam- « pagnes d'Italie, les marches, aux mois de juil- « let et d'août, étaient aussi bien fatigantes [1]. » Enfin, en leur parlant de ses espérances, il ranimait les leurs. Heureux ceux qui pouvaient entendre cette « voix sonore et vibrante ! » Elle produisait toujours une impression nouvelle, même sur ceux qui semblaient devoir y être habitués [2].

Tandis que soldats et généraux regrettaient les bons gîtes d'Europe et la splendide hospitalité

---

[1] *Campagnes d'Égypte et de Syrie*, dictées au général Bertrand, t. I, p. 153.

[2] *Nouveaux Mémoires sur l'armée française en Égypte et en Syrie*, par le lieutenant-colonel Richardot, ancien officier d'artillerie de l'armée d'Orient, p. 51.

des palais d'Italie, on voyait chaque jour, dans les bivouacs, le général Bonaparte, supportant les privations et les fatigues de la route comme il bravait le péril, sans ostentation, faire gaiement le plus frugal des repas et n'avoir pour couche que la terre ou un tas de blé.

On apprit, le 18 juillet, à Ouardan, que Mourad se retranchait sur la rive gauche du Nil, près de Gizéh, attendant les Français. Le 19, l'armée arriva à Om-Dinar. C'est alors qu'un grand spectacle frappa les yeux. A gauche, on apercevait la crête du mont Mokattam; à droite, les hautes dunes des sables de la chaîne Libyque, et dans l'intervalle apparaissaient les Pyramides, dont les masses anguleuses se dessinaient à l'horizon. L'armée reçut l'ordre de se préparer au combat et séjourna le 20 à Om-Dinar. On n'était plus qu'à quelques lieues du Caire.

La terreur et la confusion croissaient de jour en jour dans cette ville. Une relation égyptienne, composée par un témoin oculaire, Abdul-Rahman, et imprimée dans les Mémoires de Napoléon, renferme, sur ce qui se passa alors au Caire et sur toute l'expédition, les plus curieux détails. Rien ne peut mieux faire connaître cette demi-civilisation, grossière, murée de toutes parts, s'éteignant dans la torpeur, sans avenir, qu'a produite l'Islamisme. L'orgueil et l'ignorance des grands, la simplicité du peuple, le brutal fanatisme qui l'aveuglait, et parfois, au milieu de ces ténèbres, des lueurs de raison, d'équité, de justice, comme pour montrer qu'il est des sentiments qui ne s'effacent jamais tout à fait du cœur de l'homme, quelque dégradé qu'il soit : tout cela vient se peindre dans la relation d'Abdul-Rahman, avec une naïveté de style, une vérité de coloris, qui rappellent nos vieilles chroniques.

Mourad-Bey, qui s'était vanté « de couper les têtes des Français comme on fauche un champ de pastèques, » était revenu de Chébreïs, la honte au front, la rage dans le cœur : il sentait son impuissance ! Ces misérables fantassins, se traînant dans la poussière, avaient bafoué tous les efforts de ses intrépides cavaliers !... Dans le premier moment de son retour au Caire, il voulut procéder à la turque et faire couper la tête à tous les négociants français; heureusement, le Vénitien Charles Rossetti, qui avait sa confiance, eut le courage de l'arrêter : « A quoi bon ce meurtre? lui dit-il, fera-t-il reculer l'armée française? Si tu es vaincu, elle ne fera pas de quartier; si tu es vainqueur, tu seras toujours maître de leur faire couper la tête après la victoire. » Mourad se rendit à ces raisons et se contenta de faire conduire les négociants français à la citadelle. Là, poursuivis par la fureur populaire, ils en fussent probablement devenus les victimes si la femme d'Ibrahim-Bey, Zetti Zuleïka, ne les eût noblement pris sous sa protection. Descendante du Prophète, révérée pour son extrême dévotion, entourée du respect des grands et de la foule, elle en imposait à tous. Elle signifia à Mourad et à son mari qu'elle exigeait que les prisonniers lui fussent livrés et abrités dans son palais même. En vain la populace exaltée voulut-elle les réclamer : « Allez combattre ceux qui s'avancent, leur répondit-elle, les pères de famille que je garde ici sont sous la protection de Dieu. » Exemple curieux et touchant de l'influence d'une femme dans un pays où elles sont condamnées à la nullité et à l'abjection.

Il y avait en Mourad deux hommes : l'un, emporté, cruel, cupide, tel que l'avait fait la société au milieu de laquelle il vivait ; l'autre, tel que la nature l'avait formé. Doué par elle des qualités qui font les grands caractères et les héros, il joignait à une âme facilement ouverte aux sentiments élevés, un cœur indomptable et un admirable instinct des choses de la guerre. Renonçant donc à ses projets sanguinaires et cédant à sa généreuse nature, il ne pensa plus qu'à en appeler à Dieu et à sa valeur. Ralliant autour de lui la plupart des beys avec six mille Mameluks, douze mille fellahs et une foule d'Abyssiniens et d'Arabes, il s'établit sur la rive gauche du Nil, un peu au-dessous du Caire, sa droite appuyée à Embabéh, qu'il avait fait armer de canons et entourer de retranchements, et sa gauche au village de Gizéh. C'est là qu'il avait résolu d'attendre l'ennemi.

Ibrahim forma de son côté un camp à Boulaq. Toutes les rives du Nil étaient, en outre, couvertes par une multitude confuse, incapable d'agir avec ordre.

« Malgré tous ces préparatifs, dit Abdul-

Rahman, la peur était dans le cœur des princes; ils cachaient leurs richesses dans des endroits que personne ne pouvait connaître; ils en envoyèrent une partie dans le pays de Riaf; ils eurent soin de se faire préparer des montures pour assurer leur fuite, en cas de revers. Toutes ces précautions augmentèrent la terreur des habitants. On arrêta ceux qui voulaient s'enfuir. Si l'on n'eût pas agi ainsi, personne ne serait resté au Caire. — On invita, au son de la trompe, tout le peuple à se rendre aux retranchements... Seïd-Camer-Effendi, chef des chérifs, monta au château, fit descendre le grand pavillon que l'on appelle le drapeau du Prophète, il le fit déployer, et se rendit à Boulaq. Il était escorté de plusieurs milliers d'hommes armés de bâtons et de massues; ils marchèrent en récitant des prières. Les scheiks et les pauvres frappaient sur leurs tambours et jouaient d'une espèce de clarinette. Tout le monde priait Dieu de donner la victoire sur les Français... Cependant aucun des chefs de l'armée n'avait assez de présence d'esprit pour envoyer des espions ou un corps avancé pour connaître la marche des Français. »

Ibrahim, d'ailleurs, moins belliqueux que son collègue Mourad, hésitait beaucoup à livrer au sort des armes son pouvoir et ses richesses; il cherchait encore à se faire illusion sur les motifs qui amenaient les Français. S'étant consulté avec Abou-Bekr, le gouverneur représentant la Porte, qui lui-même était fort embarrassé de sa position, ils résolurent de s'adresser à un négociant français nommé Baudeuf, qui leur paraissait devoir être informé des intentions véritables de ses compatriotes. Soit que Baudeuf eût le mot de Bonaparte, soit qu'il agît d'après sa propre conviction, il leur dit qu'il ne pensait pas que les Français vinssent pour attaquer la Porte ni même les Mameluks, et qu'en débarquant en Égypte ils n'avaient probablement d'autre but que de se frayer un passage pour aller attaquer les Anglais dans l'Inde. Abou-Bekr et Ibrahim accueillirent avec empressement une opinion qui répondait si bien à leur désir de paix et de repos, et chargèrent Baudeuf d'aller immédiatement trouver Bonaparte et de lui offrir en leur nom amitié et passage à travers l'Égypte. Il allait partir, quand une vive canonnade se fit entendre du côté d'Embabéh : la lutte s'engageait entre Mourad et Bonaparte.

En effet, le 21 juillet, à deux heures du matin, l'armée avait quitté Om-Dinar. Elle marchait sur quatre colonnes, précédée par la division Desaix. A l'aube du jour, on rencontra cinq cents Mameluks environ. Quelques coups de canon les eurent bientôt fait disparaître. Déjà l'armée marchait depuis six heures; la chaleur était étouffante et la fatigue se faisait sentir, lorsqu'un peu à gauche on vit poindre à l'horizon d'innombrables minarets, puis des dômes, des mosquées, et bientôt toute une ville immense apparut : c'était le Caire. Il y eut un cri de surprise; on n'y croyait plus. Bientôt le spectacle grandit encore : en avant et à droite se montrait une forêt de mâts indiquant le cours du Nil, couvert, depuis Embabéh jusqu'à Boulaq, par la flottille des Mameluks. Sur le premier plan, et placée obliquement au fleuve, s'étendait, sur une ligne de près de trois lieues, l'armée égyptienne, prolongeant sa gauche jusqu'aux Pyramides, qui terminaient l'horizon de ce côté. A cette vue, un élan d'enthousiasme s'empara de toute l'armée : c'était à la fois de la satisfaction, de l'admiration, de l'orgueil. Le général Bonaparte partageait l'émotion commune. On vit tout à coup sa figure s'illuminer de la flamme de son génie, et ce fut alors que, s'adressant à ceux qui étaient le plus rapprochés de lui : « Soldats, dit-il, en leur montrant les Pyramides, quarante siècles vous regardent! »

Les carrés étaient formés comme à Chébreïs. Desaix et Reynier avaient ordre de se porter en avant et à droite pour couper la communication du camp d'Embabéh avec la haute vallée du Nil. Les trois autres divisions devaient aborder les retranchements qui protégeaient la droite des Mameluks. Le mouvement commença à s'exécuter à deux portées de canon de l'ennemi. Desaix était arrivé à la hauteur d'un village nommé Bechtyl, lorsque Mourad, saisissant immédiatement la bataille avec une remarquable sagacité, comprit qu'il était perdu s'il n'attaquait et ne rompait cette infanterie tandis qu'elle était en marche et avant qu'elle pût accomplir son mouvement. Il part donc aussitôt comme l'éclair, suivi de six mille chevaux, arrive avec une

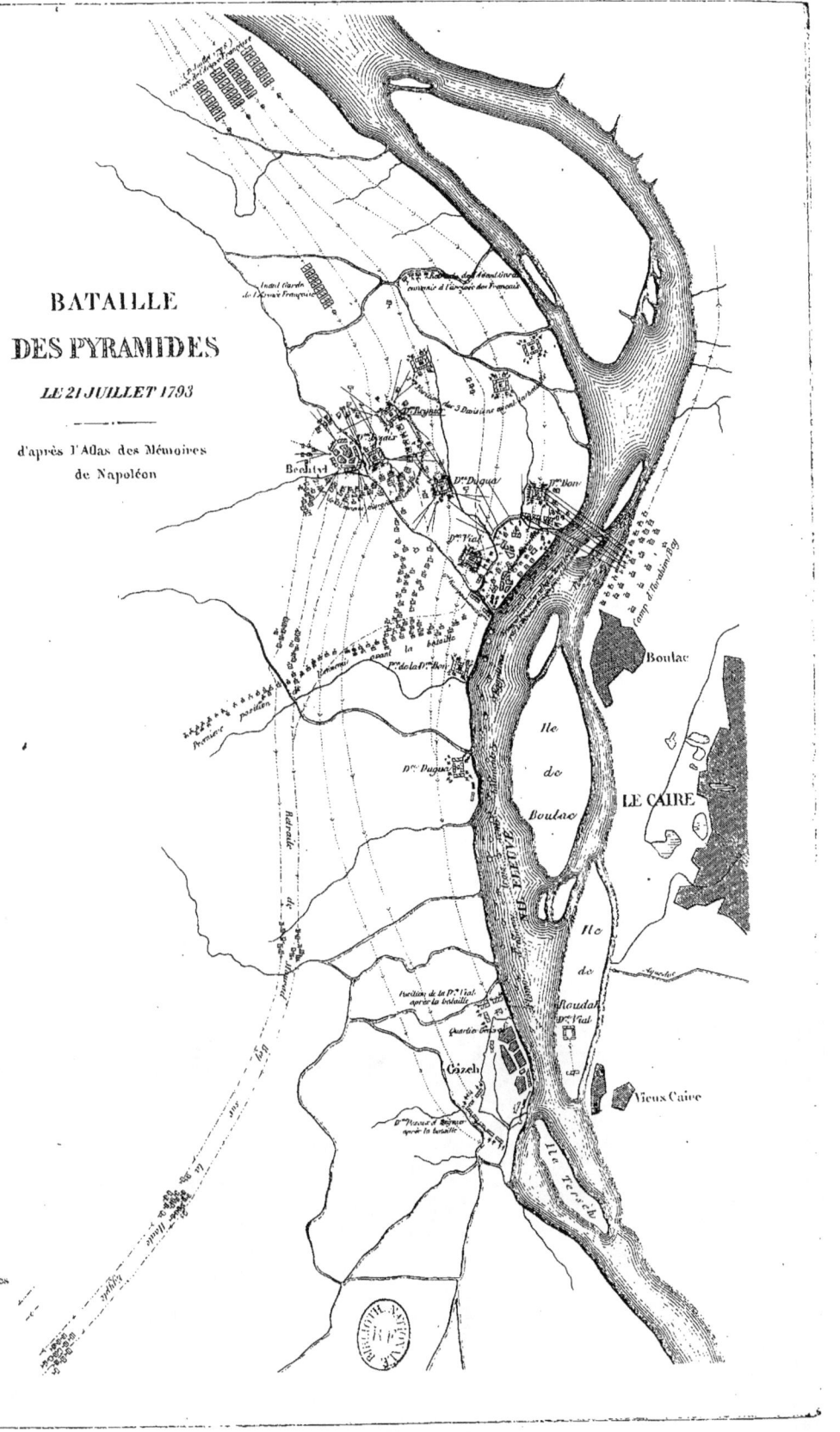

telle rapidité sur la division Desaix qu'à peine elle a le temps de former son carré, pousse en un instant jusqu'à la division Reynier, et les attaque toutes deux avec furie. Le moment fut solennel. Jamais les vétérans de l'Italie n'avaient vu tant d'audace et d'impétuosité; il semblait que ce terrible ouragan dût balayer cette poignée de braves jetée dans la plaine; mais « il n'y eut pas un soldat qui ne sentît que le salut de tous dépendait de la bravoure de chacun[1] » et qui ne fît appel à toute sa fermeté. Un profond silence régnait dans les rangs, et l'on n'entendait que le commandement des officiers. La fusillade et la mitraille eurent bientôt jonché d'un rempart d'hommes et de chevaux la face attaquée des carrés. Repoussés de ce côté, les Mameluks se précipitèrent avec une folle audace entre les deux divisions, qui étaient tellement rapprochées qu'elles se tuèrent réciproquement une vingtaine d'hommes, puis ils commencèrent une nouvelle attaque sur les autres faces. C'est là qu'on en vit, dans leur rage, faire reculer leurs

[1] Notes manuscrites du général Belliard. Archives du Dépôt de la guerre.

chevaux et les renverser sur les baïonnettes : dévouement stérile ! Le terrible rempart se refermait toujours.... Ils se jetèrent alors sur le village, d'où ils furent également repoussés. Enfin, décimés, reconnaissant l'inutilité de leurs efforts, ils se décidèrent à la retraite. Ils étaient venus recevoir la mort de si près que les bourres des fusils ayant mis le feu à leurs amples vêtements, plusieurs des cadavres gisants autour des carrés furent consumés[1].

Bonaparte avait eu un moment d'inquiétude pour ses deux divisions, mais bientôt il les vit reparaître victorieuses, sortant du nuage de poussière et de fumée sous lequel elles avaient disparu. Changeant alors la direction de la division Dugua, avec laquelle il marchait, il la fit porter entre la division Desaix et le Nil, coupant ainsi l'ennemi du camp d'Embabéh et lui barrant la rivière. La division Vial suivit la même direction, seu-

[1] *Mémoires du duc de Rovigo*, t. 1, p. 89. — Le général Belliard dit dans ses notes manuscrites : « Je n'ai point vu, depuis que je fais la guerre, de charges poussées avec autant de vigueur... Nous avons été heureux de commander à des troupes aguerries; il n'y a point de doute qu'avec d'autres troupes elles n'eussent réussi. »

lement un peu plus à gauche. Enfin, il ordonna au général Bon de faire enlever les retranchements d'Embabéh par trois colonnes d'attaque conduites par le général Rampon et soutenues par le reste de la division. Ces colonnes furent d'abord chargées, mais en vain, par les Mameluks; puis elles eurent à essuyer le feu de l'artillerie des retranchements, qui ne fit pas grand mal et ne dura pas longtemps, les troupes ayant immédiatement envahi toutes les défenses et chassé la mauvaise infanterie, ou plutôt le ramas d'hommes qui était chargé de défendre le camp d'Embabéh. Deux mille Mameluks qui y étaient aussi tâchèrent de gagner Gizéh en remontant le Nil. Marmont, s'en étant aperçu, vint se placer avec un bataillon et demi de la 4ᵉ légère au seul passage existant entre le retranchement et le fleuve, par lequel ils pouvaient faire leur retraite. Fusillés presque à bout portant, ils eurent bientôt encombré cet étroit défilé de leurs cadavres. Refoulés par derrière, ne trouvant plus d'issues, les malheureux Mameluks se précipitèrent pour la plupart dans le Nil, où ils périrent presque tous.

De son côté, Mourad avait vainement essayé de regagner Embabéh. Contenu par la division Dugua et la division Vial qui lui barraient le chemin, ayant vu la déroute des troupes placées dans le camp, il se retira, suivi de 3,000 Mameluks, dans le désert, pour, de là, gagner la haute Égypte.

La bataille était gagnée; partout l'ennemi était détruit ou fuyait; déjà la nuit commençait à tomber, lorsqu'une lueur immense s'éleva du Nil. Mourad, désespérant de sauver ses richesses entassées sur la flottille, avait donné l'ordre d'y mettre le feu. L'incendie éclairait la plaine et allait se refléter jusque sur les Pyramides.

L'Orient s'avouait vaincu. Dans cette lutte, le courage aveugle, l'héroïsme, l'habileté individuelle, étaient venus se briser contre la puissance de la tactique, qui, de milliers d'hommes, sait faire un géant aux mille bras mus par une seule volonté : lutte de la force brutale contre le génie, triomphe éternel de l'esprit sur la matière, de la civilisation sur la barbarie! Et cette lutte avait été tellement inégale que, tandis que la perte de l'ennemi peut s'évaluer à trois ou quatre mille hommes, les Français n'eurent que deux cent quarante hommes hors de combat.

Le soir de la bataille, toutes les divisions se rapprochèrent du Nil et y établirent leurs bivouacs. Elles trouvèrent quelques ressources dans le camp abandonné par les Mameluks et dans les nombreux jardins placés sur les bords du fleuve. Le général en chef vint à pied s'établir à Gizéh dans la maison de Mourad. On y trouva enfin pour la première fois un échantillon de ce luxe si vanté de l'Orient : des divans recouverts de riches étoffes de Lyon, de moelleux tapis... Mais combien tout cela était loin de répondre aux habitudes et aux besoins de la vie européenne! Ce qui causa un vrai plaisir, ce fut une vaste treille couverte des plus beaux raisins, dont la vendange ne fut pas longue à faire. Repas assez creux, dira-t-on, pour des gens qui, pendant dix heures, avaient marché ou combattu : car si la gloire enivre, on n'a point encore dit qu'elle ôtât l'appétit. Toutefois, après la chaleur du jour, ce frugal repas avait bien son mérite, et la treille de Mourad figure avec honneur dans toutes les relations.

Le lendemain, le champ de bataille présentait un singulier spectacle. La gaieté française, plus encore que la cupidité, en avait fait un bazar, un champ de foire. Chacun apportait quelque portion du riche et curieux butin que les tentes des beys et des Mameluks ou la dépouille des vaincus avaient fait tomber entre ses mains, et là tout se vendait et s'échangeait : chevaux, chameaux, caftans brodés, pelisses aux riches fourrures, narghilés aux longs tuyaux, etc., au milieu des plus facétieuses adjudications et des rires de la foule. On donnait un cheval pour quelques louis, et de beaux châles de l'Inde pour dix francs. Cependant les soldats de la division Bon se livraient à un commerce assez étrange et plus lucratif. On se rappelle que la veille ils avaient forcé un grand nombre de cavaliers à se jeter dans le Nil; mais, sachant par expérience que les Mameluks portaient habituellement sur eux ce qu'ils possédaient d'or ou d'argent, ils regrettaient vivement que tant de richesses fussent ainsi englouties avec leurs maîtres, lorsqu'un ingénieux Gascon de la 32e de ligne imagina de courber sa baïonnette, de l'attacher au bout d'une corde et de la traîner au fond de l'eau. Il en ramena un Mameluk. L'exemple, comme on pense, fut bientôt imité, et les produits de cette singulière pêche furent tels qu'il y eut des soldats qui déposèrent jusqu'à trente mille francs à la caisse de leur régiment [1].

Tandis que l'armée française jouissait de son repos avec cette insouciance que donne aux soldats la victoire, le désordre et l'effroi régnaient au Caire. Dans les idées de ces hommes de l'Orient, être vaincu, c'était, comme aux premiers temps du monde, être voué à la mort ou tout au moins à l'esclavage. Aussi, dans leur terreur, tous ceux qui avaient pu sortir du Caire s'étaient hâtés de fuir, emmenant femmes, enfants, emportant leurs richesses. A peine sortis, ces malheureux fugitifs tombèrent dans un péril beaucoup plus réel que celui dont leur imagination était remplie. Poursuivis, dépouillés par les Bédouins, eux et les leurs eurent à subir tous les excès de la plus infâme brutalité, et, dit l'historien arabe, « l'oreille entendit alors raconter ce que l'œil n'avait jamais vu. » Pen-

[1] *Mémoires du duc de Raguse*, t. I, p. 384.

dant ce temps, le Caire, sans gouvernement, sans police, restait livré à la cupidité, à toutes les passions désordonnées de cette lie que renferment toujours les grandes villes, tourbe misérable que la crainte seule peut retenir, et qui, du moment où elle se sent affranchie du frein qui la contient, ne manifeste sa liberté que par le brigandage et la destruction. Les maisons des Mameluks, les palais des beys furent mis au pillage, quelques-uns incendiés; les harems, ces sanctuaires inviolables de la famille musulmane, ne furent même pas épargnés dans cette orgie d'esclaves.

Les négociants francs, justement alarmés d'un état de choses qui s'aggravait à chaque instant, allèrent trouver le *kiaya*, ou lieutenant du pacha turc, le seul homme revêtu d'un caractère public qui fût resté dans la ville. Ils s'efforcèrent de lui faire comprendre que, puisque le général français déclarait, dans toutes ses proclamations, que ce n'était pas à la Porte qu'il faisait la guerre, c'était à lui de prendre en main l'autorité et de protéger la ville; ils le prièrent d'aller trouver Bonaparte et de traiter avec lui des conditions de la reddition du Caire. Cet homme fut d'abord effrayé du rôle et de la mission qu'on voulait lui faire remplir; enfin il se décida à aller au quartier général de Gizéh, accompagné de quelques scheiks. L'accueil qu'il reçut le rassura. De son côté, Bonaparte était enchanté d'avoir à traiter avec le représentant de la Porte. Il fit donc tout ce qu'il put pour leur inspirer de la confiance : ils se bornèrent d'ailleurs à demander merci pour la ville, lui disant qu'ils venaient la placer sous sa protection et l'assurer de la sincérité de leur concours. Bonaparte, convaincu, par leur contenance et leurs discours, que l'ascendant moral que lui avait donné sa victoire sur les Mameluks était tel qu'il n'y avait plus aucune pensée de résistance, jugea qu'il fallait précipiter l'événement. Il donna donc immédiatement l'ordre à Dupuy, colonel de la 32e, qui venait d'être nommé général, de prendre deux cents grenadiers et de profiter de la nuit pour pénétrer dans la ville, de s'établir au quartier des Francs, puis de saisir l'occasion pour s'emparer de la citadelle.

C'était chose bien hardie, en apparence, que

de faire occuper ainsi une ville de trois cent mille habitants par cette poignée d'hommes; mais Bonaparte avait bien jugé des circonstances, et tout se passa comme il l'avait prévu. Dupuy, guidé par les négociants francs qui avaient accompagné le kiaya et les scheiks, entra dans la ville. Elle semblait déserte : toutes les maisons étaient fermées. L'audace des chefs et des soldats était telle, leur confiance dans les ordres donnés par leur général si absolue, que ce fut tambour battant que cette petite troupe s'engagea dans les rues du Caire. Ce bruit si nouveau ne fit, au reste, qu'augmenter la terreur que ces hardis vainqueurs inspiraient aux habitants. La route se trouva plus longue qu'on ne l'avait cru. Dupuy, voyant ses soldats fatigués, fit enfoncer une grande maison qui justement était inhabitée; ils s'y établirent pour le reste de la nuit, et le lendemain ils s'emparaient sans résistance de la citadelle.

Bonaparte fit alors afficher et répandre dans la ville la proclamation suivante : « Peuple du Caire, je suis content de votre conduite. Vous avez bien fait de ne pas prendre parti contre moi. Je suis venu pour détruire la race des Mameluks, protéger le commerce et les naturels du pays. Que tous ceux qui ont peur se tranquillisent; que tous ceux qui se sont éloignés rentrent dans leurs maisons; que la prière ait lieu comme à l'ordinaire, comme je veux qu'elle continue toujours. Ne craignez rien pour vos familles, vos maisons, vos propriétés, et surtout pour la religion du Prophète, que j'aime. — Comme il est urgent qu'il y ait des hommes chargés de la police, afin que la tranquillité ne soit point troublée, il y aura un Divan composé de sept personnes qui se réuniront à la mosquée d'El-Azhar. Il y en aura toujours deux près du commandant de la place, et quatre seront occupés à maintenir la tranquillité publique et à veiller à la police. »

Pendant ce temps, la division Vial était passée dans l'île de Roudah. Elle entra au Caire le 23, et devait bientôt être suivie par les divisions de Dugua et Reynier.

Le même jour où ses troupes occupèrent le Caire, Bonaparte fit appeler à son quartier général les ulémas, les scheiks, l'agah des janissaires, enfin tous ceux qui pouvaient avoir quelque influence dans la ville. Dans l'entretien qu'il eut avec eux, et où ses paroles étaient habilement reproduites par l'interprète Venture, on le vit déployer toutes les ressources de son esprit, toutes les séductions de son langage, pour attirer à lui ces hommes et gagner leur confiance. Tour à tour caressant et sévère, tantôt parlant en inspiré, tantôt en vainqueur et en maître, toujours il revêtait sa pensée de ces formes orientales qu'il savait leur plaire et qui étaient les mieux faites pour frapper leur imagination. Témoignant de son respect, de son admiration pour la religion du Prophète, au besoin il savait citer un verset du Coran. Il leur confirma toutes les promesses contenues dans sa proclamation et leur répéta que, ne faisant pas la guerre au Sultan, il venait d'engager le pacha qui le représentait à rester au Caire ; qu'il était tout disposé à payer au Grand Seigneur le tribut dû au suzerain ; que pour eux, ils devaient être complétement tranquilles pour leurs personnes et leurs propriétés. Il déclara qu'il maintenait chacun d'eux dans ses fonctions et dans l'autorité qu'il exerçait, ajoutant que c'était par eux et avec eux qu'il voulait gouverner l'Égypte et la rendre prospère.

Le 25 juillet, Bonaparte fit son entrée au Caire et s'établit dans la maison d'Elfy-Bey, sur la vaste place de l'Esbekiéh, située à l'extrémité de la ville, et d'où il pouvait facilement communiquer avec Boulaq, le Nil et le Vieux-Caire. Sans doute la vue de cet homme, dont la force irrésistible venait de briser si rapidement le pouvoir des anciens maîtres de l'Égypte, dut produire une vive impression sur la population; mais les Orientaux dissimulent sous une apparente impassibilité l'émotion qu'ils éprouvent, et l'entrée de ce vainqueur si redouté ne donna lieu à aucune de ces démonstrations populaires qui auraient eu lieu, en pareil cas, en Europe. Il avait été, comme je l'ai dit, précédé par des troupes nombreuses. Les habitants du Caire, habitués à voir les Turcs et les Mameluks presque toujours entourés d'un appareil splendide, vêtus de riches costumes, brillamment armés, repoussant dédaigneusement la foule du poitrail de leurs chevaux ou la chassant à l'écart à coups de bâton, furent tout étonnés de voir leurs vainqueurs redoutés faire leur entrée tout simplement à pied, se mêler sans façon à la multitude, rire, causer, montrer des visages accorts, bienveillants et gais; surtout enfin de les voir payer largement les denrées que leur offraient des marchands établis sur leur passage.

Le chroniqueur arabe raconte ainsi la première impression produite par les Français au Caire : « Ils marchaient dans les rues sans armes et n'inquiétant personne ; ils riaient avec le peuple et achetaient ce dont ils avaient besoin à un très-haut prix, tellement qu'ils donnaient une piastre d'Espagne pour une poule, et pour un œuf quatorze paras, payant d'après les prix que ces choses coûtent dans leur pays. Le peuple eut de la confiance en eux, leur vendit de petits pains et toutes sortes de vivres; on ouvrit les boutiques: mais, non contents de faire les pains plus petits, les boulangers mêlèrent de la terre avec la farine... »

Plus loin, il dit : « Les rues étaient encombrées par des âniers, surtout dans les endroits voisins de l'armée française. Les Français avaient beaucoup de plaisir à se promener ainsi; la plupart restaient du matin au soir sur l'âne et payaient généreusement. Ils se réunissaient et faisaient des courses en chantant et riant. Les âniers s'unissaient à eux. Ils dépensaient beaucoup pour le louage de ces ânes, pour les fruits et le vin. Comme a dit le scheik Hassan, le vendeur d'épices : Le Français perd son argent dans notre Égypte entre les ânes et les taverniers. »

Dès que Bonaparte fut installé au Caire, il prit les mesures nécessaires pour assurer la sécurité de l'armée au milieu d'une population si considérable, et pour la mettre à l'abri des tentatives des Mameluks ou des Arabes. Il s'occupa enfin de former une administration d'après la pensée qu'il avait indiquée, qui était de faire gouverner sous son autorité le pays par des gens du pays. Toutes les mesures, d'ailleurs, qui pouvaient immédiatement ramener la confiance, rassurer les habitants en ce qui touchait à leurs mœurs, à leurs usages et surtout à leur religion, furent prises, et bientôt toutes choses reprirent leur cours habituel. Les imans continuèrent leurs lectures dans les mosquées; les muezzins leurs chants pendant la nuit et leurs prières du haut des minarets. Dans un pays où toute la loi était contenue dans la religion, c'était faire acte de sens et d'habileté de se montrer scrupuleusement respectueux pour tout ce qui touchait à cette religion, et une si judicieuse conduite servit plus à Bonaparte pour rétablir l'ordre, le maintenir et asseoir son autorité, que n'aurait pu le faire l'emploi aveugle de la puissance que la victoire avait mise en sa main.

Les troupes goûtaient le charme du repos après de rudes fatigues, elles trouvaient l'abondance après de longues privations; les généraux étaient établis d'une manière fort tolérable dans les meilleures maisons de la ville, dans les palais des beys, et cependant le mécontentement fermentait dans l'armée. Cet exil au-delà des mers, loin de la patrie, ces mœurs étranges, ces usages bizarres au milieu desquels on se voyait tout à coup tombé, le vague dans lequel on était encore par rapport au but réel de l'expédition, avaient jeté le dégoût et le découragement dans les esprits. En un mot, c'était le mal du pays, qui, sous des formes diverses, tourmentait soldats et généraux, et qui ne tarda pas à se traduire en conciliabules et même en complots. Des corps s'envoyèrent des députations ; quelques généraux concertèrent de demander tous à la fois de retourner en France, pensant mettre par là le général en chef dans un grand embarras.

Bonaparte était au courant de toutes ces menées. Il fit demander à dîner au général Dugua et le pria d'inviter plusieurs généraux qu'il lui désigna, ce qui fut fait. A la fin du repas, le général en chef demanda à ses convives comment ils se trouvaient en Égypte. Tous s'empressèrent de lui répondre qu'ils s'y trouvaient à merveille. « Tant mieux ! dit-il, je sais que plusieurs généraux font les mutins et prêchent la révolte... Qu'ils y prennent garde : la distance d'un général et d'un tambour à moi est la même, et si le cas se présentait, je ferais fusiller l'un comme l'autre ! » Un silence respectueux suivit cet avis amical [1].

Ce peu de paroles et une autre petite leçon

---

[1] J'emprunte cette anecdote aux souvenirs inédits du général Édouard Colbert qui la tenait du général Murat, l'un des convives.

que donna le général en chef à la 9ᵉ légère, qui passait pour avoir le plus mauvais esprit, suffirent pour faire rentrer tout le monde dans le devoir. L'armée sortit d'ailleurs bientôt d'une oisiveté toujours funeste à des imaginations malades et retrouva, dans l'activité et en présence de nouveaux dangers, toute son énergie.

Bien que le coup frappé aux Pyramides eût été terrible pour les Mameluks, cependant Mourad n'était pas homme à se laisser abattre par un revers et à se résigner aussi facilement à la perte de son pouvoir. Retiré dans la haute Égypte, il ralliait ses débris, appelait à lui toutes ses ressources et se préparait à recommencer la lutte. En même temps Ibrahim, posté à Belbéis, faisait tous ses efforts pour grossir le nombre de ses soldats et soulever les habitants de la basse Égypte. Un autre motif encore l'engageait à se maintenir dans cette position voisine du désert, c'était le prochain retour de la grande caravane de la Mecque, qui ne pouvait tarder à passer par là pour se rendre au Caire. Il voulait s'assurer cette riche proie et empêcher qu'elle ne tombât aux mains des Français.

CHAPITRE IX.

La possession complète de la basse Égypte était indispensable à l'existence, à la sécurité de l'armée française et au maintien de ses communications avec la mer. D'autre part, la présence de Mourad en armes dans la haute Égypte était un danger menaçant. Bonaparte résolut d'en finir avec les deux chefs mameluks, de se porter de sa personne contre Ibrahim et de charger Desaix de s'emparer de la haute Égypte et d'en chasser Mourad. Le 2 août, le général Leclerc eut ordre de se rendre à El-Kankah, sur la route de Belbeïs, et de s'y établir; il devait là surveiller tous les mouvements d'Ibrahim. Il avait avec lui un bataillon d'infanterie, cent cinquante hommes de cavalerie et deux petites pièces de canon. En même temps Murat était envoyé à peu près dans la même direction, à Kélioub, pour soumettre le pays et lever des chevaux.

Leclerc, arrivé à El-Kankah, qui n'est qu'à six lieues du Caire, y avait commencé son établissement, lorsque le 5, à la pointe du jour, il se vit assailli par une nuée d'Arabes et de fellahs parmi lesquels il y avait des Mameluks.

« Nos ennemis, dit un témoin, avaient plutôt l'air de bêtes féroces que de guerriers; ils poussaient des cris affreux. » On eut quelque peine à les contenir, mais les deux petites pièces d'artillerie, promenées habilement d'un côté à l'autre du village, les firent croire à des forces plus considérables et les maintinrent à distance. Murat, qui n'était qu'à deux ou trois lieues, entendant le canon, se hâta de faire prévenir le général en chef. Quant à Leclerc, ayant épuisé ses munitions, il jugea prudent de profiter de la nuit pour évacuer le village et se retirer. Il en était à peine à une lieue, qu'il rencontra Sulkowski, aide-de-camp du général en chef, accompagné de trente guides. Il avait été envoyé sur l'avis de Murat, et venait annoncer à Leclerc l'arrivée prochaine de la division Reynier, qui rejoignit en effet le lendemain. El-Kankah fut repris, et on continua à pousser devant soi les Arabes et les Mameluks.

Cependant Bonaparte, appuyant ce mouvement, s'était mis lui-même en marche, à la tête de deux divisions commandées par Dugua et Lannes. Il avait en outre envoyé l'ordre à Murat

CHAPITRE IX.

de le rejoindre avec tout son monde. L'armée, côtoyant la lisière du désert, ayant à sa gauche les terres cultivées, de nombreux villages et une forêt présque continue de palmiers, arriva le 9 à Belbeïs. Ibrahim venait de l'abandonner et poursuivait sa route vers Salahiéh.

A peu de distance en avant de Belbeïs, un spectacle étrange vint frapper les regards. Sur la route, dans les villages, on rencontrait des groupes d'hommes, de femmes, fuyant pleins d'effroi, les uns s'efforçant d'emmener leurs montures, d'emporter leurs bagages, les autres les abandonnant. C'étaient les débris de la caravane de la Mecque, qui venait d'être attaquée et pillée tour à tour par les Arabes et les Mameluks. Quelques-uns de ces malheureux demandèrent protection aux Français. Un riche négociant, El-Marouki, vint avec ses deux femmes se jeter aux pieds du général en chef. Malgré les voiles dont ces femmes étaient couvertes, raconte Napoléon dans ses Mémoires, « autant que l'on en put juger par la délicatesse de leurs manières, leurs jolies mains, la grâce de leur démarche, l'accent de leur voix et leurs grands yeux noirs, elles étaient jolies [1]. » Ces pauvres gens excitèrent sa pitié. Très-probablement ses sentiments de justice et d'humanité eussent suffi pour éveiller sa sympathie, mais à ce souvenir si longtemps gardé, à la complaisance avec laquelle il s'y arrête, on pourrait croire que les beaux yeux des épouses d'El-Marouki, le charme de cette apparition imprévue au milieu du désert, eurent aussi leur influence. Il donna sur-le-champ l'ordre de rechercher tout ce qui pouvait appartenir au malheureux négociant et qui avait été volé ou dispersé. On en retrouva la plus grande partie, et la caravane réorganisée reprit le chemin du Caire sous la protection d'une bonne escorte. Pendant quelque temps encore, l'armée, en s'avançant, trouva la route jonchée d'objets épars : c'étaient de riches tapis, des tissus précieux, de ces beaux châles de cachemire, encore fort peu connus en Europe et fort chers. Les soldats les donnaient pour quelques piastres ou s'en servaient pour les usages les plus vulgaires. On continua de suivre

[1] *Campagnes d'Égypte et de Syrie, dictées au général Bertrand*, t. I, p. 169.

les Mameluks, mais sans pouvoir les atteindre. Le soir, on bivouaqua à Koraïm.

Le lendemain, Bonaparte apprit qu'Ibrahim était encore, avec tout son monde et ses bagages, à Salahiéh, le dernier lieu habité sur la limite extrême du désert. Il prit avec lui ce qu'il avait de cavalerie, environ trois cents hommes, et, devançant l'infanterie, résolut de joindre l'ennemi. A une heure, il arriva dans le bois de palmiers qui entoure Salahiéh. C'est là qu'il fut rejoint par Murat arrivant de Kélioub avec son aide de camp Auguste Colbert.

La chaleur était étouffante et les chevaux très-fatigués d'une course de plus de six lieues dans le sable. On fit halte près d'une citerne, dans un endroit où l'ennemi venait de camper. Il ne pouvait être loin. Le général en chef sut en effet bientôt, par le détachement qui le précédait, qu'Ibrahim, avec un immense train de bagages, venait de quitter le bois et s'avançait dans le désert. Il envoya aussitôt Eugène Beauharnais porter l'ordre à la division Reynier de presser le pas. Pour lui, poussant immédiatement en avant, il aperçut bientôt une longue ligne dont la tête se perdait déjà à l'horizon. On voyait encore, assez près, quatre cents Mameluks environ, qui formaient l'arrière-garde. Plus à droite, des Arabes, en grand nombre, étaient répandus dans la plaine. Leur chef, en voyant apparaître les Français, ne douta pas qu'ils n'eussent pour but de piller le riche convoi qui fuyait devant eux; il vint offrir au général Bonaparte d'attaquer en même temps que lui, sous la condition que le butin serait partagé.

Cependant on se rapprochait. La cavalerie, qui n'avait pas encore eu l'occasion de se mesurer avec l'ennemi, le groupe d'officiers qui entourait le général en chef, étaient impatients de combattre. Bonaparte lui-même se laissa entraîner, et donna l'ordre de charger. Deux cents hommes du 7e de hussards et du 22e chasseurs s'élancèrent d'abord; ils traversèrent les Mameluks; mais ces habiles cavaliers, se rabattant sur eux, les eurent bientôt enveloppés. Tout disparut alors dans un nuage de poussière, d'où partaient quelques coups de feu; mais c'était surtout corps à corps, à l'arme blanche, qu'on se pressait. Murat court à la

CHAPITRE IX. 97

charge. Auguste Colbert, qui avait un cheval rétif, s'empare d'un cheval errant dont la selle n'avait pas d'étriers, et bientôt il est avec son général au plus fort de la mêlée. L'élan se communique aux guides, à l'entourage du général en chef. Caffarelli même, malgré sa jambe de bois, veut courir au secours de cette poignée de braves qu'on voyait entourée. Bonaparte resta presque seul.

La lutte était terrible, mais inégale. Les Mameluks, montés sur des chevaux souples et vigoureux, maniant leurs armes avec une dextérité sans pareille, avaient souvent bon marché de cavaliers braves, mais moins bien armés et montés. Leurs sabres faisaient d'effroyables blessures. Les Français cherchaient à répondre par des coups de pointe, mais trop souvent ils étaient arrêtés par les épais vêtements des Mameluks ou par les cottes de mailles dont plusieurs étaient couverts. L'intrépide Lasalle laisse tomber son sabre au milieu du combat, mais, luttant d'adresse et d'agilité avec les Mameluks, il saute à terre, le saisit, et se remet en selle assez à temps pour parer les coups de l'adversaire qui l'attaque. Le chef d'escadron Destrées tombe, couvert de coups. Sulkowski lutte contre un Mameluk noir d'une taille gigantesque, il est grièvement blessé. Duroc, Arrighi, prennent chacun une glorieuse part à ce rude combat. Quelques instants de plus, et il pouvait devenir fatal aux Français; heureusement le général Leclerc arriva avec deux escadrons de dragons, le 3ᵉ et le 15ᵉ. Avant d'entamer la charge, il fit ouvrir le feu sur les Mameluks. Ceux-ci, craignant d'être enveloppés, satisfaits d'ailleurs d'avoir sauvé leur convoi, qui était déjà au loin et en sûreté, s'éloignèrent au galop du champ de bataille, sans laisser un seul des leurs aux mains des Français. Notre infanterie n'arriva que lorsque tout était fini. Ibrahim, s'enfonçant dans le désert, alla chercher un refuge près de Djezzar, le pacha d'Acre.

Bonaparte, qui avait vu de près cette sanglante mêlée, la retrace avec chaleur dans son rapport[1]; il y cite tous ceux que j'ai nommés.

[1] Rapport au Directoire du 2 fructidor an VI. (Voir aux Pièces justificatives.)

Il fit sur le champ de bataille Destrées et Sulkowski colonels, Auguste Colbert chef d'escadron[1].

Murat, de longues années après, se plaisait à raconter quelle avait été l'audace, la témérité même de son jeune aide de camp dans cette journée[2].

Bonaparte, voyant Ibrahim s'éloigner et quitter l'Égypte, ne jugea pas à propos de pousser plus loin la poursuite. Revenant sur ses pas, il donna ses instructions et ses ordres pour les fortifications de Salahiéh. Il voulait en faire comme une sentinelle avancée surveillant le désert, en même temps qu'une place de dépôt pour faciliter les opérations d'une armée qui manœuvrerait sur cette frontière. Il y laissa le général Reynier et sa division, puis reprit avec le reste des troupes le chemin du Caire.

[1] Cette désignation *sur le champ de bataille* était portée sur le brevet. Employée seulement en certaines circonstances, elle avait pour but de rehausser le prix du grade obtenu.

[2] Je tiens ces détails du général Merlin, alors aide de camp du général Bonaparte, et de M. Daure, commissaire ordonnateur en chef de l'armée d'Égypte, qui les tenait de Murat.

CHAPITRE DIXIÈME.

Nouvelles du désastre d'Aboukir. — Leur effet sur Bonaparte. — Ses lettres à la veuve de l'amiral Brueys et à l'amiral Thévenard. — Proclamation à l'armée. — Desaix est chargé de soumettre la haute Égypte. — Les Divans. — Bonaparte dans la grande mosquée de Gama el Azhar. — Cérémonie de la rupture de la digue du Nil. — Projets de Bonaparte sur l'Égypte. — Création d'un institut. — Questions que lui propose Bonaparte. — Desgenettes. — Les ânes et les savants au centre! — Visite aux Pyramides. — Berthier et son idole. — Desaix chasse Mourad de la haute Égypte. — Murat et Lanusse envoyés contre les Arabes de Darné. — Dangers de l'inaction pour une armée française. — Détails militaires. — L'Égypte durant l'inondation. — Les Français au Caire. — Police de l'agah des janissaires. — Irritation des musulmans; leurs griefs. — La *guerre sainte* est proclamée. — Soulèvement du Caire. — Mort de Dupuy, de Sulkowski. — Les insurgés à la mosquée de Gama el Azhar. — Répression du soulèvement. — Paroles de Bonaparte aux scheiks et imans de la mosquée. — Le scheik Sadah. — Bonaparte et les émeutes populaires. — Lettre d'Auguste Colbert, adressée du Caire. — Bonaparte visite Suez, la mer Rouge, les fontaines de Moïse. — Il échappe au sort de Pharaon. — La jambe de bois de Caffarelli. — Vestiges de l'ancien canal de Suez à la Méditerranée. — Le régiment des dromadaires. — Nouvelles des mouvements d'Ibrahim-Bey et de Djezzar-Pacha. — Rentrée au Caire.

Bonaparte regagnait donc le Caire, lorsque le 14 août, entre Koraïm et Belbeïs, il fut joint par le chef de bataillon Loyer, aide de camp de Kléber. Cet officier avait mis onze jours à venir d'Alexandrie; il apportait les plus tristes nouvelles : notre flotte était détruite, l'amiral tué; dorénavant les Anglais étaient maîtres sans partage de la mer.

Le désastre était complet, le coup terrible; il n'y n'avait plus d'alternative : il fallait vaincre, vivre désormais sur le sol de l'Égypte, sans secours à attendre, sans relations avec la mère patrie! Bonaparte mesura toute l'étendue de la catastrophe; elle changeait ses combinaisons, renversait ses projets : « Ah! malheureux Brueys, qu'as-tu fait! » s'écria-t-il dans le premier moment; puis, sa grande âme s'élevant au niveau de la situation, il reprit tout son calme et sa fermeté. Il savait que les nécessités extrêmes sont un stimulant puissant; que, dans la gravité des circonstances, dans la grandeur même du péril, il trouverait le moyen de ranimer l'énergie d'une armée qui s'était laissé saisir par le découragement au milieu de ses succès : « On nous force à faire de grandes choses, dit-il, eh bien, nous les ferons! C'est dans les moments difficiles que se montrent les âmes d'élite. Les flots sont soulevés : élevons notre tête au-dessus de la tempête, et les flots seront domptés!... L'Égypte était autrefois un grand empire; elle est fertile en ressources de toute espèce, sachons les féconder... La mer nous sépare de l'Europe, mais l'Asie, l'Afrique nous sont ouvertes... Qui dit que nous ne sommes pas appelés à changer la face de l'Orient et à placer nos noms à côté des plus grands noms de l'histoire? » Aux généraux, aux soldats, il montrait la conquête, la gloire des armes; aux savants, la gloire la plus précieuse à leurs yeux, celle de faire renaître la civilisation, les arts, les sciences aux lieux mêmes de leur antique berceau, tout en dotant la France d'une riche colonie placée sur la route des Indes.

C'est un curieux et émouvant spectacle que celui d'un grand homme aux prises avec les grandes difficultés, c'est alors qu'on peut mesurer les proportions du géant. Tel parut Bonaparte à tous ceux qui l'ont vu et observé à cette époque. Que de fois ne les ai-je pas entendus, après de longues années, raconter, encore tout émus, par quelle mâle attitude, par quelles éloquentes paroles, par quelles vues grandioses et saisissantes il avait retrempé leurs âmes! Il me semblait, en les écoutant, que cet enthousiasme dont il les avait enflammés pour les vastes projets, les nobles entreprises, que ce feu sacré qu'il leur avait communiqué, les animait encore!

Quelques pièces écrites alors par Bonaparte pourront faire comprendre l'empire qu'il exerçait sur les âmes. Voici la lettre qu'il écrivait à la veuve de Brueys en lui annonçant la mort de son mari :

« Votre mari a été tué d'un coup de canon, en combattant à son bord. Il est mort sans souffrir, et de la mort la plus douce, la plus enviée par les militaires. Je sens vivement votre douleur. Le moment qui nous sépare de l'objet que nous aimons est terrible ; il nous isole de la terre ; il fait éprouver au corps les convulsions de l'agonie. Les facultés de l'âme sont anéanties; elle ne conserve de relations avec l'univers qu'au travers d'un cauchemar qui altère tout. L'on sent dans cette situation que, si rien ne nous obligeait à vivre, il vaudrait beaucoup mieux mourir. Mais lorsque, après cette première pensée, l'on presse ses enfants sur son cœur, des larmes, des sentiments tendres raniment la nature, et l'on vit pour ses enfants; oui, Madame, vous pleurerez avec eux, vous élèverez leur enfance, cultiverez leur jeunesse; vous leur parlerez de leur père, de votre douleur, de la perte qu'ils ont faite, de celle qu'a faite la République. Après avoir rattaché votre âme au monde par l'amour filial et l'amour maternel, appréciez pour quelque chose l'amitié et le vif intérêt que je prendrai toujours à la femme de mon ami. Persuadez-vous qu'il est des hommes, en petit nombre, qui méritent d'être l'espoir de la douleur, parce qu'ils sentent avec chaleur les peines de l'âme [1]. »

Qui jamais a su mieux pénétrer dans un cœur déchiré, en a mieux compris les angoisses? Avec quel tact exquis, quel sentiment profond et vrai de notre nature, ne sait-il pas adoucir la douleur de l'épouse en ranimant toutes les tendresses de la mère?

Il écrivait au vice-amiral Thévenard, dont le fils avait été aussi tué à Aboukir :

---

[1] Pour les lettres et proclamations de Bonaparte, je renvoie, une fois pour toutes, à la *Correspondance de Napoléon Iᵉʳ*.

« Votre fils est mort d'un coup de canon, sur son banc de quart ; je remplis, Citoyen Général, un bien triste devoir en vous l'annonçant ; mais il est mort sans souffrir et avec honneur : c'est la seule consolation qui puisse adoucir la douleur d'un père. Nous sommes tous dévoués à la mort. Quelques jours de vie valent-ils le bonheur de mourir pour la patrie? Compensent-ils la douleur de se voir mourir sur son lit, environné de l'égoïsme d'une nouvelle génération? Valent-ils les dégoûts, les souffrances d'une longue maladie? Heureux ceux qui meurent sur le champ de bataille! Ils vivent éternellement dans le souvenir de la postérité. Ils n'ont jamais inspiré la compassion, ni la pitié que nous arrache la vieillesse caduque, ou l'homme tourmenté par des maladies aiguës. Vous avez blanchi, Citoyen Général, dans la carrière des armes ; vous regretterez un fils digne de vous et de la patrie ; en accordant quelques larmes à sa mémoire, vous direz avec nous que sa mort glorieuse est digne d'envie. — Croyez à la part que je prends à votre douleur, et ne doutez pas de l'estime que j'ai pour vous. »

CHAPITRE X.

Voici enfin dans quels termes il s'adresse à l'armée; c'est une proclamation faite à l'occasion de l'anniversaire de l'établissement de la République. — Tout autre, en parlant de la gravité de la situation récemment créée par la perte de l'escadre, eût cherché à en atténuer les conséquences, à calmer, à rassurer les esprits. Ces timides moyens ne sont pas à son usage, il les dédaigne; il ne veut pas calmer, il veut exalter les esprits au niveau des difficultés présentes. Il ne parle donc à tous que des grandes choses qu'ils ont faites, de celles qu'ils pourront faire encore, de la grandeur de la patrie, de sa gloire déjà portée si haut par eux, et leur montre pour prix de leurs efforts, ou le triomphe ou une mort héroïque!

« Au Caire, 1er vendémiaire an VII (22 septembre 1798).

« Soldats,

« Nous célébrons le premier jour de l'an VII de la République. — Il y a cinq ans, l'indépendance du peuple français était menacée; mais vous prîtes Toulon : ce fut le présage de la ruine de nos ennemis. Un an après, vous battiez les Autrichiens à Dego. L'année suivante, vous étiez sur le sommet des Alpes. Vous luttiez contre Mantoue, il y a deux ans, et vous remportiez la célèbre victoire de Saint-Georges. L'an passé, vous étiez aux sources de la Drave et de l'Isonzo, de retour de l'Allemagne. Qui eût dit alors que vous seriez aujourd'hui sur les bords du Nil, au centre de l'ancien continent? — Depuis l'Anglais, célèbre dans les arts et le commerce, jusqu'au hideux et féroce Bédouin, vous fixez les regards du monde.

« Soldats, votre destinée est belle, parce que vous êtes dignes de ce que vous avez fait et de l'opinion que l'on a de vous. Vous mourrez avec honneur, comme les braves dont les noms sont inscrits sur cette pyramide, ou vous retournerez dans votre patrie couverts de lauriers et de l'admiration de tous les peuples.

« Depuis cinq mois que nous sommes éloignés de l'Europe, nous avons été l'objet perpétuel des sollicitudes de nos compatriotes. Dans ce jour, quarante millions de citoyens célèbrent l'ère des gouvernements représentatifs, quarante millions de citoyens pensent à vous. Tous disent · C'est à leurs travaux, à leur sang que nous devrons la paix générale, le repos, la prospérité du commerce et les bienfaits de la liberté civile. »

Mais Bonaparte ne se bornait pas à des paroles. Les paroles n'étaient chez lui que l'explication, l'éloquent commentaire de ce qu'il accomplissait avec une activité prodigieuse qui s'étendait et répondait à tout.

Il fallait d'abord s'assurer de la complète domination de l'Égypte, se rendre partout maître du cours du Nil qui en est la principale voie de communication, et par laquelle le Caire reçoit ses approvisionnements, enfin mettre dans un état respectable de défense les frontières du pays. Dugua, à Mansourah ; Menou, dans la province de Baheiréh ; Kléber, puis Marmont, à Alexandrie, furent chargés du gouvernement de ces provinces et de la défense du littoral. On a déjà vu que Reynier, à Belbeïs et à Salahiéh, avait pour mission de couvrir l'Égypte du côté de la Syrie. Desaix, enfin, avec cinq mille hommes de troupes, dont cinq cents de cavalerie, devait se mettre à la poursuite de Mourad-Bey, et établir la domination française dans le Fayoum et dans la haute Égypte. Les autres généraux, dispersés dans les provinces, Murat à Kélioub, Vial à Damiette, devaient achever de soumettre les Arabes, assurer la subsistance de l'armée et rassembler des chevaux pour remonter la cavalerie.

Des contributions furent levées; mais, tout en conservant les formes ou habitudes du pays, on s'efforça de régulariser l'assiette de l'impôt. Les ordres furent donnés pour que la discipline la plus sévère fût maintenue parmi les troupes, pour que les habitants, leurs usages, leur religion fussent respectés, et qu'une justice ferme et impartiale fût rendue à tous.

Bonaparte était fidèle au plan de conduite qu'il avait adopté en débarquant en Égypte. Il n'avait cessé de proclamer que ce n'était qu'aux Mameluks qu'il était venu faire la guerre et que les habitants devaient voir en lui plutôt un allié, un ami, qu'un vainqueur et qu'un maître; qu'enfin c'était à leur profit, pour eux et par eux qu'il voulait gouverner. Il fit désigner dans chaque province des notables pour former une assemblée ou *divan*, qui devait éclairer l'administration de ses avis. — Quelques écrivains ont voulu voir dans cette mesure une application au moins prématurée d'un système de liberté et de représentation à des gens fort ignorants et depuis longtemps dégradés par le despotisme. Il me semble que Bonaparte n'eut d'autre but que de flatter l'amour-propre de personnages influents, de les tenir sous sa main par des rapports continuels avec eux, afin d'avoir entre lui et la masse du peuple des intermédiaires responsables. Chaque province eut donc son divan; mais la réflexion que j'ai faite s'applique surtout au Caire, où il avait près de lui non-seulement les hommes les plus importants du pays par leur naissance et leur richesse, mais tout un corps d'ulémas, de docteurs de la loi, chefs et interprètes vénérés de la religion. Or, s'il y avait une idée dont Bonaparte fût surtout pénétré à cette époque, c'est qu'il y a dans les croyances religieuses d'un peuple une puissance contre laquelle on tenterait inutilement de lutter. Il se sentait bien la force de renverser le pouvoir des Mameluks, mais il ne se sentait pas celle de vaincre des idées, de soutenir une guerre de religion, alors que le fanatisme serait réveillé. « De tout temps, dit-il, les idées religieuses furent prédominantes sur les peuples de l'Égypte. Les Perses ne purent jamais s'y établir, parce que les mages voulurent y faire adorer leurs dieux et chasser ceux du Nil... Quand Alexandre le Grand se présenta sur leurs frontières, ils accoururent à lui, accueillirent ce grand homme comme un libérateur. Quand il traversa le désert de quinze jours de marche, d'Alexandrie au temple d'Ammon, et qu'il se fit déclarer par la prêtresse fils de Jupiter, il connaissait bien l'esprit de ces peuples, il flattait leur penchant dominant, *il fit plus pour assurer sa conquête que s'il eût bâti vingt places fortes et appelé cent mille Macédoniens* [1]. »

Le Caire était encore au dix-huitième siècle un des centres vénérés de la foi musulmane. Sa mosquée de Gama-El-Azhar, fondée par Saladin, était l'école la plus célèbre de l'Orient.

[1] *Camp. d'Égypte et de Syrie, dictées au général Bertrand*, t. 1, p. 210.

CHAPITRE X.

Soixante docteurs ou ulémas y délibéraient sur les questions religieuses et expliquaient le Coran. L'influence de ces hommes était grande; ils pouvaient entraîner l'opinion des vrais croyants. Un instant étourdis par la rapidité des succès des Français, « ils avaient fléchi devant la force, mais bientôt ils se mirent à déplorer ouvertement le triomphe des idolâtres... Ils gémissaient de l'opprobre qui rejaillissait sur la *première clef de la Sainte Kaaba ;* les imans récitaient les versets du Coran les plus contraires aux infidèles. Il fallait donc au plus vite arrêter la marche des idées religieuses, se soustraire aux anathèmes du Prophète, ne pas se laisser mettre dans les rangs des ennemis de l'islamisme; il fallait convaincre, gagner les muphtis, les ulémas, les chérifs, les imans, pour qu'ils interprétassent le Coran en faveur de l'armée[1]. » C'est ce que Bonaparte s'efforça de faire, avec toute l'habileté, toute la séduction dont il était capable : il leur fit rendre partout les plus grands honneurs; parfois il assistait à leurs

---

[1] *Campagnes d'Egypte et de Syrie, dictées au général Bertrand*, t. 1, p. 212 et suiv.

assemblées, causant avec eux, posant des questions sur leurs dogmes, montrant souvent son admiration pour leur foi, et leur laissant entrevoir qu'il pourrait bien, ainsi que l'armée tout entière, l'embrasser un jour. Parfois il cherchait à réveiller en eux le sentiment de la nationalité arabe. Un jour, il leur dit : « Pourquoi la nation arabe est-elle soumise aux Turcs? Comment la fertile Égypte, la sainte Arabie sont-elles dominées par des peuples sortis du Caucase? Si Mahomet descendait aujourd'hui du ciel sur la terre, où irait-il? Serait-ce à la Mecque? Il ne serait pas au centre de l'empire musulman. Serait-ce à Constantinople? Mais c'est une ville profane, où il y a plus d'infidèles que de croyants : ce serait se mettre au milieu de ses ennemis. Non, il préférerait l'eau bénie du Nil, il viendrait habiter la mosquée de Gama-El-Azhar, cette première clef de la Sainte-Kaaba. » A ce discours, les figures de ces vénérables vieillards s'épanouissaient, leurs corps s'inclinaient, ils s'écriaient : « *Tayeb! Tayeb!* Ah! cela est bien vrai[1]! »

[1] *Camp. d'Égypte et de Syrie, dictées au général Bertrand*, t. I, p. 216.

CHAPITRE X.

Par cette conduite, par ces discours, Bonaparte vint à bout de paralyser le fanatisme des plus exaltés, de calmer, de gagner les autres. Il y en eut même qui arrivèrent jusqu'à s'enthousiasmer pour sa personne et son génie. L'homme qui avait accompli de si grandes choses, renversé des ennemis si puissants, qui se montrait animé d'un tel respect, pénétré d'une telle admiration pour la foi de Mahomet, ne pouvait être à leurs yeux qu'un protégé de Dieu, inspiré par le Prophète lui-même. Ces idées pénétrèrent peu à peu parmi le peuple, rendirent faciles une foule de choses sans cela impossibles, et contribuèrent singulièrement à l'établissement régulier d'une administration française en Égypte.

Habile à saisir toutes les occasions de prouver combien il s'identifiait à la nation égyptienne, combien il comprenait les intérêts du pays et respectait ses usages, Bonaparte entoura d'une grande solennité la cérémonie de la rupture des digues du Nil. C'est en effet l'événement annuel le plus important pour l'Égypte, l'inondation étant pour elle la fécondation et la vie.

Tout ce qu'il y avait de troupes au Caire fut rangé en bataille le long du canal des Princes, où le Nil venait faire irruption. Le général en chef, entouré de son état-major, ayant à sa droite le scheik El-Bekri, descendant du Prophète, et suivi des muphtis et des ulémas, se rendit à cheval à un kiosque préparé près du *Mékias* ou Nilomètre. Suivant l'usage, la hauteur des eaux fut proclamée; puis, au bruit des décharges d'artillerie et aux acclamations d'une foule immense, le barrage étant rompu, les eaux du fleuve se précipitèrent, d'une hauteur de dix-huit pieds, dans la voie qui leur était ouverte.

La fête du Prophète donna lieu, quelque temps après, à de nouvelles solennités auxquelles le général en chef et l'armée s'associèrent. C'est ainsi que, par ces ménagements, ces utiles concessions, en un mot, par cette habile politique, Bonaparte calmait, endormait, pour ainsi dire, cette haine profonde des Musulmans pour les *Chrétiens*. Peu à peu il habituait ces hommes, de mœurs, de préjugés si différents, à vivre paisiblement les uns à côté des autres; son incessante activité, sa prévoyance, procuraient à l'armée toutes les conditions d'une bonne existence matérielle et d'un établissement durable.

Des moulins furent créés à Alexandrie, au Caire, à Rosette, et bientôt produisirent en abondance la farine nécessaire à la consommation. On établit des manufactures de poudre; de vastes et salubres hôpitaux furent préparés.

L'armée pouvait donc désormais vivre et se défendre; mais là ne s'arrêtait pas Bonaparte. Il voulait que les sciences, les arts, les lumières de l'Europe moderne, marchassent sur les pas de sa conquête; il les appelait non-seulement à sonder les mystères du passé, mais à vivifier le présent, à féconder l'avenir, et, roulant dans sa pensée les vastes desseins qu'avait conçus le génie d'Alexandre, il songeait à faire de l'Égypte le centre du monde.

Tel est le caractère de l'expédition d'Égypte et ce qui a jeté sur elle un éclat impérissable. A côté des exploits féeriques du guerrier viennent toujours se placer les travaux du savant, et sur ces travaux de l'intelligence, comme sur ces faits héroïques, plane le génie d'un homme, génie qui inspire, éclaire, dirige tout; positif, pratique, s'il en fut, mais qui en même temps sait grandir tout ce qu'il touche et le colorer d'une admirable poésie.

Bonaparte, à cette époque, cherche encore sa destinée. Devant son imagination ardente, miroitent de vastes et divers horizons. Est-ce en Occident, est-ce en Orient que cette destinée doit s'accomplir? Il sent fermenter en lui cette puissance qui doit un jour régir un grand empire et remuer le monde. Dans tous ses actes se révèle son génie éminemment créateur, organisateur, et, dans l'œuvre éphémère et brillante de sa conquête, la gloire militaire, quel que soit son éclat, pâlit devant une gloire d'un ordre plus élevé, celle du législateur, du fondateur d'empire. Dans les élans de son impétueuse imagination, il se complaisait à voir l'Égypte renaissant à une richesse, à une prospérité qui dépassait celles des temps antiques. La science moderne, dirigeant par mille canaux, maîtrisant par mille écluses la puissance fécondante du Nil, la faisait pénétrer bien au-delà des limites qu'elle avait atteintes jusqu'alors. De nombreuses émigrations de l'Afrique, de la Syrie, de l'Arabie, de la Grèce, de la France et de l'Italie, venaient quadrupler la population de ce sol fertile. Le commerce des Indes reprenait son cours par l'isthme de Suez. Alexandrie, rappelée aux grandes destinées que son fondateur avait rêvées pour elle, devenait le centre du commerce des nations. Enfin, une colonie puissante, ou plutôt une grande nation, comme au temps de Sésostris ou des Ptolémées, couvrait cette terre, touchant de sa main droite aux Indes et de sa gauche à l'Europe. « Après cinquante ans, ajoute Napoléon, la civilisation se serait répandue dans l'intérieur de l'Afrique par le Sennaar, l'Abyssinie, le Darfour, le Fezzan. Plusieurs grandes nations seraient appelées à jouir du bienfait des arts, des sciences, de la religion du vrai Dieu ; car c'est par l'Égypte que les peuples de l'Afrique doivent recevoir la lumière et le bonheur[1]. »

Rêves! dira-t-on ; mais qui pourrait affirmer que ces rêves n'étaient pas prophétiques?... Ces hommes dont le perçant regard, dont le puis-

---

[1] *Camp. d'Égypte et de Syrie dictées au général Bertrand*, t. I, p. 15.

sant esprit pénètrent les secrets de l'avenir, sont souvent pris pour des fous par la myope humanité, et parfois il faut des siècles à sa lente compréhension, à sa marche trébuchante pour arriver, après mille détours, au but que ces fous de génie avaient marqué ! Mais aujourd'hui les temps marchent vite. Ne voyons-nous pas déjà commencer la réalisation du rêve ? Au moment où j'écris, la pioche creuse le vaste sillon qui va joindre la mer Méditerranée à la mer des Indes. Déjà, depuis un demi-siècle, ne sommes-nous pas témoins des efforts tentés par les maîtres de l'Égypte, qu'éclaire la traînée lumineuse laissée par Napoléon ? Ne voyons-nous pas ces hommes, sortant de leur barbarie, poursuivre avec persévérance l'idéal qu'il avait conçu ? Et combien les résultats obtenus n'eussent-ils pas été plus grands, plus rapides, si les nations de l'Europe se fussent prêtées à ces tentatives, au lieu de les entraver par leurs incessantes jalousies !

Une des premières créations de Bonaparte fut celle de l'*Institut d'Égypte*. La pensée de réunir des savants, de faire une académie, dans un pays à peine soumis, avait été jusque-là fort peu à l'usage des conquérants ; elle pouvait sembler devancer les besoins ; pourtant il faut reconnaître que cette institution, grâce à la bonne direction qu'elle reçut, rendit d'immenses services dans le présent et contribua puissamment à préparer l'avenir de l'Égypte. Parmi les hommes qui composèrent cet Institut, quelques-uns étaient illustres par le génie, beaucoup étaient recommandables par leur savoir, leurs travaux. L'application, souvent ingénieuse, de la science aux procédés de fabrication de toute espèce qu'ils furent obligés d'improviser, non-seulement facilita, mais seule rendit possible l'établissement et l'existence de l'armée française en Orient. Enfin, par leurs études, ils jetèrent de vives lumières sur toutes les questions qui se rattachent à l'Égypte, et l'ouvrage dans lequel ils en ont consigné les résultats est un monument dont la gloire sera durable. Depuis qu'il a paru, l'attention du monde civilisé n'a cessé d'être fixée sur les questions qu'il traite et sur le pays qu'il décrit.

L'Institut d'Égypte fut donc fondé le 20 août

1798, c'est-à-dire six jours après le combat de Salahiéh, et deux jours après qu'on eut appris le désastre d'Aboukir. Il fut divisé en quatre sections : mathématiques, sciences physiques et naturelles, économie politique, littérature et beaux-arts. Monge en était président, Bonaparte vice-président, Fourier secrétaire perpétuel et Costaz secrétaire adjoint. On consacra à l'Institut un beau local, qui devait contenir des cabinets de physique et de chimie, une bibliothèque ; on y joignit le terrain nécessaire à un jardin botanique ; enfin, on devait bâtir un observatoire.

Dans la première séance, Monge exposa en termes généraux à ses collègues quel devait être le but de l'Institut ; ce que l'Égypte, la France, le monde, étaient en droit d'en attendre ; combien était vaste le champ ouvert devant eux. C'était l'antique Égypte dont ils avaient à dévoiler le passé, en pénétrant le sens de ses mystérieux hiéroglyphes ; ils devaient en étudier le climat, en créer la topographie, en examiner toutes les conditions physiques, surtout dans leurs rapports avec l'agriculture, l'industrie, le commerce. Monge termina en donnant pour la première fois la théorie de ce mirage dont les effets singuliers avaient tant de fois frappé l'armée depuis son débarquement.

Le général Bonaparte proposa alors à l'Institut la solution des questions suivantes ; elles témoignent de la prévoyance de ses vues et portent l'empreinte de son esprit pratique : « Quels sont les moyens d'économiser le combustible dans les fours de l'armée? — Y a-t-il des moyens de remplacer le houblon dans la fabrication de la bière ? — Quels sont les moyens de rafraîchir et de clarifier les eaux du Nil? — Lequel est le plus convenable, de construire des moulins à eau ou à vent ? — L'Égypte renferme-t-elle des ressources pour la fabrication de la poudre ? — Quel est l'état de l'ordre judiciaire et de l'instruction en Égypte ? » — Il proposait encore d'examiner si la vigne pouvait être cultivée en Égypte et s'il n'y avait pas moyen de creuser des puits dans le désert.

Bonaparte assistait fréquemment aux séances de l'Institut, surtout quand on traitait des questions se rattachant à l'économie politique. Dans ces séances régnait la plus grande liberté ; le général disparaissait ; ce n'était plus qu'un membre sur un pied d'égalité complète avec ses collègues. Cependant, un jour, à propos d'une discussion de chimie avec Desgenettes, il se laissa entraîner, et dit d'un ton de maître et plein d'amertume : « Je le vois, vous vous tenez tous par la main ; la chimie est la cuisine de la médecine ! c'est la science des assassins ! » « Comment alors, lui répondit Desgenettes, définirez-vous la science des conquérants ? » Desgenettes devait donner, pendant l'expédition, plus d'un exemple de noble et héroïque fermeté. J'aurai à reparler de lui plus tard.

Les divers travaux ayant été répartis entre les sections, des commissions furent désignées pour aller explorer le pays, et ce fut souvent à la suite des colonnes de l'armée, partageant ses privations et ses dangers, qu'on vit les membres de l'Institut d'Égypte poursuivre leur œuvre de science.

Les savants, il faut le dire, avaient d'abord paru assez suspects aux soldats. Dans les premiers jours qui suivirent le débarquement, lors de ces longues et pénibles marches par lesquelles l'armée fut si cruellement éprouvée, les soldats, voyant Monge, Berthollet, Caffarelli, etc., s'extasier devant quelques débris d'antiquités, qui, à leurs yeux, n'étaient que de vieilles pierres, furent tentés de considérer ces singuliers curieux comme les auteurs de leurs maux, comme des espèces de fous qui, pour satisfaire une bizarre manie, avaient entraîné le gouvernement dans cette malencontreuse expédition. Peu à peu, cependant, ils comprirent l'utilité de leurs travaux et leur témoignèrent du respect. Toutefois, comme les savants marchaient souvent avec les bagages, et par conséquent avec les ânes, ils se faisaient un malin plaisir de les confondre dans une même catégorie, et, lorsqu'on avait à se former en carré, on ne manquait pas de crier : « Les ânes et les savants au centre! » C'était devenu un commandement.

De tous les monuments que renfermait l'Égypte, nuls, plus que les Pyramides, n'étaient faits pour attirer la curiosité. Placées dans le voisinage du Caire, elles étaient l'objet d'un pèlerinage continuel. Ignorants et savants voulaient les voir. Bonaparte s'y rendit, accompagné de Caffarelli, Berthier, Monge, Berthollet, Geoffroy Saint-Hilaire, Parseval, etc.... La crue du Nil étant à son plus haut point, le voyage se fit en grande partie par eau.

Lorsqu'on est arrivé à une distance peu considérable de la plus grande des Pyramides, mais assez loin encore pour voir l'ensemble du monument se détacher sur le ciel, comme on manque de point de comparaison au milieu de l'immensité de l'espace, l'effet ne répond pas, en général, à ce qu'on attendait; mais dès qu'en se rapprochant davantage, l'œil ne voit plus rien en dehors du monument lui-même, et qu'en levant la tête on aperçoit cette suite infinie de gradins qui semblent monter au ciel, alors l'impression change et l'esprit reste partagé entre l'étonnement et l'admiration. C'est ce qui arriva au général Bonaparte et à ceux qui l'accompagnaient. On avait beaucoup causé en route; les imaginations s'étaient montées et le premier mouvement fut de dire : « Quoi! n'est-ce que cela! » Puis, le moment d'après, chacun resta ébahi et silencieux en présence de ce gigantes-

CHAPITRE X.

que monument sorti de la main des hommes. Bonaparte rompit le premier cette extase en s'écriant : « Qui sera le premier là-haut? » Tous s'élancèrent alors, savants, officiers, jeunes, vieux. Pour lui, restant assis à côté du général Caffarelli, à qui sa jambe de bois ne permettait pas de risquer une pareille ascension, il suivait de l'œil toutes les péripéties de l'entreprise, encourageant les uns, raillant les autres.

Monge, la gourde en sautoir, échevelé, ruisselant de sueur, gravissait avec une ardeur juvénile. C'était une rude besogne que de grimper, par la chaleur, un escalier dont chaque marche avait près de trois pieds d'élévation. Aussi ce n'était pas sans effroi que plusieurs voyaient le chemin qu'ils avaient à faire pour arriver au sommet. De ce nombre était Berthier. S'adressant à Geoffroy Saint-Hilaire qui se trouvait à ses côtés : « Est-ce qu'il est bien nécessaire d'aller jusque là-haut? lui dit-il en s'arrêtant; pour moi, je n'en puis plus!.... Bah! nous leur dirons que nous y avons été, et s'ils ne nous croient pas... qu'importe! Qu'en pensez-vous? Si nous en restions là? » Geoffroy, par condescendance pour un homme plus âgé que lui, ne demanda pas mieux, et tous deux se mirent à redescendre. Mais ils avaient compté sans Bonaparte qui, les apercevant, se mit à crier : « Eh bien! vous voilà déjà! Ah! mon pauvre Berthier, *Elle* n'est pas en haut de la pyramide, mais *Elle* n'est pas non plus en bas. » Cet *Elle* était bien cruel et allait au fond du cœur de Berthier. *Elle* était Madame Visconti, la passion de toute sa vie, passion qui était alors arrivée à une espèce de folie et qui lui faisait faire des extravagances. Son portrait ne le quittait pas ; sous la tente même il dressait une sorte de chapelle où il le plaçait. Là, il brûlait de l'encens et s'agenouillait devant son idole. Bonaparte cherchait par tous les moyens à combattre ce délire, mais ce fut en vain. Berthier pliait parfois sous la raillerie mordante du général, il s'enfuyait, mais ne guérissait pas. — Entendant l'apostrophe qui lui était adressée, « Allons, dit-il à Geoffroy, plus de poltronnerie! Il m'attend là-bas pour m'accabler; remontons! [1] »

[1] *Histoire de l'expédition française en Égypte*, t. III, p. 355.

CHAPITRE X.

Déjà Monge avait atteint le sommet, plateforme d'environ douze mètres carrés, et invitait ses compagnons à venir jouir du magnifique panorama qui se déroulait devant eux. De tous côtés l'œil plongeait dans un horizon immense : d'une part, le désert Libyque; de l'autre, celui d'Asie, dont on était séparé par la vallée du Nil, alors semblable à une mer. Des milliers de barques de toutes grandeurs, aux voiles blanches, la sillonnaient en tous sens, et du sein des eaux sortaient les villes, les villages, les arbres, les mosquées, les tombeaux des santons et les minarets.

Tandis que le général Bonaparte créait l'organisation de l'Égypte et cherchait à rapprocher les éléments de deux civilisations si différentes, que les savants se livraient à leurs études et à leurs explorations, l'armée maintenait et complétait la soumission du pays. Desaix livrait à Mourad-Bey, dans la province de Fayoum, la sanglante bataille de Sédiman où périssaient deux mille Mameluks. Peu de temps après, pénétrant dans la haute vallée du Nil, il forçait, par une suite de rudes combats, l'indomptable bey à chercher un refuge dans le désert. Dans la basse Égypte, des colonnes mobiles parcouraient sans cesse le pays pour y réprimer les révoltes toujours renaissantes des Arabes et des fellahs. L'inondation ne permettant d'attaquer les villages que par des chaussées étroites, rendait souvent cette misérable guerre assez périlleuse. Dans un de ces combats, le général Menou eut un cheval tué sous lui, et Marmont n'échappa que par miracle aux Bédouins.

Chaque général eut fort à faire dans la province qui lui était confiée. Murat fut continuellement occupé à courir après les Arabes et eut des engagements assez sérieux. Le général en chef, ayant appris que les Arabes de Darné, rassemblés en nombre considérable aux environs de Mit-Kamar, à sept ou huit lieues du Caire, ayant avec eux du canon, se refusaient à toute obéissance et se montraient menaçants, ordonna (26 septembre) au général Murat de partir avec un bataillon de la 88ᵉ, les compagnies de grenadiers de la 19ᵉ, de se réunir au général Lanusse et d'attaquer et de détruire ces Arabes. Les deux généraux, partis le 29 de Ranah, joignirent bientôt l'ennemi et lui enlevèrent ses deux pièces de canon. Les Arabes se retirèrent toutefois en assez bon ordre sur de petits monticules de sable entourés par l'eau ; mais, voyant qu'ils étaient suivis, et voulant sauver leurs troupeaux qui étaient derrière eux, ils se retirèrent. Cette fois, pour les joindre, il fallait traverser l'inondation. Nos soldats n'hésitèrent pas et se mirent à leur poursuite, ayant, pendant plus d'une demi-lieue, de l'eau jusqu'à mi-corps. Ils finirent par leur tuer assez de monde et s'emparèrent de nombreux troupeaux. Forcée par la fin du jour de s'arrêter, la colonne reprit le lendemain la route de Mit-Kamar, ramenant avec elle le butin, les chevaux et le bétail qu'elle avait pris la veille. Le rapport officiel dit que tous, soldats et officiers, y montrèrent beaucoup d'ardeur et qu'ils perdirent leurs souliers en traversant les inondations ; mais on sait que les républicains tenaient peu à ces bagatelles, et mon père, le fidèle Achate de Murat dans toute cette expédition, ne relate pas ce fait dans sa correspondance.

Après quelques autres courses dans le désert,

le général Murat fut envoyé à Alexandrie avec quatre bataillons et les compagnies de grenadiers de la 19e, un obusier et deux pièces de 8. Le général en chef jugeait la présence de ces troupes nécessaire dans cette province, non-seulement pour s'opposer aux tentatives que les Anglais pourraient faire sur le littoral, mais encore pour achever de réduire complétement les Arabes. Murat devait passer par Rahmaniéh, Rosette, Aboukir, et, comme le plus ancien général de brigade, prendre le commandement de toutes les troupes.

Depuis quelque temps, Damanhour était devenu un centre de résistance à l'autorité française. Des Arabes, en grand nombre, avaient formé plusieurs camps autour de cette ville. On attendait avec impatience le renfort amené par Murat, pour en finir avec cette insurrection. Murat commença par attaquer Damanhour, qui offrit de la résistance. Les Arabes se défendirent dans les maisons; enfin on s'en empara. Plusieurs chefs faits prisonniers furent fusillés. Murat se porta ensuite sur les camps qu'avaient formés les Arabes dans les environs. Deux furent prévenus assez à temps pour déloger, mais le troisième, le plus nombreux, fut surpris. Les Arabes étaient en force, ils firent mine de se défendre et se formèrent en trois grosses colonnes soutenues par environ six cents cavaliers. Murat, se mettant à la tête de deux compagnies de grenadiers, marcha sur eux à la baïonnette, tandis que l'adjudant général L'Escale et le chef de brigade Barthélemy se jetaient sur les flancs avec deux bataillons. Tout cela fut fait avec tant de rapidité et d'audace, qu'abandonnant leur camp, les Arabes s'enfuirent, laissant derrière eux tentes, troupeaux, tout ce qu'ils pouvaient avoir de précieux. Le butin fut immense. Parmi les dépouilles, on trouva la selle du général Muireur, qui avait été si malheureusement tué par les Arabes peu de jours après le débarquement.

Ces courses continuelles, cette incessante activité, avaient rendu à l'armée tout son ressort et retrempé le moral du soldat. C'est chose dangereuse pour une armée française, et je dirai même pour la nation française, que l'inaction, le manque d'un but, l'absence d'un objet qui préoccupe et fixe les esprits. Nous savons peu jouir du présent; le repos nous pèse; le calme absolu nous ennuie; notre mobile imagination court sans cesse après du nouveau. Lorsque ce nouveau lui manque, s'agitant en quelque sorte à vide, elle jette bientôt nos esprits dans un état de malaise, d'inquiétude, d'anxiété vague, qui donne facilement prise aux mauvaises passions et aux entraînements dangereux. C'est une disposition de notre nature contre laquelle gouvernements et chefs d'armée doivent être toujours en garde.

Ces combats journaliers avaient accoutumé les soldats à un ennemi dont l'apparence extraordinaire, la manière de combattre, l'avaient d'abord étonné. Ils avaient conquis le sentiment de leur supériorité et leurs adversaires étaient chaque jour plus convaincus de leur impuissance. Jamais, à bien dire, les Arabes n'avaient soutenu le feu de l'infanterie. Les Mameluks, qui d'abord l'avaient bravé, avaient également reconnu l'inutilité de leurs efforts pour enfoncer nos carrés. « Cent hommes, dit Napoléon en parlant de cette époque, auraient pu

CHAPITRE X.

parcourir le pays sans crainte d'être arrêtés. »

Les carrés avaient d'abord été formés sur six rangs ; on ne les forma plus que sur trois. Pendant longtemps chaque soldat portait un pieu de quatre pieds de long et d'un pouce de diamètre, garni en fer et muni de chaque côté d'une chaîne de huit pouces. Ces pieux se fichaient dans le sol et formaient comme des chevaux de frise qui servaient à couvrir le front des carrés. Mais, une fois que notre supériorité en eut imposé à l'ennemi, on y renonça.

Lorsqu'on était attaqué par la cavalerie, les officiers avaient l'ordre de faire commencer le feu à cent vingt toises, contrairement à l'opinion de quelques-uns qui voulaient qu'on attendît l'ennemi à bout portant. L'expérience en avait montré le danger avec une cavalerie aussi hardie que celle des Mameluks. A la bataille de Sédiman, un petit carré, formé de trois compagnies, étant chargé par eux, l'intrépide capitaine Valette « ordonna à ses voltigeurs de ne faire feu qu'à bout portant. Ils exécutèrent avec sang-froid cet ordre imprudent : quarante des plus braves Mameluks tombèrent morts au bout des baïonnettes, mais les chevaux étaient lancés : le carré fut enfoncé et les soldats sabrés[1].

« Les tirailleurs, contre les Bédouins et les Mameluks, marchaient par quatre. Ce n'est pas qu'il n'y ait eu des exemples qu'un seul tirailleur, de pied ferme, ait jeté à terre le cavalier d'un coup de fusil, mais cela ne doit pas servir de règle. »

Les Arabes faisaient d'abord parade de mépriser notre cavalerie, mais lorsqu'elle fut montée sur des chevaux du pays, elle les tint en respect. Quant aux Mameluks, voici la manière dont elle s'y prenait pour les combattre. On a déjà dit qu'ils essayaient toujours de se jeter en tourbillon sur les ailes pour tourner les flancs. « Un régiment de trois cents Français se plaçait sur trois lignes, se portait par division sur la droite et la gauche de la première ligne, et la cavalerie ennemie, déjà en mouvement pour tourner les flancs de la première ligne, s'arrêtait pour tourner les flancs de cette nouvelle ligne ; la troisième faisait le même mouvement, et au même moment toute la ligne chargeait.

[1] *Camp. d'Égypte et de Syrie, dictées au général Bertrand*, t. I, p. 287.

Les Mameluks étaient alors mis en déroute et cédaient le champ de bataille. La cavalerie française ne marchait jamais en nombre sans avoir du canon servi par l'artillerie à cheval [1]. »

Au bout de quelques mois l'armée avait donc fini par s'habituer à l'Égypte. Les soldats étaient bien nourris; l'influence d'un beau et salubre climat s'était fait sentir. L'aspect du pays était d'ailleurs complétement changé depuis l'inondation. Ce n'étaient plus ces sables arides qui fatiguaient le regard et réverbéraient une chaleur suffocante. Le ciel était toujours serein, mais son azur se réflétait dans un frais archipel parsemé d'îles gracieuses et sans cesse animé par le mouvement de barques sans nombre. Partout où l'eau se trouvait en contact avec la terre une végétation luxuriante s'y développait et, à la surface des eaux, venaient s'épanouir des milliers de fleurs aux corolles magnifiques. Les yeux étaient charmés de leurs couleurs, l'air embaumé de leurs parfums [2]. Le jour, la cha-

---

[1] *Campagnes d'Égypte et de Syrie, dictées au général Bertrand*, t. I, p. 277.
[2] Richardot, p. 71 et suiv.

leur était toujours grande, mais vers le soir, le *hemsin* ou vent du nord, venant à souffler, apportait une douce fraîcheur à ces belles nuits sereines toutes resplendissantes d'étoiles.

Grâce aux soins d'une administration éclairée et au génie pratique de quelques savants, on avait non-seulement improvisé le nécessaire, mais satisfait même à ces nombreux besoins factices que crée pour nous notre manière de vivre et que l'habitude nous fait ranger presque au rang des nécessités premières.

Lorsque les Français étaient arrivés au Caire, la déception avait été grande. Depuis longtemps ils soupiraient après cette ville comme après une terre promise. Entendant les Orientaux l'appeler *la grande, la victorieuse, l'incomparable, les délices de la pensée,* leur imagination, échauffée par les privations du désert, y avait rêvé toutes les délices du paradis de Mahomet. Au lieu de palais enchantés, de houris aux yeux de gazelle, ils ne trouvèrent que des rues tortueuses, sales, infectes, des fantômes voilés de bleu ou de blanc de la tête aux pieds, qu'on leur dit être

CHAPITRE X.

des femmes, et quelques almées vieilles et laides qui, malgré leurs provocantes allures, inspiraient bien vite le dégoût... Quel désenchantement ! quel pays ! Pas de pain ; encore moins de vin ; pas même une chaise, une table boiteuse de cabaret où l'on pût se consoler en chantant le verre à la main !... Au bout de trois mois tout était déjà bien changé. On voyait des enseignes à la française, indiquant que là était un café, là un restaurant. On avait fait des chaises, des tables, des billards. Des distilleries fabriquaient des liqueurs. Pour faire de la bière on remplaçait le houblon par des plantes du pays. Il y avait des fabriques de chapellerie, de passementerie, etc.

On voulut avoir un théâtre. Des amateurs se présentèrent en foule pour remplir les rôles. Bonaparte avait eu la pensée de faire venir une troupe de comédiens et un corps de ballet. Un ancien garde du corps, nommé Dargeval, imagina d'ouvrir un *Tivoli* dans une maison de Mameluk abandonnée. Les jours de fête étaient annoncés par des affiches. Il y avait bal, illumination, feux d'artifice, escarpolettes, jeux de toute espèce, tout enfin comme à Paris, excepté le beau sexe qui était fort rare.

Enfin on avait des journaux. La *Décade égyptienne* rendait compte des séances de l'Institut, et le *Courrier de l'Égypte* donnait toutes les nouvelles qui pouvaient avoir de l'intérêt pour l'armée.

On voit que, grâce à l'esprit industrieux et inventif de nos compatriotes, peu de choses manquaient au Caire. La seule privation réelle fut celle du vin; toute la science de nos chimistes ne put le remplacer, et les mers étaient trop bien gardées par les Anglais pour qu'il en pût venir d'Europe.

Quant aux *houris*, ceux qui crurent en avoir rencontré s'en trouvèrent si mal que l'attention du général en chef fut éveillée sur l'état de santé de l'armée. Il fit venir l'agah des janissaires qui, à ce qu'il paraît, était chargé spécialement des *houris*, et lui ordonna de prendre les moyens nécessaires pour prévenir de tels désordres. L'agah s'inclina profondément. Le lendemain, il reparut devant le général : — « Eh bien ! qu'avez-vous fait de ces femmes? » — « Elles sont dans le Nil. » — « Comment, dans le Nil ? »... Alors, d'un ton pénétré de la conscience avec laquelle il avait accompli sa mission, l'agah raconta qu'il avait fait saisir toutes celles qu'on suspectait d'avoir eu des rapports avec les Français, et qu'environ quatre cents de ces malheureuses, après avoir été décapitées, avaient été mises dans des sacs et jetées dans le Nil. — « Tu es un assassin ! s'écria Bonaparte en fureur, je vais te faire fusiller. » — « Mais, reprit l'agah, je n'ai fait qu'exécuter la loi du Prophète ! » Il y avait eu malentendu : pour le consciencieux musulman, le désordre à réprimer était le rapport que ces femmes avaient eu avec des infidèles, souillure que le Koran punit de mort, et nullement les fâcheuses conséquences qui avaient pu en résulter pour les Français.

Tandis que les vainqueurs cherchaient à tirer parti de leur conquête et à vivre du mieux qu'il leur était possible, les vaincus, bien que calmes en apparence, ne pouvaient s'accoutumer à une domination contre laquelle se révoltaient à la fois leur orgueil, leurs mœurs et leurs sentiments religieux. En vain Bonaparte tenta-t-il de gouverner au moins en apparence par les hommes du pays. Le Divan, qui se rassembla au Caire dans les premiers jours d'octobre, avait été composé des notables des diverses provinces choisis parmi les scheiks arabes qu'on savait être hostiles aux Turcs et aux Mameluks. Il sembla s'associer avec sincérité à la plupart des mesures qui lui furent proposées pour organiser le gouvernement de l'Égypte. Mais derrière ce simulacre de représentation s'agitait le vrai pays avec ses passions, son fanatisme, sa haine du joug odieux des chrétiens. La mosquée d'El-Azhar, était le rendez-vous des mécontents : c'est de là que partaient toutes les rumeurs propres à remuer la foule.

Quelques circonstances secondaires, en irritant les esprits, vinrent en aide aux desseins des séditieux. Telle fut l'application de notre système fiscal à l'Égypte. Ces droits d'enregistrement, de mutation, auxquels fut soumise la propriété, qui, sous des formes variées, venaient tout atteindre, tout frapper, outre qu'ils blessaient directement les habitants dans leurs intérêts, semblaient les choquer encore davantage par les formalités qu'ils entraînaient. Ce mode régulier de perception même les étonnait ; ils eussent plus facilement compris l'emploi de la force, une *avanie* comme au temps des Turcs; mais qu'un scribe qu'ils méprisaient, assis à son bureau, se fît payer au moyen d'un chiffon de papier, voilà ce qu'ils ne pouvaient comprendre et qui les irritait singulièrement.

L'administration française avait entrepris de nettoyer la ville, de l'assainir ; des mesures sévères avaient été prises pour prévenir la peste : autant de griefs. C'était arracher les musulmans à leur apathie habituelle, troubler le calme de leur torpeur fataliste. Un grand nombre des rues du Caire étaient fermées par des portes; c'était un obstacle à la surveillance de la police ; on les fit supprimer : nouveau sujet de plaintes. Enfin les ingénieurs français en construisant les fortifications de la ville avaient renversé plusieurs tombeaux. Ici le fait était grave et causa la plus vive irritation.

La révolte était donc dans les esprits. Une seule raison l'empêchait encore d'éclater : le général Bonaparte avait tant de fois répété qu'il était l'ami du Sultan, que les musulmans l'avaient cru et ils n'osaient agir jusqu'à preuve du contraire. Cette preuve arriva bientôt. Un firman du Grand Seigneur, partout répandu, annonça que la Porte avait déclaré la guerre à la France en proclamant la *guerre sainte*, et appelait tous les fidèles au combat. Dès lors l'insurrection s'organisa. Le Caire en était l'ardent foyer. Déjà elle était partout, les Français ne s'en doutaient pas encore, et les muezzins, du haut des minarets, au lieu de chanter la prière, transmettaient les mots d'ordre de la révolte.

Le 21 octobre, sous prétexte de réclamations, de gros attroupements se portèrent chez le cadi et remplirent les rues adjacentes. Le commandant de la ville, Dupuy, instruit de l'aspect menaçant de ces groupes, était monté à cheval, suivi de quelques hommes. En essayant de se frayer un passage, il est atteint mortellement d'un coup de lance. La vue du sang ne fait qu'animer davantage une foule furieuse qui se répand en tumulte dans toute la ville, tue les Français isolés qu'elle rencontre, se jette dans les maisons qu'ils occupent. La maison du général Caffarelli est envahie une des premières; heureusement il ne s'y trouvait pas; des ingénieurs y furent massacrés et les précieux instruments qu'elle renfermait furent brisés.

Bonaparte avait le matin passé le Nil pour visiter l'île de Roudah. Après quelques difficultés il parvint enfin à rentrer dans la ville. Il voulut faire appeler les ulémas; déjà les communications étaient interceptées par les insurgés et l'on apprit qu'une centaine d'individus, parmi lesquels se trouvaient les plus fanatiques, s'étaient réunis à la mosquée d'El-Azhar d'où ils attisaient et dirigeaient la révolte.

La situation était des plus graves. Réduire une aussi grande ville que le Caire était une affaire fort sérieuse; il y avait quelque chose de plus sérieux encore, c'étaient les conséquences qui pouvaient en résulter pour l'avenir. Il fallait empêcher que toute la population ne fût entraînée et compromise, puis éviter que la répression ne prît un caractère tel que tout rapprochement, toute réconciliation devînt par la suite impossible entre les Français et les habitants. Aussi Bonaparte prit-il les dispositions les plus vigoureuses pour refouler l'insurrection dans son foyer, l'y restreindre en l'empêchant de gagner la ville et l'y étouffer. Ayant appris que déjà les Arabes de Baheiréh marchaient sur le Caire, il envoya des partis de cavalerie pour les repousser. Ce fut dans une rencontre avec ces Arabes que périt son aide de camp Sulkowski, aussi distingué par son caractère et sa science que par sa chevaleresque bravoure.

L'ordre fut donné au général Dommartin, commandant l'artillerie, d'établir sur le revers du Mokattam une batterie dont les feux devaient, ainsi que ceux de la citadelle et du fort Dupuy, battre la mosquée, centre de la révolte. Le bombardement commença à une heure et demie. A trois heures, les insurgés, au nombre d'environ six mille, tentèrent une sortie désespérée et se précipitèrent sur le fort Dupuy pour l'enlever. Vigoureusement reçus, ils furent bientôt ramenés, la baïonnette dans les reins, et chargés par la cavalerie qui en prit un grand nombre. Bonaparte, voyant cette déroute, en profita pour lan=

cer dans la ville quatre colonnes d'infanterie toutes préparées, qui, partant de points différents, devaient toutes se porter sur la mosquée. Balayant tout ce qui se trouva sur leur chemin, elles y arrivèrent au moment où les fuyards venaient y chercher un refuge. La résistance fut encore vive : il fallut pénétrer dans la mosquée ; tous ceux qui s'y trouvaient furent tués ou pris. Il était sept heures du soir lorsque se termina cette lutte sanglante. Plus de quatre mille Turcs ou Égyptiens avaient péri. Les Français perdirent plus de quatre cents hommes. La ville était terrifiée ; un grand nombre d'habitants avaient pris la fuite. Au vacarme du jour succéda le silence.

Le lendemain, avant six heures, quatre-vingts prisonniers reconnus comme ayant fait partie du Divan de défense furent passés par les armes. « Au soleil levant, les soixante scheiks et imans de la grande mosquée se rendirent tout tremblants chez le général en chef. Le scheik Sadah se fit excuser, prétextant son état de maladie. On pouvait ignorer sa mauvaise conduite ; si on eût paru en être instruit, il eût fallu lui couper la tête. Dans la situation des esprits, cette mort aurait eu plus d'inconvénients que d'avantages. Son nom était vénéré dans l'Orient : c'eût été en faire un martyr [1]. »

Bonaparte accueillit les scheiks comme à l'ordinaire et leur dit : « Je sais que beaucoup de vous ont été faibles, mais j'aime à croire qu'aucun de vous n'est criminel... Je ne veux pas qu'il se passe un seul jour où la ville du Caire soit sans faire les prières d'usage. La mosquée de Gama-El-Azhar a été prise d'assaut ; le sang y a coulé ; allez la purifier. Tous les saints livres ont été pris par mes soldats, mais, pleins de mon esprit, ils me les ont rapportés ; les voilà ; je vous les restitue. Ceux qui sont morts satisfont à ma vengeance. Dites au peuple du Caire que je veux continuer à être clément et miséricordieux pour lui. Je pardonne à tous, mais dites-leur bien que ce qui arrive et arrivera est depuis longtemps écrit et *qu'il n'est au pouvoir de personne d'arrêter ma marche. Ce serait vouloir arrêter le destin.* » Ces vieillards se jetèrent à genoux et baisèrent les livres du Coran. Puis ils se rendirent à la mosquée toute remplie d'un peuple

---

[1] *Campagnes d'Égypte et de Syrie*, dictées au général Bertrand, t. I.

transi de peur ; elle fut purifiée ; le scheik El-Cherkaoui monta dans la chaire et répéta ce que le sultan Kébir leur avait dit. Le peuple fut rassuré, disant que sous un *prince* moins clément le Caire aurait vu sa dernière journée. L'ordre était rétabli et tout reprit son cours habituel.

L'armée française seule n'approuvait pas tant de clémence ; elle eût voulu qu'on fît payer plus chèrement le sang que lui avait coûté la révolte. Kléber était chez le général en chef lorsque le scheik Sadah s'y présenta, deux jours après l'insurrection. Rempli de frayeur, le vieillard bégaya quelques paroles sans suite, puis, saisissant la main de Bonaparte, il la baisa. « Kléber demanda quel était ce vieillard qui paraissait si interdit et dont les traits étaient si bouleversés. — C'est le chef de la révolte, lui répondit le général en chef. — Eh quoi ! vous ne le faites pas fusiller ? — Non, ce peuple est trop étranger à nous, à nos habitudes, il lui faut des chefs. J'aime mieux qu'il ait des chefs d'une espèce pareille à celui-ci, qui ne peut ni monter à cheval ni manier le sabre, que de lui en voir un comme Mourad-Bey ou Osman-Bey. La mort de ce vieillard impotent ne produirait aucun avantage et aurait pour nous des conséquences plus funestes que vous ne pensez. » Napoléon ajoute en note : « C'est ce même scheik que, plus tard, le général Kléber fit bâtonner : ce qui fut une des principales causes de la mort de ce général [1]. »

La conduite de Bonaparte à l'égard des révoltes populaires fut toujours la même : agir, dès le début, avec la plus grande vigueur, terrifier, écraser l'insurrection, frapper promptement quelques coupables ; puis, cette satisfaction accordée à la loi ou à la nécessité, pardonner, effacer le passé, ne plus inquiéter personne et suivre la marche habituelle comme si rien ne fût arrivé [2].

---

[1] *Campagnes d'Égypte et de Syrie, dictées au général Bertrand*, t. I, p. 257.

[2] Souvent, dans les émeutes, on a cru devoir agir différemment. On a pensé qu'il valait mieux commencer par tirer en l'air, que cela suffisait pour effrayer, disperser la révolte. C'est, en effet, pour le moment, une manière d'échapper à la terrible nécessité de répandre le sang; mais est-on bien certain que ce soit en définitive le moyen le plus sûr de l'épargner? La chose est possible, mais Bonaparte n'était point de cet avis. Je me rappelle avoir entendu raconter au général Lallemand, qui lui avait servi d'officier d'ordonnance au 13 vendémiaire, que le général avait fait commencer par tirer à boulets et à mitraille, et qu'une fois l'effet moral obtenu, il n'avait plus fait tirer qu'à poudre pendant toute la nuit, portant ainsi à son comble la terreur des Parisiens, qui avaient pu juger du terrible résultat des premières décharges.

En cette circonstance, si la leçon fut sévère, du moins elle porta ses fruits. On peut dire qu'à partir de cette époque, la soumission de l'Égypte fut complète. La tranquillité ne fut plus troublée au Caire, et les habitants, désormais bien convaincus de leur impuissance, prirent leur parti de s'accommoder d'un gouvernement et d'une administration qui d'abord avaient pu choquer leur orgueil, froisser leurs habitudes et leurs préjugés, mais qui bientôt leur fit sentir les avantages d'une régularité et d'une justice jusque-là inconnues pour eux.

Quant aux Français, désormais rassurés sur leur position, ayant plus de sécurité, ils songèrent à mieux s'établir. Eux aussi prirent leur parti, et si parfois de tristes pensées pénétraient encore dans leurs âmes lorsque, les regards tournés vers la France, ils songeaient à leur isolement, à l'avenir qui leur était réservé, du moins un sentiment les soutenait, celui d'avoir accompli quelque chose de grand et de glorieux qui, un jour ou l'autre, tournerait au profit de leur patrie et de l'humanité. Ces sentiments sont exprimés dans une lettre d'Auguste Colbert (7 novembre 1798). Elle fournit sur l'Égypte, sur l'état des esprits à cette époque, des renseignements qui ont de l'intérêt ; elle pourra enfin servir à faire apprécier celui qui l'a écrite :

« Je ne sais quel effet a pu produire en Europe ce nouvel envahissement (celui de l'Égypte). Il doit être grand, sans doute. L'Égypte, par sa position géographique, par ses productions, susceptibles entre les mains des Européens d'une amélioration immense, doit inquiéter, sous les rapports commerciaux et politiques, le cabinet de Londres, donner de l'envie à la Russie, *qui ose peut-être regarder cette conquête comme l'enlèvement d'une portion de sa proie.* Cependant, au milieu de tous ces avantages, qui, en résultat, ne sont que spéculatifs, on s'est trompé sur les ressources existantes : il y a peu d'argent, ou il est caché. Sous un gouvernement despotique, la fortune des individus est à la disposition du maître. Celui qui possède enfouit ses richesses pour échapper à l'envie et à l'avarice du despote. D'ailleurs, d'autres inconvénients moraux existent encore. La différence de mœurs et de religion est un ennemi presque invincible chez un peuple fanatique et ignorant.

« Depuis près de trois mois nous n'avons pas reçu de nouvelles de France... D'après tous les calculs raisonnables, l'Europe doit être en crise ou sur le point de se pacifier entièrement. Sommes-nous à Naples? Avons-nous la guerre continentale, ou le gouvernement, reprenant un peu de sagesse, médite-t-il la paix générale? Voilà ce que je voudrais savoir.

« Tout est assez tranquille ici. Nous avons échappé, il y a quelques jours, à l'effet d'une conspiration dont les fils s'étendaient dans toute l'Égypte, et qui avait pour but de nous massacrer tous. Cinq ou six mille Turcs ont été victimes de leur audace. Nous avons perdu environ quarante Français[1], parmi lesquels j'ai eu à regretter des amis.

« Adieu, ma chère maman, ne vous affligez pas de notre absence; nous reviendrons sûrement, *et, quel que soit le résultat de nos exploits, les Français de l'Égypte auront toujours droit*

---

[1] D'après les renseignements que j'ai pu recueillir, ce ne furent point 40, mais bien 400 Français qui périrent dans la révolte du Caire.

à la reconnaissance de leur patrie. Ils l'auront bien méritée. »

Cette appréciation du présent, ces vues élevées et remplies de justesse sur la politique et l'état de l'Europe sont remarquables, si je ne me trompe; elles le sont d'autant plus que celui qui faisait ces réflexions n'avait que vingt ans. Mais les hommes mûrissent vite au milieu des grands événements, quand la nature les a heureusement doués.

Ce fut peu après la révolte du Caire que Bonaparte alla visiter la mer Rouge et Suez. Cette ville était devenue le rendez-vous des mécontents, et, par leur intermédiaire, une correspondance s'était établie entre Mourad, qui était dans le Saïd, et Ibrahim retiré en Syrie. Bonaparte avait fait occuper Suez par le général Bon avec treize cents hommes. D'autres motifs attiraient son attention sur ce point. Suez était la clef de la mer Rouge, et la mer Rouge le chemin des Indes. De Suez à la Méditerranée, il n'y a qu'environ cinquante lieues. Les deux mers avaient été autrefois jointes par un canal; du moins, l'histoire le dit.

CHAPITRE X.

Être maître de l'Égypte et rétablir cette communication, c'était s'assurer la route la plus courte entre l'Europe et l'extrême Asie; c'était faire une conquête sur l'Angleterre; marquer une première étape vers les Indes. Bonaparte voulait interroger la science moderne sur la possibilité du percement de l'isthme et rechercher s'il n'existait pas quelques vestiges oubliés et perdus du travail des temps anciens. Il partit, le 24 décembre, avec Monge, Berthollet, Caffarelli, l'ingénieur Lepère, et son état-major. L'escorte était composée de deux cents guides; quatre cents chameaux portaient l'eau et les provisions nécessaires. Enfin suivait, roulant sur le sable du désert, là où avaient autrefois passé les chars des Pharaons, la berline du général en chef; elle contenait les cartes, les instruments. Monge, dont l'ardeur scientifique était éveillée par mille objets, y entassait tout ce qu'il trouvait sur la route.

On campa le premier jour à Birket-el-Hadji, sur la limite des terres cultivées. Le lendemain, il fallut traverser quatorze lieues en plein désert, jusqu'à Adjéroud, petit fort où Bonaparte établit quelques hommes et deux pièces de canon. La route qu'on avait parcourue était marquée par des ossements blanchis, significative dépouille dont, depuis les temps bibliques, les caravanes avaient jalonné cette vaste plaine de sable. Une nuit très-froide ayant succédé à une journée fatigante et chaude, faute d'autre combustible, on imagina de faire du feu avec ces ossements ; mais l'odeur qui s'en exhala fut telle qu'il fallut aller chercher gîte ailleurs. Le lendemain, on était de bonne heure à Suez. Le général Bonaparte employa la journée à visiter la ville, ses dehors, et ordonna quelques travaux de défense. Suez étant sur la route des Indes, il craignait quelque attaque de ce côté de la part des Anglais. Leur expédition de 1800 justifia ses prévisions.

Le lendemain, au point du jour, il partit à cheval avec Berthier, Caffarelli, et accompagné d'une nombreuse suite, pour aller visiter les fontaines de Moïse. Les savants s'embarquèrent, avec le capitaine Ganteaume, sur une chaloupe canonnière, qui avait été apportée démontée du Caire à dos de chameau. Le général Bonaparte passa à marée basse un des petits bras de la mer Rouge qui s'avancent au nord. Eugène Beauharnais, qui était depuis quelque temps à Suez avec le général Bon, servit de guide avec des gens du pays.

La journée se passa à visiter les miraculeuses fontaines qui sortent de petits monticules de sable, à examiner des débris de constructions qu'on rencontre au bord de la mer. La nuit était close, lorsqu'on pensa au retour. On reprit le chemin qui avait été suivi le matin en traversant le détroit; mais à peine eut-on fait trois ou quatre cents pas dans la mer, que les guides placés en tête crièrent qu'ils perdaient pied. Le général Bonaparte fit arrêter. La marée montait, le vent fraîchissait, la mer était agitée; déjà les chevaux avaient de l'eau jusqu'aux épaules. Il y eut un moment d'inquiétude : — « Serions-nous venus ici, dit Bonaparte, pour être engloutis comme Pharaon? » Il y avait autant de danger à revenir sur ses pas qu'à marcher en avant. Il fallait se hâter : la mer montait toujours. On suivit la direction qu'on pensait la meilleure. La jambe de bois du général Caffarelli soulevée par l'eau l'empêchait de se tenir à cheval, et il ne pouvait mettre pied à terre comme beaucoup l'avaient fait. Bonaparte, ainsi qu'il le raconte, le confia à deux guides, chacun de cinq pieds dix pouces et nageant à merveille, qui s'étaient chargés de le sauver. Rassuré sur ce point, il prit les devants. Entendant bientôt derrière lui des cris, une vive dispute, il supposa que les deux guides avaient abandonné Caffarelli. Il retourna donc sur ses pas ; c'était tout le contraire : Caffarelli ordonnait aux deux hommes de l'abandonner. — « Je ne veux pas, leur disait-il, être la cause de la mort de deux braves. Il est impossible que je m'en puisse tirer ; nous sommes en arrière de tout le monde ; puisque je dois mourir, je veux mourir seul ! » La présence du général en chef mit fin à cette discussion ; on se hâta et bientôt on toucha terre. Caffarelli en fut quitte pour sa jambe de bois, qu'il perdait, au reste, toutes les semaines.

Eugène Beauharnais explique, dans ses Mémoires, la nature du danger que l'on avait couru. Le gué, à marée basse, n'a que deux

CHAPITRE X.

pieds d'eau, mais le fond étant un sable mobile, le mouvement des vagues creuse de grands trous. L'eau étant très-limpide, il est fort aisé, en plein jour, de les éviter; mais, la nuit, ils deviennent très-dangereux. Cette aventure défraya longtemps les entretiens des soldats de l'escorte. Ceux qui avaient appris leur Histoire sainte racontaient la fuite de Moïse et la catastrophe de Pharaon, en remarquant que leur général n'avait pas été si bête que de se laisser noyer.

Après avoir passé la nuit à Suez sous la tente, Bonaparte fit prendre à tout son monde le chemin d'Adjéroud. Quant à lui, suivi de Monge et de quelques officiers, il voulut côtoyer la mer Rouge, en suivant tout le contour du sinus. Il revenait dans la direction de Suez, lorsque, à un quart de lieue de la ville, on crut reconnaître à la forme du terrain, à quelque maçonnerie, le lit d'un ancien canal. Il voulut alors en suivre la trace, et, pendant près de cinq lieues, on trouva sans interruption les vestiges d'un grand travail de canalisation. Les berges étaient éloignées de vingt-cinq toises et la profondeur était encore assez grande, malgré l'envahissement des sables, pour qu'un homme à cheval pût y disparaître. L'imagination de Bonaparte s'était montée : il n'en fallait pas douter, c'était le canal de Sésostris qu'il venait de trouver, et, dans l'enthousiasme de sa découverte, il était parti au galop, laissant derrière lui ceux qui, moins bien montés, ne pouvaient le suivre. De retour à Adjéroud à la nuit close, il fit tirer le canon et allumer des feux pour qu'ils pussent se retrouver dans le désert. Avant de quitter les lieux, il donna ses dernières instructions à Lepère et aux autres ingénieurs, qui devaient faire la reconnaissance de l'isthme et étudier la possibilité de jonction des deux mers.

Il avait donc fallu des siècles pour que le génie d'un homme vînt rappeler au monde ce curieux et hardi monument de la plus antique des civilisations et lui montrer qu'il y aurait encore une grande gloire à en reproduire la merveille!

Bonaparte abandonna, en quittant Adjéroud, la route qu'il avait déjà suivie en venant, et se dirigea vers Belbeïs par le désert. Comme on approchait des terres cultivées, on rencontra dans une petite vallée une tribu d'Arabes pasteurs campés au milieu de leurs troupeaux. Près de la tente du scheik étaient deux dromadaires sellés et bridés; ils fixèrent l'attention de Bonaparte. Voulant savoir si ce que l'on disait de la rapidité et de la docilité de ces animaux était vrai, il dit à Eugène Beauharnais et à Édouard Colbert de monter dessus et de les faire courir. « A peine étions-nous perchés sur cette monture d'une nouvelle espèce, » raconte l'un des acteurs de cette scène [1], « que Bonaparte, la cravache à la main, lançant son cheval après nous, cherchant à nous atteindre, se mit à nous poursuivre, mais sans pouvoir nous joindre, bien qu'il montât un excellent cheval. Cette plaisanterie eut des suites sérieuses. Frappé de la légèreté de ces animaux, de leur sobriété, de leur résistance à la fatigue, il conçut tout de suite l'idée de les utiliser. Cette pensée fut en effet bientôt réalisée, et l'armée eut un beau régiment de quatre escadrons, composé d'hom-

---

[1] Le général Édouard Colbert, dans ses Souvenirs inédits.

mes d'élite montés sur des dromadaires. Il rendit de grands services : il était employé à éclairer les marches, à faire des reconnaissances lointaines, à porter des ordres pressés, à surveiller et à combattre les Arabes et les contrebandiers du désert. Une remarque assez curieuse à faire, c'est qu'à peu près au même moment, Desaix, dans la Haute-Égypte, avait eu la même idée et avait fait monter sur des dromadaires un bataillon de la 21e demi-brigade. »

Pendant cette excursion, le hasard fit tomber entre les mains de Bonaparte un messager chargé de dépêches d'Ibrahim-Bey et de Djezzar-Pacha pour la Haute-Égypte. On sut par lui que l'armée de Djezzar était arrivée sur le territoire de l'Égypte, que son avant-garde occupait l'oasis d'El-Arish. Le général en chef donna l'ordre d'envoyer deux bataillons et de l'artillerie à Katiéh, et au général Reynier celui de soutenir ce poste par une forte avant-garde placée à Salahiéh. Ces dispositions prises, Bonaparte retourna d'abord à Suez, et ce ne fut qu'après avoir encore été s'assurer par lui-même que ses ordres avaient été exécutés aux avant-postes, qu'il rentra au Caire pour achever les préparatifs de l'expédition qu'il avait résolu de faire en Syrie.

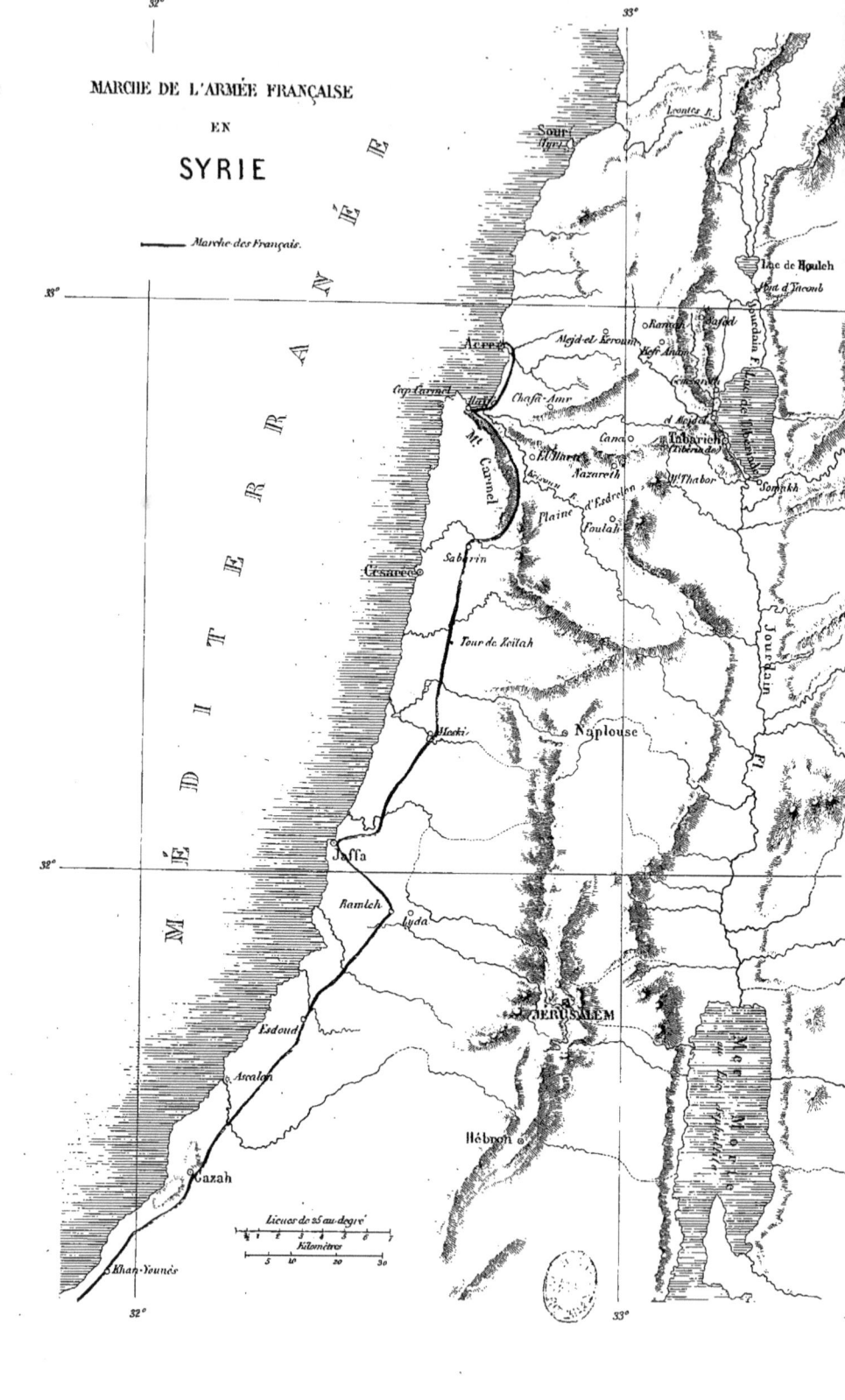

CHAPITRE ONZIÈME.

Illusion de Bonaparte et de M. de Talleyrand à l'égard de la Porte. — Deux armées turques se rassemblent, l'une à Rhodes, l'autre en Asie Mineure. — Expédition de Syrie; motifs que lui assigne Bonaparte. — L'Inde, Constantinople, projets gigantesques. — Composition de l'armée de Syrie. — Désert de soixante-dix lieues à franchir, précautions et préparatifs. — Berthier ne peut se résoudre à quitter Bonaparte. — Départ du Caire. — Le général en chef à El-Arish. — Arrivée de l'armée d'Abdallah. — Situation de Reynier et de Kléber. — Belle opération exécutée par Reynier. — Capitulation d'El-Arish. — La division Kléber s'égare dans le désert. — Bonaparte, errant lui-même, rencontre le camp d'Abdallah. — Il retrouve enfin la division Kléber; joie des troupes. — Les puits de Zawi. — Khan-Iounès. — La Syrie; les nuages et la pluie. — Souvenirs de la Bible. — On rencontre l'ennemi près de Gazah. — Fuite de l'armée d'Abdallah. — Ascalon, Esdoud, Ramléh. — Souvenirs des croisades. — Bonaparte refuse d'aller à Jérusalem. — Jaffa et ses environs. — Prise et sac de la ville. — Apparition de la peste. — Prisonniers passés par les armes. — Discussion de cet acte. — Réflexions sur la prise de Jaffa. — Qualités du soldat français. — Départ de Jaffa. — Meski. — Le général Damas. — Affaire de Kâkoun. — Lannes et les Naplousains. — La plaine d'Esdrelon. — Le mont Carmel. — Occupation de Haïfa. — Eugène Beauharnais et Sidney Smith. — L'armée s'établit en vue de Saint-Jean-d'Acre.

Depuis son arrivée en Égypte, Bonaparte, nous l'avons vu, n'avait cessé de proclamer que la France restait l'amie du Grand Seigneur, et que, si elle envoyait ses armées, c'était pour venger les outrages faits à ses nationaux par les beys mameluks et renverser le pouvoir de ces insolents usurpateurs de la suzeraineté de la Porte. Chose singulière, et qui serait difficile à croire si elle n'était aujourd'hui prouvée, Bonaparte s'était fait des illusions sur la manière dont le Divan envisagerait cet envahissement d'une des provinces de l'Empire. Il conserva même longtemps des espérances à cet égard, et ce qui n'est pas moins curieux, M. de Talleyrand les partagea. D'après le plan concerté entre eux, ce dernier devait se rendre comme ambassadeur à Constantinople, et là employer toute son habileté à calmer les inquiétudes du Grand Seigneur, si même il ne parvenait pas à lui persuader que l'expédition entreprise par la France lui serait profitable. On aurait pu, en effet, jusqu'à un certain point, compter sur l'apathie de la Porte et tenter de l'endormir, mais l'Angleterre et la Russie n'étaient-elles pas là pour la réveiller? M. de Talleyrand n'alla pas à Constantinople; la Porte fit mettre aux Sept-Tours le chargé d'affaires de France, et la guerre fut déclarée.

Le premier résultat de cette nouvelle, lorsqu'elle parvint en Égypte, fut la révolte du Caire. Bientôt Bonaparte apprit que, poussé et aidé par l'Angleterre, le Divan préparait deux armées pour reconquérir l'Égypte. L'une se rassemblait à Rhodes et devait opérer par mer ; l'autre, venant de l'Asie Mineure, devait se réunir à Djezzar, récemment nommé pacha d'Égypte, et aux débris des Mameluks. Bonaparte n'avait pas d'inquiétudes du côté de la mer : il savait qu'un débarquement ne pouvait s'opérer en Égypte avant le mois de juin de l'année suivante. Du côté de la Syrie, au contraire, tout indiquait un mouvement prochain. On y avait rassemblé des vivres, des munitions ; des artilleurs étaient arrivés de Constantinople ; l'avant-garde de l'armée de Djezzar était déjà à El-Arish, et son général Abdallah se trouvait à Gazah avec un corps de huit mille hommes.

Bonaparte n'était pas homme à se laisser prévenir ; il résolut donc de prendre l'initiative, de traverser le désert, de se porter rapidement sur Acre et de s'en emparer. Voici quels motifs il assignait à son expédition, dans une lettre au Directoire :

« J'ai, dans l'opération que j'entreprends, trois buts : 1° assurer la conquête de l'Égypte en construisant une place forte au-delà du désert, et, dès lors, éloigner tellement les armées, de quelque nation que ce soit, qu'elles ne puissent rien combiner avec une armée européenne qui viendrait débarquer sur nos côtes; 2° obliger la Porte à s'expliquer, et, par là, appuyer les négociations que vous avez sans doute entamées et l'envoi que je fais à Constantinople, sur la caravelle turque, du citoyen Beauchamp; 3° enfin ôter à la croisière anglaise les subsistances qu'elle tire de Syrie, en employant les deux mois d'hiver qui me restent à me rendre par la guerre et par des négociations toute cette côte amie. »

A côté de ce qu'il voulait bien dire, de ce plan nécessité par les circonstances, l'ardente imagination de Bonaparte en concevait un autre qui devait se développer d'après les événements, ou plutôt, le premier n'était qu'un moyen d'arriver au second. Bonaparte se trouvait trop à l'étroit dans l'Égypte. Quelquefois ses regards s'étaient tournés vers l'Inde, mais c'était toujours vers l'Europe qu'ils revenaient se fixer. Il comptait, après avoir pris Acre, profiter de l'émotion produite par la chute de Djezzar, marcher sur Damas, Alep, soulever les populations ennemies des Turcs en les proclamant indépendantes des pachas, puis les entraîner à sa suite, renverser à Constantinople la race d'Othman, y fonder un vaste empire, enfin peut-être, ajoutait-il, prenant l'Europe à revers, regagner l'Occident après avoir anéanti la maison d'Autriche.

Chose incroyable! ce projet avait été communiqué à M. de Talleyrand qui ne l'avait pas repoussé, et Napoléon lui-même, à Sainte-Hélène, après avoir éprouvé toutes les rigueurs de la fortune, se complaît à raconter, comme choses réalisables, et son plan de marche sur l'Inde et tous les projets de ce rêve gigantesque.

L'armée avec laquelle il allait opérer en Syrie se composait de 10,000 hommes d'infanterie, de huit à neuf cents cavaliers, de 2,000 artilleurs et soldats du génie. Les généraux de division étaient Kléber, Reynier, Lannes et Bon. Murat commandait la cavalerie; Dommartin, l'artillerie; Caffarelli dirigeait le génie.

Un désert de soixante-dix lieues sépare l'Égypte de la Syrie. Dans cette longue distance on ne compte que trois étapes où l'on puisse trouver un peu d'eau et d'ombre; partout ailleurs on ne trouve que du sable mouvant, aucune végétation, pas un abri. De Salahiéh, point extrême de l'Égypte, à Katiéh, il y a seize lieues; de Katiéh à El-Arish vingt-cinq; d'El-Arish à Gazah dix-neuf; plus de quatre-vingts lieues depuis le Caire. Il faut au moins douze jours à une armée pour parcourir cette longue et pénible route.

« De tous les obstacles qui peuvent couvrir les frontières des empires, un désert pareil à celui-ci est incontestablement le plus grand [1]. » Une des plus sérieuses difficultés de la guerre

---

[1] *Campagnes d'Egypte et de Syrie, dictées au général Bertrand*, t. II, p. 18. Les réflexions suivantes sont également empruntées à Napoléon.

est de procurer des vivres à une armée. Qu'est-ce donc lorsqu'il faut tout porter avec soi, eau, bois, fourrages! Enfin, qu'on suppose toutes ces difficultés vaincues, le désert franchi; qu'une armée exténuée par la chaleur, la fatigue et les privations rencontre l'ennemi et soit battue, n'ayant qu'une ligne de retraite, encombrée de bagages, de chameaux, de bêtes de somme, elle a bien peu de chances d'échapper à la destruction.

Toutes ces idées avaient fort préoccupé Bonaparte, toujours prudent et prévoyant dans son audace. Il avait calculé qu'il fallait à son armée trois mille chameaux pour porter l'eau et les vivres, trois mille ânes pour le reste des bagages [1]. Les attelages de l'artillerie avaient été renouvelés. On avait cherché à habituer les chevaux de la cavalerie à la vie du désert et jusqu'à l'eau saumâtre qu'ils devaient y rencontrer. Chaque cavalier portait deux petites outres pouvant contenir dix litres. La grosse artillerie, l'attirail de siége qu'il n'eût pas été possible de faire passer par le désert, devaient

[1] L'infanterie avait un âne pour dix hommes.

faire route par mer, et, pour obvier aux chances d'une rencontre des Anglais, on avait embarqué double équipage de siége : l'un, sur la flottille commandée par le contre-amiral Perrée, l'autre à bord de trois frégates. Tout avait donc été prévu autant que possible.

Reynier, avec sa division placée aux avant-postes à Salahiéh et à Katiéh, surveillait l'armée de Djezzar, commandée par Abdallah, qui occupait Gazah, et avait envoyé jusqu'à El-Arish une avant-garde de 4,000 hommes.

Tout était préparé; Bonaparte était sur le point de quitter le Caire; une chose l'attristait : Berthier, son fidèle compagnon d'Italie, l'abandonnait. Tourmenté par sa romanesque passion, dévoré du mal du pays, il avait supplié le général de le laisser retourner en France, et Bonaparte, bien à regret, avait fini par céder à ses instances. Déjà il lui avait donné ses dépêches pour le gouvernement et pensait qu'il allait partir, lorsqu'il le voit entrer chez lui, tout ému : — « Vous allez donc décidément en Asie? lui dit Berthier. — Vous savez bien que tout est prêt, lui répond Bonaparte. — Eh bien ! conti-

CHAPITRE XI.

nue Berthier, je pars avec vous : il me serait trop pénible de vous quitter au moment où vous allez courir de nouveaux dangers. Voici mon passe-port et mes instructions. » Et les deux amis se jetèrent dans les bras l'un de l'autre.

Une autre fois, quinze années plus tard, Berthier crut encore pouvoir abandonner le grand homme auquel il devra sa renommée, et, cette fois, il en mourut de douleur.

Bonaparte quitta le Caire le 10. Il avait donné l'ordre à Murat de partir avec sa cavalerie. Déjà un régiment de dragons avait été envoyé en avant. Le 11, à Coraïm, il fut rencontré par *un dromadaire*, envoyé en toute hâte par Reynier : l'armée d'Abdallah s'avançait, et la position des Français, isolés au milieu de cet immense désert, devenait de plus en plus difficile. Bonaparte repartit sur-le-champ et marcha toute la nuit. Tantôt monté sur un dromadaire, tantôt à cheval, il continua sa route sans s'arrêter et arriva le 12, au soir, au puits de Messoudiah. La fatigue de son escorte le força à prendre quelque repos. Le 15, à midi, il était devant El-Arish. Depuis l'envoi de son courrier,

Reynier s'y était posté avec sa division. El-Arish est un gros village plus solidement construit que ne le sont ordinairement les villages égyptiens. Il y avait, en outre, un fort entouré de murailles et flanqué par des tours. Ce fort était défendu par les Turcs, qui avaient encore occupé le bois de palmiers et le puits qui en sont voisins.

Les Français étaient sur un monticule de sable, sans abri, sans eau. La position n'était tenable en aucune façon, et d'un moment à l'autre Abdallah pouvait arriver avec le gros de son armée. Reynier avait donc pensé que la possession du village donnerait au moins à ses troupes le moyen de mieux résister à une attaque, et il l'avait enlevé après une résistance opiniâtre qui lui coûta 250 hommes tués ou blessés; quant au fort, n'ayant pas une artillerie suffisante, il dut renoncer à l'attaquer. Le lendemain, Abdallah arrivait avec 8,000 hommes. Il établit son camp dans le ravin de l'Égyptus, se faisant couvrir par sa cavalerie.

La situation de Reynier, placé entre un fort bien défendu et une armée nombreuse, était fort critique. Heureusement, dans la matinée du 12 février, il avait été rejoint par la division Kléber qui, embarquée sur le lac Menzaléh, avait abordé à Tinéh. Kléber se chargea du blocus du fort, et Reynier alla avec ses troupes s'établir dans le bois de palmiers, en face d'Abdallah. Après avoir bien reconnu le terrain, la position de l'ennemi, et pris de minutieuses dispositions, « il exécuta, dans la nuit du 14 au 15, une des plus belles opérations de guerre qu'il soit possible de faire. » C'est Napoléon qui en parle ainsi; j'en emprunte les détails à ses Mémoires :

« Il leva son camp à onze heures du soir, marcha par sa droite, remonta le ravin d'Égyptus pendant une lieue; là, le passa, se rangea en bataille, sa gauche au ravin et sa droite du côté de la Syrie, se trouvant en potence sur la gauche de l'armée ennemie; il rangea dans le plus profond silence sa division en colonnes par régiment; il formait ainsi trois colonnes, et chaque colonne à distance de déploiement, son artillerie dans les intervalles; il réunit à deux cents pas de chaque colonne les grenadiers auxquels il joignit cinquante hommes de cavalerie, ce qui porta la force de chaque détachement à deux cents hommes. Ainsi formé, il se mit en marche ; aussitôt qu'il rencontra les premières sentinelles, il fit halte et rectifia sa position. Les trois détachements de grenadiers se jetèrent, par trois directions différentes, au milieu du camp ennemi ; chaque détachement était muni de plusieurs lanternes sourdes, chaque soldat portait au bras un mouchoir blanc ; d'ailleurs la différence de langage rendit la reconnaissance plus facile. En un moment, l'alarme fut dans le camp d'Abdallah. Reynier, avec la colonne du centre, arriva à la tente du pacha, qui n'eut que le temps de se sauver à pied, plusieurs kachefs d'Ibrahim-Bey furent pris ; l'ennemi laissa quatre ou cinq cents morts sur le champ de bataille, neuf cents prisonniers, tous ses chameaux, une grande partie de ses chevaux, toutes ses tentes et ses bagages. Abdallah se sauva épouvanté, et ne rallia sa division qu'à Khan-Iounès. Reynier n'eut que trois hommes tués et quinze ou vingt blessés ; il campa, le 17, dans la position qu'avait occupée l'ennemi, couvrant le siége d'El-Arish. Cette affaire fit le plus grand honneur au sang-froid et aux sages dispositions de ce général [1]. »

Bonaparte arriva immédiatement après cette brillante affaire. Mécontent de l'attaque, peut-être intempestive, du village de Salahiéh, dont la possession avait été si chèrement achetée, il reçut le général Reynier avec une extrême froideur et fut loin alors de lui donner, pour ses derniers succès, les éloges qu'il lui prodigua plus tard.

La première chose à faire était de s'emparer du fort qu'on ne pouvait laisser derrière soi. La garnison était nombreuse et semblait résolue à se défendre avec vigueur. On établit des batteries, mais sans en obtenir un grand effet. L'eau des puits commençait à s'épuiser; on savait qu'Abdallah ralliait ses forces. Un assaut par escalade pouvait coûter beaucoup de monde, et cependant il fallait en finir.

On réunit tous les obusiers des divisions, et huit ou neuf cents projectiles lancés dans le fort

[1] *Campagnes d'Égypte et de Syrie*, dictées au général Bertrand, t. II, p. 31.

le rendirent intenable à la garnison. Le 20, après quelques pourparlers, elle capitula. Bonaparte consentit à laisser leurs armes aux défenseurs d'El-Arish. Ils s'engagèrent par serment, jurant par Moïse, par Abraham et par le Prophète, à ne point servir contre les Français pendant un an. Le fort contenait des vivres qui furent d'un grand secours pour l'armée. Depuis le 18, toutes les divisions étaient réunies. Celles qui venaient du Caire avaient eu beaucoup à souffrir en traversant le désert. Elles trouvèrent dans l'oasis d'El-Arish quelques jours de repos, qui leur étaient nécessaires ; puis, le 22, on se remit en marche. Kléber était à l'avant-garde, avec une partie de la cavalerie de Murat. Il devait être suivi par la division Lannes et aller coucher aux puits de Zawi, pour être le lendemain à Khan-Iounès, distant de quatorze lieues d'El-Arish.

Bonaparte partit le même jour, à midi, avec son état-major. Il avait calculé qu'il rencontrerait Lannes aux puits de Zawi. N'y trouvant personne, on put croire que la division Kléber avait poussé plus loin jusqu'à Raphia. La journée s'avançait; bientôt arriva la nuit. Il n'y avait pas de lune, et l'obscurité augmentait les incertitudes de la marche. En vain cherchait-on quelques traces du passage des troupes qu'on croyait être en avant : on n'apercevait rien. Ce fut ainsi qu'on arriva jusqu'à Raphia, quelques-uns disent jusqu'à la hauteur qui domine Khan-Iounès. Il n'y a, d'ailleurs, qu'un quart de lieue environ de l'un à l'autre. On entendit alors comme un bruit confus qui semblait indiquer le voisinage d'un camp. Tout à coup on voit les éclaireurs, qui marchaient en avant, revenir au galop. Un cheval de Mameluk, qui les suivait, se jette au milieu du groupe de l'état-major et y cause un instant de désordre. Ces éclaireurs accouraient en toute hâte annoncer au général en chef qu'ils venaient de rencontrer l'ennemi. Au lieu de retrouver la division Lannes, on était tombé sur le gros des troupes d'Abdallah. Il n'y avait qu'un parti à prendre : éviter d'attirer l'attention et se retirer au plus vite. C'est ce que fit Bonaparte. Bientôt perdu dans l'obscurité ainsi que le petit groupe qui l'entourait, peu de temps après il avait regagné les puits de Zawi. Mais qu'était devenue l'avant-garde? On se perdait en conjectures. Le général n'était pas sans inquiétude, lorsque vers trois heures du matin arriva un détachement du régiment des dromadaires. Ce détachement ramenait un petit pâtre arabe par lequel on avait appris qu'à trois lieues d'El-Arish les Français, au lieu de suivre la route de Syrie, avaient pris celle de Karak. Bonaparte partit immédiatement dans cette direction. Au point du jour il rencontra quelques dragons de l'avant-garde et sut enfin par eux ce qui s'était passé. Depuis plus de quarante-huit heures, la division Kléber errait dans le désert, sans vivres, sans eau, ne sachant où elle allait. Vers les dix heures du matin, on rencontra les premières troupes. A peine les soldats eurent-ils reconnu leur général, qu'ils se précipitèrent autour de lui, l'accueillant comme un sauveur. Ils se croyaient perdus; l'abattement s'était emparé de leurs esprits; ils marchaient en désordre, n'écoutant plus la voix des officiers; plusieurs même, dans leur découragement, avaient abandonné leurs armes. Bonaparte commença par les rassurer en leur disant qu'ils étaient tout près des puits de Zawi, puis il rallia la division, et, par quelques-uns de ces mots dont nul jamais plus que lui n'a possédé le secret, il sut, en leur faisant honte d'un moment d'égarement, ranimer leur courage et les rappeler à eux-mêmes : « Ce n'était pas en se mutinant, leur dit-il, qu'ils remédieraient à leurs maux, et, au pis aller, il valait mieux enfoncer sa tête dans le sable et mourir avec honneur que de se livrer au désordre et de violer la discipline. »

Les autres divisions, également égarées à la suite de celle de Kléber, rejoignirent successivement. Comme les puits de Zawi ne fournissaient pas assez d'eau, on alla jusqu'à Raphia, où elle était plus abondante; et Lannes, prenant l'avant-garde, alla, le même jour, s'établir à Khan-Iounès.

Là finit le désert. Khan-Iounès est un grand village entouré d'arbres et de jardins. C'était la Syrie; et déjà tout annonçait un changement de climat. A la sérénité constante, fatigante, du ciel de l'Égypte, succédait un ciel souvent chargé de nuages, et ces nuages causaient un indicible plaisir. Il semblait que leur vue rafraîchît, après les brûlantes ardeurs du désert. Ne rappelaient-ils pas, d'ailleurs, le ciel de la patrie? La pluie même parut une jouissance; jouissance, il faut le dire, sur laquelle on ne fut pas long à se blaser, car elle se renouvela trop souvent, et bientôt les habits de toile bleue, dont les soldats étaient vêtus, furent traversés. On éprouvait une véritable joie à fouler enfin un sol qui se couvrait d'une riche végétation. Le printemps commençait. On aimait à revoir d'autres arbres que les éternels palmiers; on retrouvait des fleurs, des prairies, des paysages variés, terminés à l'horizon par les montagnes boisées et verdoyantes de la Palestine; et, malgré la fatigue et les privations, la vue de cette nature fraîche et parée ramenait le contentement dans les esprits et la gaieté sur les visages.

Enfin cette armée, ces enfants du dix-huitième siècle, qui semblaient affecter de n'avoir plus de religion à eux et les considérer toutes avec indifférence, avaient au moins encore des souvenirs, et ces souvenirs se réveillaient en foule aux noms et à l'approche de ces lieux qu'ils avaient appris à vénérer dans leur enfance, qu'autrefois ils avaient appelés *les lieux saints*, *la terre sainte*. Ils savaient que Jérusalem n'était qu'à quelques lieues et tous auraient voulu y aller. Des généraux, des officiers lisaient la Bible, la commentaient, y suivaient pas à pas la route qu'ils parcouraient. Les interprètes, les guides, pour la plupart chrétiens de Syrie, leur racontaient les légendes conservées encore parmi eux. Là s'était arrêtée la Vierge en allant en Égypte ; on montrait à Gazah l'endroit où Samson, après avoir enlevé les portes de la ville, les avait déposées.

Puis les esprits cultivés se rappelaient les strophes du Tasse et recherchaient les champs illustrés par les grands coups d'épée de Godefroi et de ses compagnons ; et le cœur de ces fils de la Révolution, digne de comprendre tant de vaillance et capable de l'égaler, battait au souvenir de ces exploits, accomplis par des Français d'un autre âge.

Le 25 février, de très-grand matin, l'armée se mit en marche. Après avoir traversé un terrain assez difficile, on était arrivé dans une plaine tapissée d'une belle verdure. Déjà se montraient au loin les collines de Gazah, lorsque, vers trois heures, on aperçut l'armée d'Abdallah, rangée en bataille, et qui semblait disposée à disputer le passage. Sa droite se composait d'infanterie et s'appuyait au mamelon d'Hebron; à la gauche étaient cinq ou six cents Mameluks d'Ibrahim, trois mille Arnautes environ, puis des Arabes. Au fond, un peu à gauche, on apercevait Gazah située sur un plateau et s'étendant en suivant la pente du coteau jusque dans la plaine, au milieu des oliviers. Un château d'une masse imposante, de forme circulaire, flanqué de quatre grosses tours, couronnait la ville.

Bonaparte eut bientôt pris ses dispositions. Il ordonne à Kléber de se porter à gauche, donne le centre à conduire au général Bon et place à la droite Murat avec sa cavalerie, la faisant soutenir par la division Lannes, formée en carrés. A un signal donné, Kléber se porte rapidement entre le mamelon d'Hébron et la ville de Gazah, et menace de tourner la droite de l'ennemi. Bon et Murat marchent en avant. Ce mouvement était à peine commencé que déjà toute l'armée d'Abdallah se retirait précipitamment. En vain Murat lança ses escadrons contre les six mille chevaux qui lui étaient opposés et les poursuivit pendant près d'une lieue ; ce fut tout au plus si l'on put sabrer ou prendre quelques cavaliers arriérés.

Gazah, désormais sans défense, ouvrit ses portes dont les scheiks et les ulémas vinrent remettre les clefs à Bonaparte. Le château se rendit dans la nuit. Les troupes bivouaquèrent dans les vergers qui entouraient la ville et sur les hauteurs qui l'avoisinent.

Dans la soirée un violent orage éclata, et des torrents de pluie eurent bientôt inondé la plaine et envahi les bivouacs. Pendant quatre jours cette pluie tomba sans interruption. Bien que condamnée à l'inaction, l'armée ne trouva pas le repos dont elle avait besoin. Sans abri, sur un sol détrempé, des hommes habitués au climat chaud et sec de l'Égypte souffrirent beaucoup du froid et de l'humidité. Pour y échapper ils n'eurent d'autre ressource que de se blottir du mieux qu'ils purent dans les nombreux tombeaux épars dans la plaine ; puis, à défaut de bois pour se chauffer, ils mirent le feu aux oliviers dont ils étaient entourés. Ce fut un curieux spectacle, raconte un témoin, que ces feux de bivouac d'une nouvelle espèce. Les arbres brûlaient debout, et leurs rameaux incandescents, conservant assez longtemps leur forme, se dessinaient en charbons ardents dans l'ombre de la nuit[1].

Les chameaux d'Égypte eurent beaucoup de peine à supporter cette température pluvieuse. Leurs pieds ronds, charnus, concaves, faits pour marcher sur le sable, pouvaient à peine se maintenir sur un terrain boueux et glissant. Un grand nombre de ces animaux périrent. Leur chair, qui est bonne, dédommagea un peu de leur perte, car on n'avait pas de viande. Larrey en faisait faire du bouillon pour les malades.

Enfin, après quatre jours d'attente, le beau temps revint et l'armée put se remettre en marche, divisée en deux colonnes. L'une longea la mer, traversa un misérable petit village qui porte

---

[1] V. *Mémoires du prince Eugène*, publiés par A. Du Casse, t. Ier, p. 53.

un nom retentissant, illustré par une des grandes victoires des croisés, Ascalon ; l'autre, s'avançant parallèlement à la première et à la droite, eut à se frayer un chemin dans une plaine couverte de hautes herbes qui rendaient la marche fort difficile. La cavalerie cheminait en avant pour frayer le passage. Le soir on coucha à Esdoud ou Ashdod.

Le lendemain, après sept heures de marche, l'armée arriva à Ramléh qu'une tour élégante, de construction sarrasine, annonce de loin aux regards. Ramléh veut dire *sable :* le sol qui l'entoure est, en effet, sablonneux, mais très-fertile. On y trouva une assez grande quantité de vivres préparés pour l'armée de Djezzar. Il en avait toujours été ainsi depuis le commencement de la campagne, et ce fut aux approvisionnements faits pour les Turcs que l'armée française dut, en grande partie, de ne pas mourir de faim.

Ramléh, par sa position à moitié chemin de Jaffa à Jérusalem, a toujours eu quelque importance. Les croisés en avaient fait un poste de guerre et le siége d'un évêché. La ville renferme plusieurs couvents de moines. Un tiers des habitants est chrétien. On y trouva de nombreux souvenirs du temps des croisades : des tombeaux, des écussons sculptés, des inscriptions. En voici une qu'on lisait sur des vitraux :

« Quid prodest vixisse diu, cum fortiter acta
  Abdiderit latebris jam mea tempus edax !
Tempore fama perit, pudor ! et mors atque vel ipsum
  Prætereunt tempus, morsque secunda venit. »

C'est très-philosophique et fort triste. Cette espèce d'épitaphe aura été composée par quelque moine morose, mais très-probablement la pensée qu'elle exprime n'a jamais traversé le cerveau du vaillant et vieux chevalier dont elle indique la tombe, et qui, par ses prouesses contre les infidèles, poursuivait à la fois et du renom sur la terre et son salut dans l'autre vie.

De la tour de Ramléh s'offre aux regards une vue remarquable par son étendue, sa beauté et ses contrastes. A l'est, derrière les montagnes, dont les flancs abruptes s'élèvent au-dessus des collines qui semblent s'étendre à leur pied, est la ville sainte, Jérusalem. Au côté opposé de l'horizon on aperçoit les flots de la Méditerranée, lac immense qui semble placé entre les trois parties de l'ancien monde pour les réunir. Au milieu, au-dessus du dôme de verdure formé par les oliviers qui entourent Ramléh et Lyda, s'étend comme un vaste et riche tapis la plaine de Shâron.

Ce magnifique spectacle, les souvenirs qu'il évoquait en foule, réveillèrent le désir qu'on avait de toucher à Jérusalem, au moins de la voir. Elle n'était qu'à six lieues. Caffarelli en ayant parlé au général en chef : « Oh ! pour cela, non ! dit alors celui-ci, Jérusalem n'est pas dans ma ligne d'opérations. Je ne veux pas avoir affaire à des montagnards, dans des chemins difficiles. Et puis, de l'autre côté du mont, je serais assailli par une nombreuse cavalerie : je n'ambitionne pas le sort de Cassius [1]. » Bonaparte avait surtout hâte de marcher sur Jaffa, de s'emparer de ce port, le seul de la côte par lequel il pût se mettre en communication directe avec Damiette, d'où il attendait des provisions pour l'armée et l'équipage de siége.

L'armée continua donc sa marche sur Jaffa.

[1] Bourrienne, t. II, p. 218.

Kléber formait l'avant-garde ; il y arriva le 3. Les Mameluks et la cavalerie d'Abdallah, postés en dehors de la ville, se retirèrent. Kléber se porta une lieue en avant sur la route de Saint-Jean d'Acre pour observer et contenir les Naplousains, dans le cas où ils eussent voulu inquiéter l'armée pendant qu'elle attaquerait Jaffa. Le lendemain, Murat fut envoyé avec un escadron pour reconnaître les abords de la place.

Jaffa est entourée de vergers remplis d'arbres fruitiers, d'orangers, de citronniers, de telle sorte qu'on peut en approcher de très-près sans être découvert. La reconnaissance conduite par Murat fut cependant plusieurs fois exposée à un feu violent d'artillerie. On put néanmoins s'assurer qu'une haute muraille continue, flanquée de tours, couvrait entièrement la ville du côté de la terre, et qu'à l'endroit où les deux extrémités de cette muraille touchaient à la mer, existaient deux petits forts qui complétaient la défense. La ville est située sur une colline; sa population était d'environ huit mille habitants. L'infanterie d'Abdallah, composée de Maugrebins et d'Albanais, s'était jetée dans la place.

L'artillerie, assez nombreuse, était servie par des canonniers venus de Constantinople. Le vallon fort couvert qui règne tout autour de la ville est dominé, à une bonne portée de canon, par un plateau assez élevé. Le général en chef se contenta de faire occuper ce plateau, préférant camper dans le vallon, dont les arbres fruitiers fournissaient aux soldats de l'ombrage et des oranges.

Les 4, 5 et 6 mars furent employés à préparer l'attaque, à élever des batteries. Le 7, la garnison fut sommée de se rendre. Les deux Turcs qui portèrent cette sommation pénétrèrent dans la ville, mais bientôt on put voir leurs têtes au bout de piques plantées sur la plus haute des tours et leurs cadavres jetés au pied des murailles. Il était sept heures du matin. La batterie de brèche ouvrit son feu. A trois heures, le mur était écroulé, la brèche ouverte, mais d'un difficile accès. Bonaparte, debout sur l'épaulement de la batterie, expliquait comment devait se faire l'attaque de la brèche, lorsqu'une balle, passant à trois pouces de sa tête, renverse son chapeau et étend roide mort à ses pieds le colonel Lejeune, de la 22ᵉ demi-brigade, qui s'apprêtait à monter à l'assaut. « Voilà, dit Bonaparte, la seconde fois que je dois la vie à ma taille de cinq pieds deux pouces. »

Lannes avait pris le commandement de la colonne d'assaut, et déjà l'attaque commençait. Les Turcs se défendaient avec énergie, lorsque le bruit se répand que la division Bon, chargée de faire une diversion sur la droite, avait pénétré dans la ville. En effet, quelques soldats rôdant autour des remparts avaient trouvé une entrée. Les premiers avaient été victimes de leur audace, mais bientôt ils furent suivis par leurs camarades. On trouva peu de résistance, les défenseurs étant occupés à l'attaque principale.

La division Lannes, piquée d'être ainsi prévenue, s'élance alors tout entière, balaye en un instant la brèche, s'empare des tours et bientôt fait irruption dans la ville. Les rues étaient étroites; la garnison se trouvait attaquée à la fois par devant et par derrière; le carnage fut horrible. La nuit arrivait ; alors au massacre de tous ceux qui avaient les armes à la

CHAPITRE XI.

main succéda le sac d'une ville livrée à une soldatesque exaltée jusqu'à la fureur par une longue lutte, devenue sourde à la voix de ses chefs et se livrant sur de pauvres victimes à tous les excès de la rage et de la brutalité. Ce qui se passa pendant vingt-quatre heures dans cette malheureuse ville a excité l'horreur de tous ceux qui en ont été les témoins. On a peine à reconnaître dans les auteurs de ces effroyables scènes de meurtre, de viol, de pillage, ces soldats français ordinairement si généreux, si remplis d'humanité après le combat. Et cependant ces hommes étaient les mêmes qui, depuis un an, en Égypte, en présence d'un peuple vaincu et désarmé, avaient su maîtriser leurs passions et s'étaient montrés pleins de douceur et de retenue.

Hélas! des souvenirs plus pénibles encore devaient se rattacher pour l'armée au nom de Jaffa. Une sorte de fatalité devait faire peser sur ses chefs et sur elle un de ces terribles problèmes que pose parfois la guerre, que les historiens et les philosophes discutent à leur aise dans le calme du cabinet, mais que les âmes les plus fermes ne résolvent, au moment décisif, qu'en frissonnant.

Dans cette ville où l'on croyait avoir tout exterminé, il se trouva le lendemain que, les uns disent 1800, les autres 3000 hommes de la garnison s'étaient réfugiés dans une vaste cour abritée par de hauts bâtiments. Nos soldats allaient y mettre le feu, lorsque Eugène Beauharnais et Croisier, envoyés par Bonaparte pour voir ce qui se passait et rétablir l'ordre, crurent pouvoir accepter la soumission de ces hommes et leur promettre la vie sauve. Le général en chef était assis en dehors de la ville sur un affût de canon lorsqu'il vit arriver, en deux colonnes, ces prisonniers amenés par ses deux jeunes aides de camp. « Que m'ont-ils fait là ! s'écria-t-il avec l'accent du plus vif mécontentement. Que veulent-ils que j'en fasse ? Ai-je des vivres pour les nourrir ? des bâtiments pour les transporter en Égypte ou en France ? » Puis, comme Eugène et Croisier s'excusaient sur ce qu'il leur avait recommandé d'apaiser le carnage : « Oui, sans doute, ajouta-t-il dans sa colère, pour les femmes, les enfants, les vieillards, les habitants paisibles, mais non pour des soldats armés. Il fallait mourir, et ne pas m'amener ces malheureux dont je ne sais que faire[1] ! »

On plaça les prisonniers derrière les tentes, assis, les mains attachées, et on leur distribua des vivres pris sur la ration des soldats.

C'était déjà un grand embarras que trois mille hommes d'une pareille espèce au milieu d'une armée qui comptait à peine le double de ce nombre, la division de Kléber étant déjà loin en avant, et celle de Reynier occupant encore Ramléh. A cet embarras vinrent bientôt se joindre de nouvelles complications, toutes également faites pour frapper les imaginations et montrer sous les couleurs les plus sombres les périls dont on était menacé.

Trompé par le pavillon turc qui flottait encore sur les forts de Jaffa, un vaisseau venant de Saint-Jean d'Acre était entré dans le port et avait été pris. On sut par le capitaine de ce navire que Djezzar attendait de nombreux renforts qui, d'un jour à l'autre, devaient débarquer en Syrie.

[1] Bourrienne, t. II, p. 222.

Enfin une sinistre rumeur circulait dans l'armée : une maladie terrible venait d'éclater, frappant comme la foudre ou faisant périr, après d'horribles souffrances, dans une affreuse agonie : c'était la peste, et ce nom faisait pâlir les plus braves. Il n'était que trop vrai ! Non pas que la maladie vînt d'apparaître subitement; nous la traînions avec nous depuis l'Égypte; les médecins le savaient, mais Desgenettes, de concert avec Bonaparte et Berthollet, avait pris le parti d'en user avec l'armée comme avec un malade, de lui cacher la gravité du mal et de dissimuler l'épouvantable fléau sous le nom de *fièvre à bubons*. Jusque-là d'ailleurs il n'avait fait que peu de victimes ; mais tout à coup, à Jaffa, par suite du mauvais temps, des privations, des excès même auxquels s'étaient livrés les soldats lors de la prise de la ville, la maladie se manifesta avec une grande violence. L'effroi gagnait les esprits; pour les rassurer, le général en chef parcourut les ambulances, et lui-même aida à relever le cadavre hideux d'un soldat qui venait de succomber.

CHAPITRE XI.

Ce fut donc sous l'empire de ces circonstances, auxquelles il faut ajouter la préoccupation causée par la disette de vivres dont les soldats commençaient à se plaindre tout haut, qu'on fut appelé à décider du sort des prisonniers.

Les renvoyer en Égypte par terre n'était pas possible : pour les escorter, il eût fallu s'affaiblir d'un nombre d'hommes trop considérable, sans compter les difficultés que présentait le voyage.

Les transporter par mer ? on n'avait pas de bâtiments. Les faire entrer dans nos rangs ou les garder était inadmissible. D'ailleurs on n'avait pas assez de vivres pour l'armée elle-même.

Restait un dernier parti à prendre, le seul qui satisfît à la foi donnée, aux lois de l'humanité : les renvoyer, leur donner la liberté. Mais c'était s'exposer à les voir grossir les rangs des ennemis déjà trop nombreux qui nous menaçaient. En agissant ainsi, les chefs satisfaisaient-ils à cette immense responsabilité qui pesait sur eux et dont le premier, le plus impérieux devoir était d'assurer la sécurité de l'armée ? Fallait-il sacrifier ou même compromettre le salut de cette armée pour sauver des hommes que l'on était toujours sûr d'avoir pour implacables ennemis, dont un grand nombre avaient déjà capitulé à El-Arish sous la condition de ne pas servir contre les Français, et qui, se retrouvant en armes contre eux, étaient déjà condamnés par toutes les lois de la guerre? Le conseil assemblé par Bonaparte ne fut pas de cet avis. Trois fois il se réunit, et ce ne fut qu'à la troisième qu'il prononça l'arrêt de mort contre ces malheureux.

L'exécution eut lieu. Un Français attaché à l'armée a eu le triste courage d'en rapporter minutieusement les horribles détails [1].

Selon plusieurs historiens ou rédacteurs de mémoires, ce massacre doit peser d'une honte éternelle sur Bonaparte.

D'après eux, cette violation d'une capitulation accordée, cette tuerie accomplie de sang-froid trois jours après le combat, sont autant de crimes contre les lois de la morale et de l'humanité; et s'il était possible, disent-ils, de justi-

---

[1] *Mémoires pour servir à l'histoire des expéditions en Égypte et en Syrie*, par J. Miot, pages 146 et suivantes.

fier de tels actes, on justifierait tout aussi bien les massacres de la Saint-Barthélemy et des journées de septembre.

Il me semble qu'il y a ici injustice ou, tout au moins, exagération. Pourquoi d'abord faire peser la responsabilité sur Bonaparte seul ? Caffarelli, Lannes et d'autres, qui faisaient partie du conseil de guerre, étaient des hommes honorables, d'un caractère ferme, qui savaient fort bien exprimer leur pensée devant leur général et, au besoin, lui résister. Si donc ils ont partagé son opinion, c'est qu'ils ont eu de puissants motifs pour le faire. Et quel droit a-t-on de se croire plus à même qu'eux de juger de la nécessité des circonstances ? Un témoin, qui n'avait aucune obligation de se prononcer dans la question, Bourrienne, qui certes n'est pas favorable à Bonaparte, dit dans ses Mémoires : « J'ai assisté à toutes les délibérations ; je dois déclarer que le résultat des discussions eût entraîné mon vote affirmatif. Il fallait être là pour bien apprécier cette *horrible nécessité*. »

Cette violation de la capitulation est, dit-on, un crime ; ce massacre de sang-froid est un crime. Mais, de capitulation, il n'y en avait pas eu. Croisier et Eugène ont bien pu faire une promesse, mais c'était à l'insu du général en chef, et cette promesse ne pouvait le lier.

Et ces trois mille hommes condamnés à périr et exterminés froidement!... Fait épouvantable, j'en conviens; mais, cependant, ce n'est pas le fait qui constitue le crime. Ce qui rend l'action criminelle, c'est l'intention, la passion perverse qui l'accompagne et la dicte. Ces trois mille hommes eussent été frappés dans la chaleur du combat, que leur mort n'eût pas fait question, et, dans cette circonstance, quel fut le motif qui détermina une aussi terrible résolution? Le salut de l'armée.

Lorsqu'il ne s'agit que de soi, on peut faire de la générosité; mais, lorsqu'on a la charge de milliers d'hommes, de toute une armée, le devoir passe avant la générosité. Et ce qui ne laisse aucun doute sur le sentiment auquel obéirent les membres du conseil de guerre, c'est qu'en vérité il leur eût été bien facile, en s'abandonnant à un mouvement tout naturel, de laisser échapper ces misérables. Pour prendre une si terrible décision, pour se charger de la responsabilité d'un si effroyable massacre, il leur a fallu faire un violent effort sur eux-mêmes, leurs trois jours d'hésitation l'attestent, et, s'ils se déterminèrent enfin, ce ne fut qu'entraînés par la conviction profonde de la grandeur du devoir qui pesait sur eux.

Qu'ils se soient exagéré le degré de nécessité où ils étaient de prendre une telle résolution, cela est possible, mais, en tout cas, il n'y eut de leur part ni faiblesse, ni perversion du sens moral, encore moins intention criminelle, et, par conséquent, il ne peut y avoir rien de cette honte qu'on voudrait déverser sur eux ou plutôt sur Bonaparte, car il est à remarquer que c'est lui seul qu'on a toujours mis en cause; c'est donc moins le fait en lui-même qu'on a voulu examiner et juger, que l'homme qu'on a voulu attaquer. Aussi est-il à noter que les accusations les plus vives sont venues d'écrivains étrangers, d'ennemis avoués ou de gens de parti [1].

---

[1] Maintenant serait-on tenté d'établir une comparaison entre Bonaparte assumant, avec quelques-uns de ses généraux, la responsabilité

Une dernière observation sur la prise de Jaffa. On se rappelle comment les soldats de la division Bon, pénétrant à l'improviste dans la ville par un coin presque ignoré, avaient pris la garnison à revers et rendu la défense impossi-

d'un acte terrible pour assurer le salut non-seulement des 6,000 hommes qui sont avec lui perdus dans le désert, entourés d'ennemis, mais celui des Français qu'il a laissés en Égypte, dont sa ruine aurait bientôt amené la destruction, et Catherine de Médicis tramant le massacre de la Saint-Barthélemy, ou les auteurs des journées de septembre organisant le massacre des prisons?

Catherine, reine, jouissant de la plénitude de sa puissance, ayant des armées, ayant déjà lutté et pouvant lutter au grand jour, et préparant dans l'ombre, avec la passion d'une vengeance froidement calculée, avec la plus odieuse perfidie, le guet-apens dans lequel elle veut assassiner la moitié de ses sujets, des parents, des amis, ceux-là mêmes que la veille elle embrassait encore!

Les auteurs des massacres de septembre, lâchant des égorgeurs soldés non sur des ennemis redoutables, mais sur des vieillards, de pauvres victimes entassées dans les prisons; et, cela, pour inaugurer un *système*, celui de la *terreur*, par lequel ces grands politiques prétendent purifier et régénérer la France!

Ces deux exemples nous montrent le crime dans ce qu'il a de plus hideux. D'un côté, c'est la vengeance lâchement, traîtreusement assouvie, l'astuce de la bête de proie qui ruse avec sa victime pour la surprendre; de l'autre, c'est pis encore: la perversion de l'âme humaine se montre dans ce qu'elle a de plus effrayant, ce sont toutes les notions du bien et du mal renversées, c'est l'assassinat érigé en système, c'est le crime qui ose s'appeler vertu. Eh bien, je le demande à tout homme de bonne foi, fût-ce au plus grand ennemi de Bonaparte, peut-on, osera-t-on mettre en parallèle les faits que je viens de citer et ce qui s'est passé à Jaffa? Rien de ce que j'ai dit sur cet acte terrible peut-il s'appliquer pour justifier en aucune manière les massacres de la Saint-Barthélemy ou ceux de septembre?

ble. Il y a dans les races des caractères persistants ; le soldat français, depuis des siècles, est toujours le même. C'est la même intelligence, le même instinct de la guerre, qui lui fait parfois deviner la pensée du général, et souvent, par son audace ingénieuse, devancer toutes les combinaisons de la science et du génie. Les soldats de Jaffa étaient de la même race que ceux qui à Crémone [1], surpris, la place ayant été enlevée, leur général fait prisonnier, trouvèrent le moyen de rentrer dans la ville et de la reprendre.

Qui ne sait l'histoire de ce soldat de Turenne qui se croisait tranquillement les bras pendant que ses camarades travaillaient avec ardeur à des retranchements? « Eh! pourquoi ne travailles-tu pas? » lui dit Turenne. — « Ma foi, mon général, j'ai dans l'idée que vous ne comptez pas rester ici, et que tout ce que vous nous faites faire n'est qu'une feinte pour tromper l'ennemi. » — « Eh bien! mon ami, si tu en sais si long, garde ton secret jusqu'à demain, et travaille. »

Ce sont ces qualités qui font des Français la

[1] En 1702.

première nation militaire du monde; le maréchal Davout, le vainqueur d'Auerstædt, qui était un homme d'esprit, disait : « La nation la plus *belliqueuse* et non la plus *militaire*. » Il avait peut-être raison. Les qualités du soldat français ont leurs inconvénients. Le sentiment de supériorité qu'il en conçoit, la fertilité de ressources qu'il sent en lui-même, lui inspirent, inspirent à ses chefs une confiance qui trop souvent fait oublier les règles qu'impose la pratique raisonnée de la guerre; et c'est, il faut le dire, cet attachement à la règle, cette stricte observation des principes et des moindres détails du métier et de la discipline, qui constituent surtout ce qu'on appelle l'*esprit militaire*. Jamais, sous ce rapport, on n'a pu obtenir des Français ce qu'on obtient des Allemands. Comme l'a dit le maréchal Davout, le Français est donc surtout belliqueux; il aime la guerre, mais peu la règle. Nous avons eu souvent à nous en repentir; le succès nous gâte, et nous verrons bientôt comment la facilité avec laquelle nous nous étions emparés de Jaffa contribua à l'échec que nous subîmes devant Acre.

CHAPITRE XI.

Le séjour de Jaffa était mauvais pour l'armée; les imaginations travaillaient et les accidents épidémiques devenaient plus nombreux. Sans doute c'était une situation grave que celle de cette petite armée entourée d'ennemis, au milieu d'un pays difficile, ayant soixante lieues de désert derrière elle, poussant toujours en avant, sans vivres, sans communications assurées par la mer, et portant avec elle un terrible fléau; cependant le général Bonaparte n'en fut pas troublé. Soutenu par les avis du médecin en chef Desgenettes, il pensa que les marches, l'activité, seraient le moyen le plus puissant de combattre une maladie qui commençait par agir sur les esprits, et que d'ailleurs, la belle saison arrivant, on pourrait trouver de meilleurs campements et des vivres plus abondants. Il fallait enfin se hâter d'aller à Acre frapper le coup décisif qui devait nous ouvrir l'Orient.

Le 14 mars, le général en chef partit, avec les deux divisions Lannes et Bon, pour se porter à Meski, occupé depuis le commencement du siége par Kléber. Meski est situé dans une forêt de chênes, la plus grande qui soit en Syrie. C'est en cet endroit que le Tasse place sa vallée enchantée. A l'est sont les montagnes de Naplouse, l'ancien royaume de Samarie. Avant de quitter ce poste, Kléber avait fait pousser plusieurs reconnaissances. Dans l'une d'elles le général Damas, s'étant engagé dans les montagnes, avait été grièvement blessé. On le rencontra porté sur un brancard et reprenant la route de l'Égypte. C'est ce même général Damas qui fut chef de l'état-major général lorsque Kléber prit le commandement de l'armée. Vieux soldat de l'armée de Sambre-et-Meuse, homme d'un caractère droit et rigide, on l'appelait l'*Aristide* de l'armée. Il fut du petit nombre de ceux qui résistèrent à l'influence qu'exerçait Bonaparte sur tous ceux qui l'approchaient.

Le 15, après avoir bivouaqué à Meski, toutes les divisions et la cavalerie se mirent en marche. Au lieu de se rapprocher de la côte, Bonaparte, instruit des mouvements de l'armée ennemie, fit appuyer au nord, vers Kâkoun. On aperçut en avant de ce village quelques cavaliers et bientôt, sur la droite de la route, des milliers de Naplousains soutenus par la cavalerie d'Abdallah. A

CHAPITRE XI.

cette vue, les divisions se formèrent en carrés, tout en continuant de marcher, Kléber à gauche, se dirigeant avec sa cavalerie sur Kâkoun, Lannes à droite, pour pénétrer dans la vallée qui est entre ce village et les montagnes de Naplouse. Chassé par quelques obus, l'ennemi se retira bientôt, et des hauteurs de Kâkoun on vit sa cavalerie s'éloigner au petit galop à travers la plaine. Au-dessus de cette troupe brillante flottaient au vent de nombreux étendards aux couleurs variées.

Pendant ce temps la division du général Lannes se laissait entraîner à la poursuite des Naplousains. Une fois que ceux-ci furent arrivés dans les gorges de leurs montagnes, la scène changea. Embusqués derrière leurs rochers, ils font un feu meurtrier sur nos soldats qu'irrite cette résistance. Au bruit de la fusillade qui redoublait, Bonaparte manifesta son impatience et son mécontentement; mais il était trop tard : on était engagé, et les Naplousains, profitant des avantages du terrain qu'ils connaissaient parfaitement, poussaient vivement nos hommes qu'ils rejetèrent dans la plaine à la limite de laquelle ils s'arrêtèrent. Dans ce court engagement, le chef de brigade Barthélemy et cinquante hommes avaient été tués ; une centaine mis hors de combat. Le général en chef témoigna vivement à Lannes son mécontentement d'une échauffourée qui avait coûté la vie à tant de braves gens, et comme celui-ci lui répondait *qu'il avait voulu châtier cette canaille*, Bonaparte lui ferma la bouche en lui disant sévèrement « qu'ils n'étaient pas en position de faire de semblables bravades. »

Après avoir traversé une petite plaine, on campa près de la tour de Zeïtah. Le lendemain, une pluie abondante avait détrempé le sol, et la journée jusqu'à Sabarin, bien que de quelques heures de marche seulement, fut très-fatigante pour les troupes. Le jour suivant, l'armée découvrit sur la droite la vaste plaine d'Esdrelon et le mont Thabor, et vint camper sur les bords d'une petite rivière nommée le Keisoun, en face d'El-Hartî. Là les montagnes de droite s'affaissent tout à fait. A gauche est la chaîne du Carmel, dont le versant présente souvent le spectacle de vastes pelouses d'où s'élèvent çà et là des massifs de belles futaies. Cette chaîne, en se prolongeant au nord jusque dans la mer, s'avance en promontoire et forme avec Saint-Jean d'Acre, situé en face, au nord-ouest et à trois lieues de distance, les deux extrémités d'un arc dont le contour intérieur s'arrondit en une vaste baie. Au pied du mont Carmel, au bord de la mer, est la petite ville de Haïfâ. Il était important de s'en emparer : son port est un mouillage meilleur que Saint-Jean d'Acre, et pouvait être d'une grande utilité pour recevoir et couvrir la flottille partie de Jaffa.

Eugène Beauharnais raconte qu'ayant été envoyé en avant avec quatre hommes pour savoir si la ville était occupée et défendue, on lui ouvrit les portes, et que, s'étant mis aussitôt à courir au galop vers le port, il vit une chaloupe montée par un officier de marque s'éloignant à force de rames. « Nous lui tirâmes, dit-il, nos cinq coups de carabine et plusieurs coups de pistolet, mais en pure perte... J'appris plus tard que l'officier était le commodore Sidney Smith, commandant des forces anglaises[1]. » En effet,

---

[1] *Mémoires du prince Eugène,* publiés par A. Du Casse, t. Ier, p. 56.

le même jour, toute l'armée vit le *Tigre* et le *Thésée*, vaisseaux de l'escadre anglaise, louvoyant dans la rade entre Saint-Jean d'Acre et Haïfâ. Cette dernière ville fut occupée par les troupes du général Kléber. On y trouva une assez grande quantité de biscuit et de riz.

Le 17 mars, l'armée, après avoir traversé le Keisoun à gué, contourna la plaine, afin d'en éviter la partie marécageuse que traverse le Bélus avant de se jeter à la mer. Le temps, très-chaud et humide, rendait la marche pénible, et une brume épaisse empêchait d'apercevoir Saint-Jean d'Acre, qui n'était qu'à mille toises (une demi-lieue). On avait, cependant, encore à franchir de sérieux obstacles avant de gagner les hauteurs qui dominent la ville. Il fallait traverser le Bélus, qui se divise en plusieurs bras. Le colonel Bessières les passa avec deux cents guides et deux pièces de canon, le général Andréossy avec un bataillon de la 4e demi-brigade légère. Toute la nuit, les pontonniers travaillèrent à construire deux ponts, et l'armée campa près du moulin de Kerdané. Le lendemain, 19 mars, à la pointe du jour, le passage s'effectua; l'armée se dirigea vers le mont de la Mosquée. Le général en chef fit refouler dans la ville les tirailleurs qui occupaient les jardins dont elle est entourée; puis il établit son camp sur les hauteurs du Turon, de façon à être également à l'abri des feux de la place et de ceux de la rade. Reynier occupa la gauche; au centre était le quartier général avec la division Bon; à sa droite la division Lannes; puis, à l'extrême droite, Murat avec la cavalerie.

On était enfin devant Saint-Jean d'Acre! Ce nom devait désormais s'associer à celui de Bonaparte, pour montrer que le génie lui-même n'est pas toujours invincible. Des hauteurs occupées par l'armée, les regards avides contemplaient cette ville qu'on était venu chercher au bout des déserts, à travers mille hasards, malgré la guerre, la peste, les privations de tout genre. Était-ce enfin le terme, le but de tant de périls, ou bien seulement une première étape pour courir à des entreprises bien autrement gigantesques?...

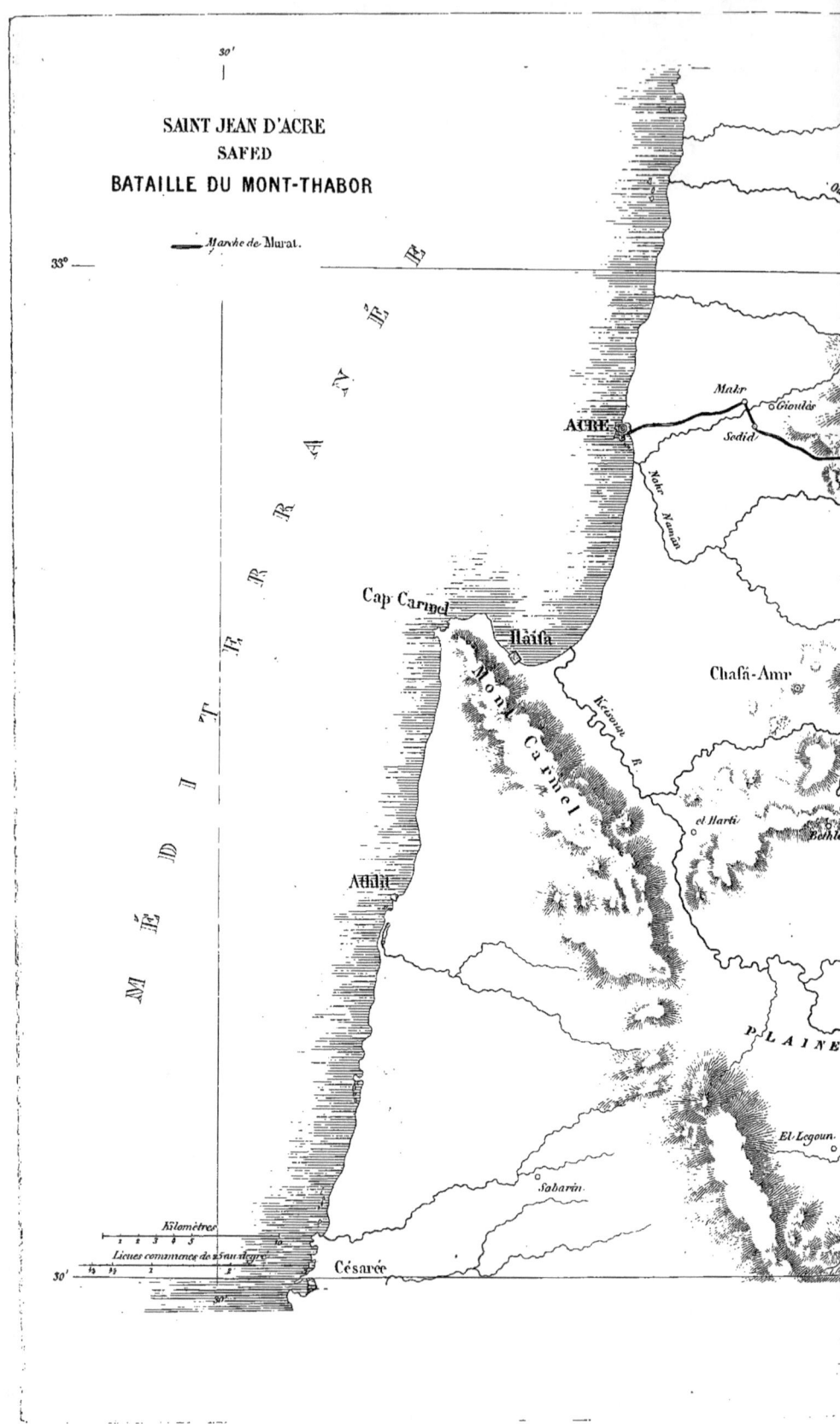

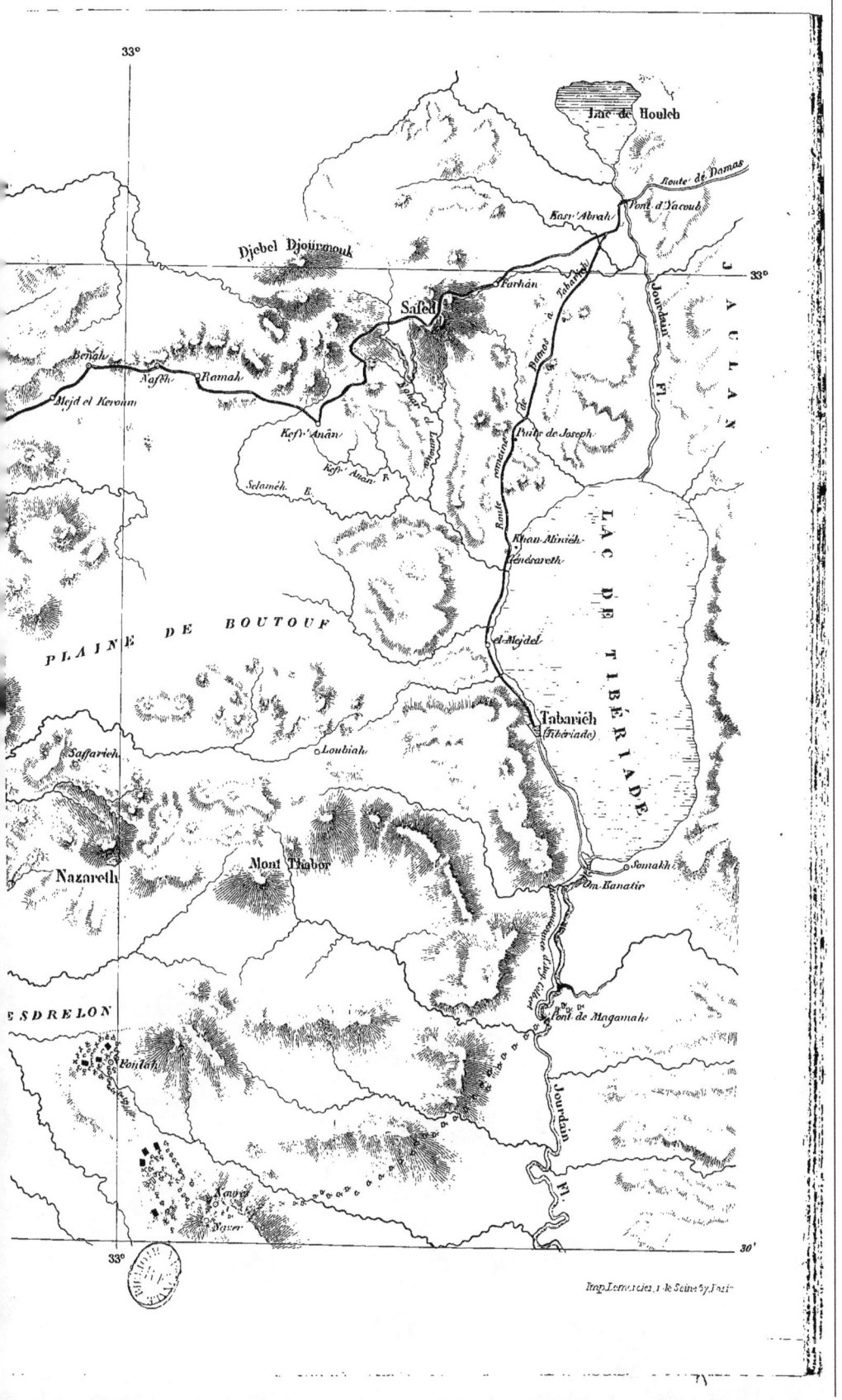

CHAPITRE DOUZIÈME.

Aspect de Saint-Jean d'Acre du côté de la terre. — Sidney Smith. — Phélippeaux. — Proclamation de Bonaparte aux habitants. — Abbas-el-Daher vient faire sa soumission. — Les Druses, les Moutoualis, les Chrétiens de Syrie. — Situation morale de l'armée; ardeur des soldats. — Le chef de brigade du génie Samson reconnait la place. — Plan d'attaque. — Singulier mode d'approvisionnement de l'artillerie. — Dispositions prises pour couvrir l'armée de siége. — Junot est envoyé à Nazareth, Vial à Sour, Murat à Safed. — Tentative d'escalade — Mort des deux frères Mailly. — Auguste Colbert part avec son général. — Le printemps en Syrie. — Ramah. — Les femmes syriennes. — Une forteresse du moyen-âge. — Fuite de la garnison turque. — Auguste Colbert envoyé à sa poursuite. — Le commandant turc prisonnier; sa fille, ses bijoux. — Un nouveau Scipion. — Les mystères du château de Safed. — Murat va reconnaître le pont d'Yacoub. — Judith et Holopherne. — Retour au camp devant Acre. — Le fils du pacha de Damas franchit le Jourdain. — Les Naplousains dans la plaine d'Esdrelon. — Junot; combat de Nazareth. — Kléber marche au secours de Junot. — Murat envoyé de nouveau au pont d'Yacoub. — Bonaparte part avec la division Bon. — Murat repousse les Damasquins. — Un camp oriental. — Murat marche sur Tabariéh. — Le lac de Tibériade. — Auguste Colbert au pont de Magamah. — Bataille du Mont-Thabor : situation critique de Kléber; arrivée de Bonaparte; défaite de l'armée turque. — *Te Deum* à Nazareth. — Mort de Caffarelli. — Assauts donnés à Saint-Jean d'Acre. — Les généraux Rambaud et Bon, l'adjudant général Fouler, tués. — Sorties de la garnison. — Auguste Colbert est blessé; Alphonse Colbert est pris par les Anglais. — Auguste Colbert arrive à Damiette.

Du point où était campée l'armée française, Acre présentait la forme d'une losange dont deux côtés et une partie du troisième étaient baignés par la mer. Du côté de la terre régnait une muraille flanquée de tours *à l'antique*, suivant l'expression de Napoléon. A l'extrémité sud, au point d'intersection des deux côtés, en était une plus grosse et plus forte que les autres.

A la vue de ces défenses très-médiocres, ces hommes qui avaient pris Alexandrie en un quart d'heure, Jaffa en quelques heures, crurent qu'il leur faudrait peu de temps pour s'emparer d'Acre, et malheureusement le chef du génie, celui de l'artillerie et Bonaparte lui-même partagèrent cette opinion. Ils ne savaient pas ou ne calculèrent pas que derrière ces murailles, en apparence si faibles, ils allaient rencontrer non pas seulement des barbares, mais des hommes leurs égaux en science, en habileté; qu'ils allaient avoir à lutter contre l'orgueil et la ténacité britanniques, conjurés avec la haine politique la plus violente.

Sidney Smith et Phélippeaux venaient d'apporter leur appui à Djezzar, le pacha d'Acre : Sidney, l'homme des entreprises hardies, téméraires; Phélippeaux, l'émigré français, l'ancien condisciple de Bonaparte à l'École militaire, son camarade dans l'artillerie, qui saisissait partout avidement l'occasion de combattre la Révolution qu'il détestait. De concert avec un jeune gentilhomme breton, Tromelin, il avait fait évader Sidney Smith, alors prisonnier au Temple, à Paris. Tous deux l'avaient ensuite accompagné en Angleterre où ils avaient pris du service, et enfin l'avaient suivi en Orient [1].

Une circonstance vint confirmer le général en chef et l'armée dans leur confiance sur l'issue prompte et favorable de l'entreprise. Bonaparte avait adressé, le 18 mars, la proclamation suivante aux habitants du pachalik d'Acre :

« Dieu est clément et miséricordieux !

« Dieu donne la victoire à qui il veut ; il n'en doit compte à personne. Les peuples doivent se soumettre à sa volonté !

« En entrant avec mon armée dans le pachalik d'Acre, mon intention est de punir Djezzar-Pacha de ce qu'il a osé me provoquer à la guerre, et de vous délivrer des vexations qu'il exerce

---

[1] Lorsque, plusieurs années après, le général Tromelin demanda et obtint de rentrer en France et dans l'armée, Napoléon l'accueillit en lui disant : « Faites autant de mal à mes ennemis que vous m'en avez fait à Acre. »

envers le peuple. Dieu, qui tôt ou tard punit les tyrans, a décidé que la fin du règne de Djezzar était arrivée.

« Vous, bons musulmans, habitants, vous ne devez pas prendre l'épouvante, car je suis l'ami de tous ceux qui ne commettent point de mauvaises actions et qui vivent tranquilles.

« Que chaque commune ait donc à m'envoyer des députés à mon camp, afin que je les inscrive et leur donne des sauf-conduits, car je ne peux répondre sans cela du mal qui leur arriverait.

« Je suis terrible envers mes ennemis, bon, clément et miséricordieux envers le peuple et ceux qui se déclarent mes amis. »

Il savait bien que ces paroles trouveraient de l'écho dans la haine que presque toutes les races qui habitaient la Syrie, les Druses, les Moutoualis, les chrétiens, nourrissaient contre les Turcs et contre la tyrannie de Djezzar, qui n'épargnait pas plus les musulmans que les autres.

En effet, dès le 19, le général en chef établissait son camp sur les hauteurs du Turon, la division Reynier échangeait encore des coups de fusil avec les tirailleurs ennemis qu'elle refoulait dans la place, et celle-ci répondait à coups de canon, lorsqu'on aperçut du côté de l'est une longue suite de cavaliers descendant de la montagne. C'était Abbas-el-Daher, l'un des chefs des Druses, fils d'Omar-el-Daher, l'ancien maître d'Acre, de la Palestine et du Saïd, dépossédé par Djezzar, presque aussi influent parmi les siens que l'émir Beschir. Il venait, accompagné d'une nombreuse suite, saluer Bonaparte par lequel il espérait être vengé et recouvrer sa puissance et ses biens. Le général en chef le reçut devant sa tente, lui promit de le rendre aussi grand qu'était son père, et lui donna une pelisse d'honneur, en signe d'investiture. De son côté, Daher s'engagea à fournir cinq mille cavaliers ou gens armés et à couvrir l'armée française pendant le siége. Pendant qu'il jurait ainsi alliance et fidélité, un boulet enleva son cheval à quelques pas derrière lui.

Peu de jours après on vit également arriver pour faire leur soumission les Moutoualis, musulmans de la secte d'Aly, race fanatique et brave, en guerre perpétuelle avec ses voisins et avec les Turcs ; enfin, accouraient par milliers, pêle-mêle, hommes, femmes, enfants, les chrétiens de Nazareth, Safed, etc... Habitués à vivre humiliés, opprimés par le despotisme des Turcs, ils voyaient avec joie la force et la puissance passer du côté d'hommes ayant la même religion qu'eux.

Cet empressement que toutes les populations mettaient à accourir au-devant des Français, à offrir leurs services, semblait être de l'augure le plus favorable. On n'était pas accoutumé, en Égypte, à de semblables démonstrations ; la différence était grande, les soldats en étaient frappés. En Égypte, les vaincus tremblants, courbant silencieusement la tête, nous maudissaient au fond du cœur ; ici au contraire, tous, chrétiens, druses, musulmans, nous accueillaient avec bonheur. Pour les uns, nous servions leur haine ; chez les autres, nous éveillions des espérances. Aussi les vit-on souvent assister aux travaux du siége, en suivre les diverses péripéties, et, à travers le flegme oriental, il était facile de

CHAPITRE XII.

voir l'intérêt qu'ils y attachaient. Ils soignaient nos blessés et s'empressaient de leur apporter tout ce qui pouvait leur être utile. Grâce à eux enfin, les marchés du camp furent bien approvisionnés.

On le voit : sous ce rapport, le siége d'Acre s'ouvrait dans des conditions qui semblaient promettre un prompt succès.

Quant à la situation morale de l'armée, elle était excellente. Les soldats jouissaient de l'accueil qui leur était fait par les habitants. Le climat de la Syrie, assez semblable, à cette époque de l'année, à celui de l'Europe, leur plaisait plus que celui de l'Égypte. Ils avaient repris toute leur gaieté, tout leur entrain. Leur confiance en leur général, en eux-mêmes, était sans bornes et leur ardeur sans égale. Larrey raconte que souvent il fut étonné de voir reparaître dans les tranchées des hommes blessés depuis peu et encore à peine remis de leurs blessures, tant était grande leur impatience de combattre !

Cependant, du 19 au 20 mars, la reconnaissance de la place avait été faite par les généraux Caffarelli et Dommartin. On se rappelle que l'enceinte de Saint-Jean d'Acre consistait, du côté de la terre, en deux fronts distincts, deux simples murailles partant de la mer et venant former un angle au sommet duquel était une grosse tour. D'autres petites tours, placées de distance en distance, flanquaient également ces fronts, qui d'ailleurs pouvaient être battus et enfilés par les vaisseaux placés en rade. Profitant de la nuit, le général de brigade du génie, Samson, s'était avancé aussi près que possible de la place. Tantôt rampant, tantôt marchant à genoux, il était parvenu jusqu'à un endroit où il sentit tout à coup le terrain s'affaisser brusquement : c'était le fossé placé au pied des murailles. Au moment même où il le tâtait, une balle vint lui traverser la main. Contenant sa douleur, sans pousser un cri, sans presser ses mouvements, il poursuivit sa périlleuse reconnaissance. Toutefois, à cause de l'obscurité, il ne put s'assurer de la profondeur exacte du fossé : circonstance fatale qui donna lieu plus tard à de cruels mécomptes et coûta la vie à bien des braves gens.

De l'avis du général Caffarelli, et contrairement à celui du général Dommartin, il fut résolu

« d'attaquer le front de l'est comme celui dont les approches étaient les plus faciles, et de faire brèche à la grosse tour du midi comme étant la plus éloignée de la mer, la plus haute, celle qui domine toute l'enceinte et toute la ville et d'où on aurait un débouché assuré pour entrer dans la ville, tandis qu'en faisant brèche à une courtine, suivant l'avis de Dommartin, il faudrait se loger entre deux tours, ce qui serait difficile et très-meurtrier [1]. »

On n'avait que des pièces de campagne dont le calibre le plus fort était de douze, et deux caronades, l'une de 24, l'autre de 32, prises aux Anglais à Haïfâ. Comme on avait peu de munitions en général, et pas de boulets de ces derniers calibres, on eut l'idée de donner aux soldats cinq sous [2] par boulet anglais qu'ils ra-

---

[1] *Camp. d'Égypte et de Syrie, dictées au général Bertrand*, t. II, p. 70.
[2] Plus tard ce prix fut augmenté, ce qui donna lieu à l'ordre du jour suivant (4 avril 1799) :

« Tous les militaires qui, dans les journées d'aujourd'hui et de demain, porteront à l'état-major des boulets trouvés dant la plaine, seront payés, savoir :

« Pour chaque boulet de 36 ou 33............... 20 sous.
« Pour chaque boulet de 12..................... 15 —
« Pour chaque boulet de 8...................... 10 — »
   (*Correspondance de Napoléon Ier*, t. V, p. 497.)

masseraient. Il n'y eut pas alors de ruses qu'ils n'imaginassent pour attirer sur eux les foudres de l'escadre britannique. Tantôt ils couraient à cheval sur la plage, tantôt ils la faisaient côtoyer par des barques; d'autres fois, ils feignaient de vouloir élever sur le bord de la mer des ouvrages de fortifications. Aussitôt la tempête éclatait, les boulets bondissaient à terre, et les soldats de courir après. Tel fut le seul et singulier mode d'approvisionnement d'une partie de notre artillerie, et, chose assez curieuse, ce jeu en apparence fort périlleux, et qui amusait beaucoup nos hardis soldats, ne donna lieu à aucun accident.

Il y a dans l'histoire du siége de Saint-Jean d'Acre deux parties distinctes : l'une, celle du siége proprement dit; je n'ai pas l'intention de suivre les cruelles péripéties de ce drame célèbre; l'autre, qui se compose des mesures prises par le général en chef pour couvrir son armée pendant le siége et des combats auxquels ces mesures donnèrent lieu. Si la première a pu prêter à des critiques fondées, dans la seconde, qui appartient plus entièrement à Bonaparte, son

CHAPITRE XII.

génie brille de tout son éclat, et l'échec essuyé devant Saint-Jean d'Acre disparaît derrière la gloire du Mont-Thabor.

C'est aux faits qui s'accomplissent autour de Saint-Jean d'Acre que je m'attacherai particulièrement. Les raconter sera pour moi trouver presque à chaque pas les traces d'une mémoire chère et sacrée, celle de mon père, à qui Bonaparte, premier consul, écrivait plus d'une année après : « Jamais je n'oublierai la bravoure que vous avez montrée en Syrie. »

La plaine à l'extrémité de laquelle est situé Saint-Jean d'Acre peut avoir cinq ou six lieues dans sa plus grande longueur, sur environ trois de large. Au nord, elle est bornée par les montagnes du Sâron, au sud par la chaîne du Carmel, à l'ouest par la mer, enfin à l'est par les montagnes de Galilée qui s'élèvent par gradins jusqu'à leur point culminant, situé à environ six lieues de la côte, pour de là s'affaisser peu à peu, de l'autre côté, jusqu'aux bords du Jourdain et du lac de Tibériade.

Saint-Jean d'Acre est à dix lieues au sud de Sour, l'ancienne Tyr, où l'on voit encore la digue construite par Alexandre; à trente-six lieues sud-ouest de Damas, la route qui conduit à cette ville traverse le Jourdain au pont de Yacoub. C'était par là que, d'un moment à l'autre, on pouvait voir arriver l'armée rassemblée par le pacha de Damas, à laquelle s'étaient joints la cavalerie de Djezzar et les Mameluks d'Ibrahim donnant la main aux Naplousains dont nous avions déjà éprouvé le courage et l'opiniâtreté pendant la marche sur Saint-Jean d'Acre. Ils pouvaient non-seulement couper nos communications sur nos derrières, mais encore, en nous acculant sur la ville assiégée, nous placer entre deux feux.

Qu'on réfléchisse à la position de cette petite armée de 13,000 hommes à son arrivée en Syrie, réduite à 9,000 par les pertes, les maladies, par les garnisons qui occupaient El-Arish, Gazah, Jaffa, Haïfâ; jetée à cent lieues de ses réserves; du côté de la terre, entourée d'ennemis; du côté de la mer, bloquée par une escadre anglaise; ayant enfin devant elle une ville qui faisait mine de se défendre résolûment, et l'on conviendra qu'il fallait une singulière fermeté d'âme et une grande habitude du succès pour persévérer et compter sur un triomphe.

La première préoccupation du général Bonaparte fut de mettre l'armée à couvert en formant autour de Saint-Jean d'Acre comme un vaste camp inaccessible à toute irruption de l'ennemi, dans lequel elle pût se mouvoir, trouver des ressources, vivre et se livrer en toute sécurité à son objet principal, les travaux du siége.

Dès le 19 mars, il avait fait occuper par Lannes, puis par Murat, Chafâ-Amr, beau village placé sur une hauteur boisée, bien exposée, ayant de bonnes eaux. Le pacha d'Acre y possédait un vaste palais dont on fit un hôpital capable de contenir 600 malades. Bonaparte, dans ses instructions à Lannes, lui recommandait de bien traiter les habitants : « Inspirez la confiance, lui disait-il, maintenez la discipline, et vous rendrez un grand service à l'armée... Faisons-nous aimer, et que le peuple soit mieux avec nous que sous le régime de Djezzar. »

Murat devait, avec deux cents hommes de cavalerie et une pièce de canon, s'emparer des chameaux et des blés appartenant au pacha, puis laisser à Chafâ-Amr cinquante hommes pour éclairer les routes et maintenir les communications avec Acre. Tous les débouchés des monts furent barrés par des fossés ou des abattis, et des grand'gardes de cavalerie ou des piquets d'infanterie furent chargés de les surveiller. Non content de ces mesures, Bonaparte, ne voulant pas, suivant son expression, qu'une patrouille ennemie pût passer le Jourdain, fit occuper Safed et Nazareth. Le général Vial fut envoyé à Sour; le chef d'escadron Lambert, commandant à Haïfâ, devait avoir l'œil sur la plaine d'Esdrelon et sur les routes de Naplouse. Enfin des colonnes, sans cesse allant et venant, parcouraient l'espace compris entre les points occupés et le camp. Ce mouvement continuel de troupes les faisait paraître plus nombreuses et rendait impossible l'apparition inopinée de l'ennemi dans un rayon de douze à quinze lieues autour de l'armée. Aucun fait ne pouvait se passer sans qu'on en fût aussitôt prévenu.

Junot était déjà parti pour Nazareth sur l'avis donné par Daher que le pacha de Damas rassemblait des troupes de l'autre côté du Jourdain, lorsque le général Murat reçut l'ordre suivant transmis par Berthier :

« Vous donnerez l'ordre au général Murat de partir demain avec 200 hommes de cavalerie, deux pièces de canon, 500 hommes d'infanterie légère, pour se rendre à Safed, dissiper les rassemblements qui s'y trouvent et s'emparer du château. — Il mènera avec lui le scheik Mustafa, que j'ai revêtu scheik de Safed ; il le mettra en possession dudit village.

« Maître de Safed, il fera faire des reconnaissances sur le chemin de Damas. Il mènera avec lui un ingénieur pour faire le croquis de la route et tenir note de tous les villages par où il passerait, ou que l'on découvrirait à droite ou à gauche. Si le fort de Safed était occupé en force, et qu'il y eût du canon, enfin qu'il crût ne pouvoir le forcer qu'en perdant du monde, il fera sommer le commandant et passera jusqu'au pont de Benât-Yacoub, pour contenir le fort et éclairer la route de Damas. »

Bien que cet ordre eût été donné le 26 mars, Murat ne partit que le 30. Peut-être avait-on voulu attendre le résultat d'une tentative d'assaut qui eut lieu le 28. Elle fut malheureuse ; on y perdit beaucoup de monde. Mailly de Château-renaud, vaillant jeune homme qui conduisait les troupes, frappé d'une balle et précipité du haut d'une tour qu'il escaladait, eut pendant la nuit la tête coupée par les Turcs.

Peu de jours avant, son frère, envoyé dans Acre en parlementaire, avait été décapité par ordre de Djezzar. Ainsi, par un sort commun, les deux frères trouvaient presque au même moment une mort semblable et cruelle.

Que d'existences brillantes d'avenir, riches d'espérances, ainsi tranchées par la guerre!.. Ah! si l'histoire, à côté de ces récits de batailles dont l'éclat nous éblouit, pouvait faire entendre le cri de douleur échappé des entrailles des mères, du cœur des épouses et des orphelins!... Mais non, le chant de triomphe arrive seul à notre oreille, il traverse les siècles, et le plaintif gémissement s'éteint oublié, sans avoir trouvé d'autre écho que l'âme d'où il s'est exhalé, et toujours la guerre, implacable et mystérieuse loi, pèse sur l'humanité, qu'elle enivre par ce qu'on appelle la gloire, que parfois même elle entraîne au nom de la civilisation et de la liberté !

Le 30 mars, au matin, le général Murat partit avec sa colonne. Il avait avec lui Auguste Colbert, son inséparable compagnon d'armes depuis deux ans, et un second aide de camp nommé Beaumont, puis le chef de brigade Brou et le commissaire des guerres Miot, à qui j'emprunterai la plupart des détails relatifs à cette expédition.

Cette marche du côté du Jourdain, sur la route de Damas, à travers un pays dont les noms évoquaient tant de souvenirs, était faite pour piquer vivement la curiosité. La route qu'on allait suivre était à peine connue, car, à bien dire, en Syrie, à part le chemin qui conduit de Jaffa à Jérusalem, le reste n'a été parcouru que par quelques rares voyageurs. On avait donc fort peu d'informations. Quelques Druses et un moine de la Terre-Sainte, nommé le père François, devaient servir de guides.

On traversa d'abord la plaine qui entoure Acre, en se dirigeant vers le nord-est. Peu à peu, les derniers bruits du camp expirèrent, et bientôt, au lieu du lugubre spectacle d'une ville assiégée, on eut celui d'une nature calme et souriante. La colonne ne tarda pas à gravir les premières pentes des montagnes de Kanaan. Après avoir longé Makr, elle tourna brusquement à droite vers Sedid, pour remonter ensuite dans la direction du nord-est.

Vers les derniers jours de mars, le printemps apparaît en Syrie tel que l'ont chanté les poëtes. La terre s'y couvre, dit-on, de tulipes, de roses blanches et roses, de narcisses, d'anémones, de lis blancs et jaunes, de giroflées, d'une espèce d'immortelles odorantes, dont les couleurs variées, se détachant sur un fond de fraîche verdure, ravissaient des yeux encore fatigués des sables éternels du désert.

Tantôt la colonne eut à traverser des vallées étroites et profondes, sous l'ombre des platanes, au milieu des touffes de lauriers-roses, entre lesquels couraient des eaux fraîches et limpides ; tantôt elle remontait des pentes abruptes. Là, du fond des ravins s'élevaient des oliviers couvrant de leur feuillage glauque le flanc des collines où paissaient des chèvres aux oreilles tombantes ou des moutons à large queue [1]. Quelquefois, au milieu d'un fourré de grenadiers, de lentisques, de citronniers, de nopals aux formes bizarres, étendant leurs grands bras armés de palettes épineuses, apparaissait le dôme blanc du tombeau d'un santon ou quelque petite cahute annonçant un village [2].

Vers les onze heures, la colonne s'était arrêtée ; on prenait un peu de repos avant de s'engager dans les gorges de Mejd-El-Keroum, lorsqu'au milieu des gais propos des uns, des poétiques rêveries qu'inspiraient aux autres ces paisibles et pittoresques aspects, le bruit du canon vint frapper leurs oreilles. Était-ce quelque nouvel assaut donné à Acre ?... Et le souvenir de la malheureuse tentative du 28, des amis qu'ils y avaient perdus, vint comme un triste nuage assombrir leur pensée.

On se remit en route. En sortant des gorges de Mejd-El-Keroum, se trouve une plaine assez vaste. La colonne, suivant la même direction, se mit à gravir les hauteurs de Benah, de

---

[1] Voir Chateaubriand, *Itinéraire de Paris à Jérusalem*, 3ᵉ partie.
[2] *Ibid.*

Naféh. Ces hauteurs se composent d'une succession de collines séparées, disposées en amphithéâtre s'élevant graduellement de la plaine, et ayant leur sommet aplati. Derrière elles, se montrent des montagnes plus hautes; parfois leur chaîne interrompue laissait fuir l'horizon, où le regard voyait se dresser au loin les cimes du Djourmouk. Une lumière chaude, transparente, éclairait tout cet ensemble de collines, de montagnes, de pics lointains. Les plans les plus rapprochés se détachaient vivement colorés, puis, ces teintes, se fondant et se dégradant peu à peu, allaient s'éteindre à l'horizon dans la voûte azurée et sereine du ciel.

La journée avançait. On entendait dans la plaine les cris des pâtres poussant devant eux de longues files de vaches rousses ou de chèvres noires, ce qui indiquait le voisinage d'un cours d'eau ou d'une fontaine. En avant de la colonne se montrait un mamelon isolé. De ses flancs tout couverts d'arbres, de noirs cyprès, s'élevaient quelques nuages blanchâtres de fumée. C'était le village de Ramah, dont les pauvres cabanes se distinguaient à peine, à travers le feuillage, du sol sur lequel elles étaient placées. Le Selaméh coule au pied du mamelon.

Le général Murat donna ordre de s'arrêter en cet endroit, qui était aux deux tiers du chemin de Safed. Les habitants n'avaient point l'air effrayé. Les femmes, contrairement à l'usage de l'Orient, n'étaient pas voilées et laissaient voir des traits empreints de la finesse et de la régularité particulières à la race arabe, lorsque ces traits ne sont point déformés par les souffrances ou par un hideux tatouage. Elles étaient vêtues de longues robes d'un bleu clair, sans manches, retenues autour de la taille par une ceinture blanche. Quelques-unes portaient sur leur tête, en les maintenant de leurs bras nus, des vases d'argile d'une forme svelte et pure ; d'autres, les ayant placés sur l'épaule, les soutenaient de la paume de la main, gracieusement renversée. Leur aspect était à la fois élégant et sévère ; il semblait que ce fût une apparition des temps bibliques.

Les scheiks vinrent rendre hommage au général Murat et mettre à sa disposition les ressources que pouvait offrir le village. On avait de l'eau à portée; le ciel était étoilé, la terre toute tapissée de sa parure du printemps : il y avait là plus qu'il ne fallait à des hommes habitués depuis plusieurs années à supporter toutes les privations, à braver tous les climats. Au dire du commissaire des guerres Miot, le repas de l'état-major fut somptueux : il se composa de galettes et d'œufs sur le plat.

La nuit fut douce et calme. Le lendemain, à l'aube du jour, la diane retentit en des lieux habitués à n'être réveillés que par les chants du coq, et la colonne se remit en marche pour Safed et le Jourdain. Après avoir traversé à gué le Selaméh, un des principaux affluents du Nahar-El-Lemoun qui se jette dans le lac de Tibériade, puis un autre petit cours d'eau, nommé le Kefr'Anân, qui traverse le village de ce nom, on suivit pendant quelque temps les crêtes d'une suite de monticules dont l'aspect était pittoresque encore, mais bien différent du chemin riant et fleuri de la veille. On marchait sur un sol volcanique tout couvert d'une avalanche de pierres noires vomies par ces cratères depuis longtemps éteints.

CHAPITRE XII.

La colonne était en marche depuis quelques heures, lorsqu'on aperçut un roc élevé, pointu, s'avançant comme un promontoire entre deux vallées profondes qui venaient se confondre à ses pieds. Quand les objets se dessinèrent d'une manière plus distincte, une masse noire, imposante, une vraie forteresse du moyen âge avec ses hautes tours, apparut : c'était le château de Safed, couronnant la partie la plus élevée du rocher. Au-dessous, collées aux flancs abruptes de la montagne comme des nids d'hirondelles, s'étageaient de petites maisons, de telle sorte que souvent la terrasse des unes servait de cour à celles qui étaient placées au-dessus. C'était la partie juive de la ville de Safed. Derrière le château, deux sommets distincts du premier étaient occupés par les autres portions de la ville, ainsi divisée en trois.

Safed est un lieu vénéré par les Juifs. C'est là que doit descendre le Messie lorsqu'il apparaîtra sur la terre. Aussi, grand nombre d'entre eux y viennent de tous les coins du globe, à la fin de leur carrière, pour s'y retirer et mourir, dans l'attente du grand événement. Ils y eurent longtemps une école célèbre pour l'étude du Talmud, et une imprimerie établie dès le seizième siècle. La population de Safed pouvait être de 8,000 âmes, dont un quart juif, le reste musulman ou chrétien, ces derniers en petit nombre.

Cependant la colonne, après avoir quitté le plateau sur lequel elle se trouvait, était descendue dans une des profondes vallées que le rocher de Safed domine de trois ou quatre cents pieds. Quand il fallut gravir, on suivit le cours d'un torrent qui, en descendant de la montagne, faisait tourner plusieurs moulins. La montée fut longue et pénible. On arrivait enfin, et déjà l'avant-garde avait pénétré dans la ville, dont les habitants montraient les dispositions les plus amicales, lorsqu'on vint prévenir le général Murat que la garnison turque, effrayée de l'apparition des Français, venait d'abandonner le château. Ces hommes, en s'enfuyant, pouvaient donner l'éveil sur la marche des Français et attirer sur eux des forces considérables. Murat donna l'ordre à Auguste Colbert de prendre quelques dragons, les fantassins les plus

CHAPITRE XII.

alertes, de courir après les Turcs, de les arrêter et de les ramener coûte que coûte.

Cette petite troupe, toute haletante encore d'une montée pénible, se précipite sur le versant opposé du rocher, vers la route de Damas. Bientôt elle joint les fuyards embarrassés dans leur marche par de nombreux bagages. Colbert voit un groupe plus pressé, il s'y fait jour, aperçoit le commandant de la troupe, s'élance sur lui et s'en empare. Cet homme, dans sa terreur, emportait ses richesses, ses bijoux, tout ce qu'il possédait de précieux. Sa fille était avec lui ; son fils, qui l'accompagnait également, pouvait encore fuir, mais, voyant les siens prisonniers, il demeura et voulut partager leur sort. Dragons, fantassins, arrivaient pêle-mêle. Dans le tumulte qui s'ensuivit, la route était jonchée des débris qu'abandonnaient les fuyards. Des caisses renversées s'échappaient de fins tissus, des étoffes précieuses, tous ces brillants colifichets dont l'Orient aime à se parer. Le pauvre vieux chef, voyant toutes ses richesses éparses sur le sol, sa fille aux mains des soldats, n'attendait plus pour lui que la mort, et toutefois, dans sa douleur, il implorait son vainqueur pour ses trésors, pour sa fille, et se jetant avec elle aux pieds de mon père il embrassait ses genoux. Mon père fut touché du désespoir de ces pauvres gens, et, sans être précisément un Scipion, rendit d'abord à la jeune fille sa liberté. Seulement, usant de son droit de conquête, il s'empara des chevaux arabes[1] montés par la belle fugitive et sa compagnie et leur donna en échange des chevaux de son escorte. Quant au vieillard, après lui avoir fait rendre la plus grande partie de ce qui lui avait été ravi, entre autres choses deux riches plaques de ceinture, il le ramena à Safed, lui et son fils, ainsi que les autres prisonniers. Le général Murat, en apprenant ce qui s'était passé, ne laissa pas que d'envier la bonne fortune de son aide de camp, qui rencontrait ainsi de jolies femmes sur sa route et en agissait d'une manière aussi chevaleresque. Il traita d'ailleurs avec bonté et acheva de rassurer le vieux commandant turc, confondu qu'on n'eût pas pris sa

---

[1] M. Daure, ordonnateur en chef de l'armée d'Égypte, m'a raconté que mon père offrit un de ces chevaux au général Bonaparte et en donna un à Duroc.

fille et qu'on lui eût rendu ses bijoux.

Le général fit occuper le château de Safed par l'infanterie, s'y logea lui-même et plaça la cavalerie dans les maisons voisines.

Le château de Safed, construit par les chevaliers du Temple vers 1250, pour commander le pays, observer la ligne du Jourdain et couvrir les villes de la côte, était un vaste édifice gothique ayant tous les caractères de ceux du même genre construits en Europe vers cette époque. Sa position presque inaccessible, l'épaisseur de ses murailles, la hauteur de ses tours, en avaient fait, au moyen âge, une forteresse inexpugnable, et la solidité de sa construction avait bravé les siècles[1]. Au bout de cinq cents ans, les voûtes, qu'avaient fait autrefois résonner les éperons et les lances des chevaliers, retentirent sous le bruit des crosses de fusil; et des Français, bien différents d'idées et de langage de ceux du treizième siècle, vinrent chercher un asile dans ces murailles, qu'avait élevées l'esprit religieux et militaire de leurs pères.

[1] En 1837, un terrible tremblement de terre détruisit la ville et renversa le château de fond en comble.

Bientôt les bruits cessèrent. Le pas seul de quelques sentinelles se faisait entendre, et tous, les uns la tête appuyée sur leurs sacs, les autres étendus sur des nattes, cherchaient dans le sommeil un repos aux fatigues de la journée; Murat, entouré de quelques officiers, dormait profondément, lorsque des soldats vinrent le réveiller et lui dire que derrière une muraille on entendait des bruits étranges, comme celui d'un travail souterrain. Ces indices étaient trop vagues pour qu'on donnât immédiatement l'alarme; mais, cependant, que pouvaient être ces bruits? Quelque surprise, une attaque? Murat fit lever ceux qui étaient près de lui. On alla près de la muraille. On entendit en effet un bruit sourd et répété semblable à celui de coups de pioche; puis, en prêtant l'oreille, comme des gens qui chuchotaient entre eux. Quelques pierres semblaient disjointes et prêtes à se détacher. On attendait en silence; quelques soldats avaient le doigt sur la détente de leurs fusils. Tout d'un coup une partie de la muraille s'écroula; les soldats firent feu; puis rien, pas un cri, pas un mouvement, pas une trace qui pût faire soupçonner la cause de cette singulière alerte. Le reste de la nuit se passa à chercher vainement à se l'expliquer, sans que plus rien d'ailleurs vînt en troubler le calme.

Dès la pointe du jour, le général Murat, laissant le gros de son monde, partit avec un détachement composé surtout d'infanterie, pour reconnaître la plaine que domine Safed et qui s'étend jusqu'au Jourdain, le pont d'Yacoub, passage principal conduisant à Damas, et la rive gauche du fleuve. Il prit la route par laquelle la garnison de Safed avait tenté de fuir la veille, et qui se dirige au nord-est. Les pentes en sont moins rapides que celles du chemin qui gravit la montagne du côté de l'ouest, et, s'adoucissant toujours à mesure qu'on avance, elles descendent lentement dans la plaine. Après une heure et demie de marche environ, la petite troupe arriva au village de Farhân. Un spectacle où la beauté de l'aspect s'unit à la grandeur des souvenirs vint alors frapper les regards.

En avant s'étendait la plaine du Jourdain. On ne voyait pas le fleuve, mais l'œil pouvait suivre facilement le sillon profond où il coule. Au delà, le plateau de Jaulan, puis le pays de Hauran, la terre d'Abraham. En dirigeant la vue vers le nord et en remontant le cours du Jourdain, on aperçoit presque sous ses pieds le petit lac de Houléh (Bar-El-Houléh), presque caché sous les plantes qui flottent sur ses eaux. Derrière le lac, à quelques lieues, on distingue sur une cime aiguë les ruines d'un vieux château sarrasin; il indique la position de Banias, l'ancienne Césarée de Philippe, où Jésus annonça à ses disciples les mystères de sa passion et de sa mort; puis, comme servant de fond à ces lointains et les rapprochant singulièrement par un effet d'optique bien connu de toutes les personnes habituées aux pays de montagnes, s'élève la masse gigantesque du Gebâl-El-Cheïk, extrémité sud de la chaîne de l'Anti-Liban. Le soleil brillait sur les dentelures de glace de son sommet; le long de ses flancs couverts de neige se montraient les arêtes des noirs et profonds ravins qui les sillonnent. Enfin, en regardant à droite et en descendant le cours du Jourdain, apparaissaient, entre les montagnes aux croupes mollement ondulées, les eaux bleues du lac de Tibé-

CHAPITRE XII. 243

riade, cette mer de Galilée dont les vagues ont porté l'empreinte de l'Homme-Dieu.

Ainsi donc, cette terre qu'ils embrassaient de leurs regards, qu'ils foulaient sous leurs pieds, était la terre de la Bible, la terre promise, la terre des Évangiles! Murat et ses compagnons, enfants du dix-huitième siècle, tous plus ou moins fils de Voltaire qu'ils étaient, se sentirent émus d'un sentiment de curiosité religieuse. Tant il est vrai qu'il y a des impressions premières qui ne s'effacent jamais entièrement de l'âme!

Quelque sceptiques qu'ils pussent être, le spectacle qu'ils avaient sous les yeux réveillait en eux les plus imposants souvenirs et rappelait, dans l'ordre moral, la plus grande phase de l'histoire de l'humanité.

Pour les soldats, ceux d'entre eux qui avaient appris leur catéchisme, qui savaient l'histoire sainte, donnaient aux autres des explications. Leur pensée se reportait aux leçons d'une mère, du curé de leur village; ils contemplaient, pensifs, cette terre lointaine dont la mystérieuse influence leur rendait présents le foyer paternel, la famille, et ravivait en eux de douces émotions qu'ils croyaient oubliées.

Continuant de descendre droit vers le Jourdain, la petite colonne rencontra une ancienne voie romaine qui vient de Tabariéh. Elle passe à peu de distance de ruines indiquées sur les cartes sous le nom de Kasr 'Abrah, et qu'on dit être celles d'un château construit par Baudouin IV, roi de Jérusalem. De cet endroit, il n'y a plus qu'un petit mille jusqu'au pont d'Yacoub (Gesr Benât Yacoub, *le pont des filles de Jacob*).

Enfin, du sommet des rives encaissées au milieu desquelles il coule, on aperçut le Jourdain, ce fleuve des prophètes, ces eaux qui depuis deux mille ans sont pour des millions d'hommes les eaux de la régénération. A cet endroit il peut avoir trente pas de large. Son cours est rapide, presque torrentueux[1]. Le pont qui le traverse, bâti en pierres noires, a quatre belles arches en forme d'ogives ; il a été construit au

---

[1] Robinson : *Biblical researches in Palestine and the adjacent regions : a journal of travels in the years* 1838 *et* 1852, t. II, p. 415.

Il y a 224 mètres de différence de niveau entre le lac de Houléh et le lac de Galilée.

commencement du seizième siècle. Un khan est placé à peu de distance de la rive orientale. Après avoir envoyé quelques éclaireurs sur cette rive, le général Murat fit faire halte à sa troupe. On avait mis quatre heures pour venir de Safed.

Après être resté une partie de la journée au pont d'Yacoub et avoir fait explorer les terrains environnants, n'apercevant rien qui pût faire soupçonner le voisinage de l'ennemi ou la marche de quelque troupe, Murat prit le parti de retourner à Safed. Le château renfermait quelques approvisionnements ; il y plaça une garnison d'infanterie commandée par un capitaine nommé Simon.

Toute la journée du 2 avril fut consacrée au repos, et les curieux purent visiter cette singulière ville de Safed perchée sur trois pics séparés l'un de l'autre par de profonds ravins. Les maisons, bien construites en pierres de taille, contrastaient par leur bonne apparence avec ce qu'ils avaient rencontré jusque-là en Syrie. La plupart des habitants, bien tournés, alertes, les frappèrent par la propreté et l'élégance de leur costume consistant en une veste serrée à la taille, chamarrée de broderies, avec de grandes manches tombant derrière les épaules. La manière dont ils enroulaient leurs turbans parut toute particulière et gracieuse.

Ils virent la place de la tente d'Holopherne, l'endroit où Judith, par un dévouement sans doute sublime, mais qu'il ne serait pas dans nos mœurs d'offrir en exemple au beau sexe, sauva son pays. Ce qui semble surtout avoir frappé nos explorateurs, ce fut de voir les femmes de Safed montrer, sans voile, de riants et gracieux visages d'une blancheur charmante, genre de beauté dont on avait perdu l'habitude; elles n'étaient d'ailleurs nullement sauvages, ou ne laissaient voir un peu de timidité que par pudeur ou coquetterie. Aussi plus d'un de nos Français n'eût pas demandé mieux que de se risquer comme Holopherne. Ce qu'il y a de positif, c'est qu'ils ne rencontrèrent pas de Judith.

De Safed, et surtout de son château, la vue plonge sur la plaine d'Yacoub, le lac de Tibériade; elle s'étend, par-delà le Jourdain, jusque sur le plateau de Jaulan et sur une partie du pays de Hauran. Les longues vues scrutèrent en vain tout ce vaste horizon et ne découvrirent rien de toute la journée. Le général Murat, ayant appris d'ailleurs qu'il ne se passait rien de nouveau au pont d'Yacoub, qu'il avait fait surveiller, pensa que sa mission était terminée. Le lendemain donc, 3 avril, reprenant avec sa troupe, moins ce qui restait à Safed, la route qu'il avait suivie en venant, il rentra au camp devant Acre, le 4.

Murat était parti trop tôt, et, le jour même où il rejoignait l'armée, le fils du pacha de Damas, à la tête de troupes considérables, franchissait le Jourdain sur divers points, amenait de grands convois à Tabariéh et s'avançait pour se réunir aux Naplousains. La nouvelle de ces mouvements était déjà parvenue au général en chef. Il ordonna à Murat de s'établir avec sa cavalerie sur le plateau d'une colline, au débouché des gorges par lesquelles on peut arriver de Nazareth et de Safed. On construisit une redoute avec des pierres, et le bivouac des troupes fut établi à côté.

Cependant des partis de l'armée venue de Damas se répandaient sur la rive droite du Jourdain, et les Naplousains se groupaient dans la plaine d'Esdrelon. Dès le 6 avril, Junot avait occupé Nazareth. Le 8, s'étant porté en avant, il rencontra l'avant-garde du pacha, forte de trois mille hommes, et eut à soutenir contre elle avec les quatre cents qu'il commandait, une lutte héroïque bien connue sous le nom de *combat de Nazareth*. C'est là que le colonel de dragons Duvivier, auquel revient une bonne part de l'honneur de cette journée, criait à ses soldats, comme jadis César, à Pharsale : « Visez droit aux yeux ! » en attaquant lui-même à grands coups de pointe l'ennemi qui, plein d'audace et se croyant sûr de la victoire, pénétrait jusque dans nos rangs. Grâce à l'énergie des chefs, à la fermeté des troupes, Junot put se retirer jusqu'à Nazareth sans être poursuivi.

A la nouvelle de ce combat, Bonaparte donna immédiatement l'ordre à Kléber de se porter avec sa division au secours de Junot. Le 11, Kléber attaqua Loubiah où se trouvaient les premières troupes du pacha et les mit en déroute; mais, ayant peu de cavalerie, manquant

CHAPITRE XII. 249

de munitions, craignant d'être séparé d'Acre par d'autres troupes, il abandonna la poursuite et se replia sur Nazareth. Alors, par un mouvement qui ne manquait pas d'habileté, le pacha, après avoir fait réoccuper les hauteurs de Loubiah, marchant par sa gauche, pénétra dans la plaine d'Esdrelon et se joignit aux Naplousains. Son avant-garde, devenue son arrière-garde, suivit ce mouvement. Son armée, composée de janissaires de Damas, de Maugrebins, de Mameluks d'Ibrahim, etc..., que l'exagération orientale dépeignait comme plus nombreux que les étoiles du ciel ou les grains de sable de la mer, pouvait monter à dix-huit ou vingt mille hommes.

Kléber, pour punir le pacha de cette marche audacieuse de flanc, voulut tenter de le surprendre dans son camp. Il prévint le général en chef de son projet. Celui-ci apprenait en même temps que d'autres troupes avaient franchi le Jourdain au pont d'Yacoub, avaient attaqué le château de Safed, où le capitaine Simon se défendait énergiquement.

Le général Murat reçut alors l'ordre de partir,

le 14, à six heures du matin, avec la 4ᵉ demi-brigade légère, une partie de la 25ᵉ, le 2ᵉ bataillon de la 9ᵉ demi-brigade et la compagnie de grenadiers, le 2ᵉ bataillon de la 18ᵉ demi-brigade et le général de brigade Rambaud, de se porter sur le pont d'Yacoub, afin de couper la retraite aux troupes qui bloquaient Safed, d'en faire lever le blocus, puis, si l'ennemi se portait sur Tabariéh, de le suivre, afin de seconder les opérations du général Kléber. Celui-ci eut pour instruction de chercher à se lier à Murat dès que cela serait possible. Au reste, le général en chef pensait que le mouvement de Murat sur Safed et le pont d'Yacoub maîtriserait celui de l'ennemi en l'obligeant à se retirer vers le Jourdain. Murat partit donc le 14. Marchant rapidement, il coucha le soir à l'entrée de la plaine d'Yacoub, et fit savoir au quartier général qu'il comptait attaquer l'ennemi le lendemain, à la pointe du jour.

Cependant le général en chef avait l'œil sur tous ses lieutenants. Kléber, on doit se le rappeler, l'avait informé du projet qu'il avait de surprendre le camp du pacha. Bonaparte, présumant que, dans une marche de nuit à travers un pays inconnu, Kléber pourrait s'égarer, tomber peut-être au milieu de forces considérables, qu'une fois débordé par sa droite il pourrait non-seulement courir de grands dangers, mais compromettre l'armée de siége, qui serait alors découverte, résolut de partir lui-même le 15, avec la division Bon et tout ce qui restait de cavalerie. Il voulait d'ailleurs frapper un grand coup et en finir une bonne fois avec les hordes musulmanes, afin de continuer ensuite sans inquiétude ses opérations de siége. Il calcula sa marche de manière à arriver sur la droite de Kléber, lorsque celui-ci serait déjà aux prises avec l'ennemi, pour l'empêcher ainsi d'être débordé, et fermer en même temps à l'ennemi le chemin d'Acre.

Qu'on fasse attention aux dates. Le même jour, 15 avril, avant le lever du soleil, Murat débouchait dans la plaine d'Yacoub. Il avait mille hommes d'infanterie et environ cent dragons. La difficulté des chemins l'avait obligé de laisser en route la seule pièce d'artillerie qu'il eût emmenée. Dans la nuit, il avait fait prévenir par un homme du pays le commandant de la garnison de Safed de son intention d'attaquer l'ennemi dès la pointe du jour, de le couper ou de le rejeter de l'autre côté du Jourdain; il engageait le commandant à le seconder par une sortie de la garnison. On marcha quelque temps sans rien apercevoir. Déjà l'on approchait du pont d'Yacoub, lorsque Murat vit sur sa droite quelques cavaliers. Au même moment, il entendit sur sa gauche, dans les défilés de Safed, une vive fusillade. Un instant il crut que l'ennemi, avec le gros de ses forces, attaquait le château, et dirigea d'abord sa colonne de ce côté. Cependant le nombre des hommes qu'on voyait sur la droite augmentait toujours, et bientôt il devint évident que les principales forces qu'on aurait à combattre étaient de ce côté. Après avoir détaché une compagnie de carabiniers avec son aide de camp Beaumont, pour porter secours à la garnison de Safed, Murat forme le gros de son infanterie en deux carrés couverts par des tirailleurs et marche droit vers le pont d'Yacoub. Voyant ce mouvement, la cavalerie ennemie se répand dans la plaine, gagne le flanc des carrés, galope autour d'eux, enveloppe cette poignée d'hommes qui n'a l'air que d'un point au milieu de cette multitude, mais qui s'avance toujours résolûment, faisant payer cher leur audace à ceux qui l'approchent de trop près. Arrivés à un endroit d'où l'on pouvait découvrir la rive gauche du Jourdain, nos soldats aperçoivent le vaste camp, les riches tentes des Damasquins. Cette vue surexcite leur ardeur, redouble leur audace. La charge bat; ils poussent devant eux cette foule impuissante, dont la terreur s'empare et qui bientôt se précipite vers le pont. Nos fantassins ont peine à arriver à temps pour les fusiller du haut des rives escarpées du fleuve. Là ils les voient traverser leur camp et fuir dans toutes les directions, laissant au pouvoir de leurs vainqueurs tentes, bagages, chameaux. Murat lance en vain ses dragons à leur poursuite; les rapides cavaliers furent bientôt à perte de vue, et de toute cette multitude qui, il n'y avait qu'un instant encore, semblait une armée imposante, il ne restait plus rien : tout avait disparu.

On pénétra dans le camp désert, et là se trouva un immense butin. Les Orientaux ont conservé toutes les habitudes de la vie nomade : leur tente est une maison où ils mettent toutes leurs richesses, où ils s'entourent de tout ce qui est nécessaire à leur genre de vie. On trouva le camp tel qu'ils l'avaient laissé avant le combat. Devant la tente du commandant de l'armée, le fils du pacha de Damas, on vit avec horreur quatre têtes plantées sur des piques et qu'on reconnut pour être celles de Français de la garnison de Safed, pris dans une sortie. Dans cette tente somptueuse s'étalait avec profusion le luxe de l'Asie : tissus de soie, de cachemire, aiguières d'argent et d'or remplies d'eau parfumée, moelleux coussins couverts de brocart, tapis épais bariolés de mille couleurs, riches narghilés..., et tout à côté de ces recherches d'une vie molle et raffinée se dressait l'horrible trophée, les têtes livides et grimaçantes! N'était-ce pas une image fidèle de cet Orient à la fois barbare et sensuel, froidement cruel et nonchalamment voluptueux?

Murat donna l'ordre au commissaire des guerres Miot de rassembler tout ce qui pouvait être utile à l'armée et de brûler le reste. De leur côté, les soldats avaient rempli leurs havre-sacs d'ob-

CHAPITRE XII.

jets de toute espèce, sans oublier les confitures et sucreries de Damas, fort en réputation dans le pays, et qu'ils avaient trouvées en profusion dans les tentes. Ramenés sur la rive droite pour y établir leur bivouac, leur camp devint bientôt un bazar où chacun étalait ses richesses, les vendait ou les troquait; puis, la nuit venue, au lieu de se reposer, ils la passèrent à chanter, à danser, à fumer dans de belles pipes turques du tabac de Lataquié, et à se régaler de toutes les friandises qu'ils avaient trouvées, tandis que sur l'autre rive du fleuve brûlaient les débris du camp des Damasquins.

Murat avait accompli avec succès la première partie de sa mission : le fort de Safed était débloqué, sa garnison renforcée, et les troupes de Damas avaient été traitées assez durement pour qu'elles ne fussent plus tentées de revenir. On était donc tranquille de ce côté. Maintenant il fallait visiter Tabariéh, s'en emparer si l'on pouvait, descendre le cours du Jourdain pour couper la retraite à l'ennemi, que Kléber devait pousser devant lui, puis enfin se relier à ce général.

Se lancer ainsi avec mille hommes dans un pays complétement inconnu qu'on présumait devoir être occupé par un ennemi nombreux, attaquer sans artillerie une ville importante que cet ennemi avait le plus grand intérêt à couvrir et à défendre, puisqu'il en avait fait le dépôt de ses ressources et de ses approvisionnements, était une opération hardie et qui pouvait présenter bien des hasards. Mais ces hasards, quels qu'ils fussent, n'étaient pas faits pour arrêter les soldats d'Italie et d'Égypte, et, moins que tout autre, leur intrépide chef. Du reste, nous allons voir le hardi Murat prendre toutes les précautions qu'exigeait la prudence.

Le 16 avril, il partit du pont d'Yacoub et prit l'ancienne route de Damas à Tabariéh, se faisant précéder par son aide de camp Colbert, à qui il avait donné la compagnie du 3e de dragons. Cette route se dirige d'abord au nord-ouest et passe par le *puits de Joseph*, endroit où la tradition [1] place la citerne où Joseph fut jeté par ses frères, puis inclinant au sud, et passant entre

---

[1] Tradition contestée par les explorateurs modernes.

les gorges de plusieurs collines, elle se rapproche du lac de Tibériade, qu'elle atteint à Khan-Miniéh, situé, selon toute probabilité, sur l'emplacement de Capharnaüm. Là commence une belle plaine très-fertile, parfaitement arrosée par d'abondantes sources ; elle s'étend jusqu'à Mejdel, la Magdala du Nouveau Testament, où naquit Marie Magdeleine.

De Mejdel à Tabariéh, il n'y a que pour une bonne heure de marche. Bien qu'il fît encore jour, Murat arrêta sa colonne et donna l'ordre à Colbert de poursuivre sa route avec les dragons, de gagner l'extrémité sud du lac, et, s'il ne rencontrait pas d'obstacles, de pousser jusqu'au pont de Magamah, le seul point de communication avec la rive droite du Jourdain depuis le pont d'Yacoub, endroit où infailliblement il aurait des nouvelles, soit de l'ennemi, soit des mouvements de Kléber.

Murat avait calculé avec raison qu'en faisant ainsi reconnaître pendant la nuit le pays au-delà de Tabariéh, s'il n'apprenait rien de nouveau, il pourrait en toute sécurité, au point du jour, marcher sur la ville et la surprendre. C'est ce qui arriva, et, le 17, il entrait sans difficulté à Tabariéh.

C'était un vrai coup de fortune. Tabariéh est entouré de murailles assez fortes, qu'il n'est pas possible d'escalader et qu'on ne pourrait forcer sans canon. La ville contenait des provisions de toute espèce, en telle quantité que le commissaire des guerres manda au quartier général qu'il y avait de quoi nourrir toute l'armée pendant des mois.

Cependant Colbert avec ses dragons avait continué sa route. Après avoir contourné Tabariéh, il passa devant Emmaüs, où sont des bains d'eaux chaudes. Le chemin suit alors les bords du lac. Après une heure et demie de marche, Colbert et sa troupe en avaient atteint l'extrémité et retrouvaient le Jourdain au point où il en sort, vis-à-vis d'un petit village nommé Somakh, situé sur la rive gauche. En suivant le cours du fleuve, on rencontre à peu de distance les débris d'un pont indiqué sur les cartes sous le nom de Om-Kanatir. Colbert s'y arrêta. Le lendemain, de bonne heure, il allait atteindre le pont de Magamah, lorsqu'il rencontra des détachements français qui lui apprirent le grand drame qui s'était accompli la veille, la défaite et la dispersion de cette armée considérable dont une bonne partie s'était enfuie par le pont de Magamah. Voici ce qui s'était passé.

On se rappelle que Bonaparte, instruit de l'intention de Kléber d'attaquer le camp du pacha pendant la nuit du 15 au 16, avait immédiatement pris la résolution de marcher à son secours. Il était en effet parti le 15, avec les deux brigades Vial et Rampon de la division Bon, des guides à pied, de la cavalerie commandée par l'adjudant général Leturq et huit pièces d'artillerie, et avait couché à Saffariéh. Le lendemain 16, il se mit en marche à l'aube du jour. A neuf heures du matin, au débouché des montagnes, il découvrait la plaine d'Esdrelon. A trois lieues vers le sud-est, on pouvait, avec de bonnes lorgnettes, apercevoir deux petits carrés entourés de fumée : c'était évidemment la division Kléber.

Parti dès deux heures du matin avec l'intention de surprendre l'ennemi et de se placer sur ses derrières entre lui et le Jourdain, Kléber, trompé par les distances, égaré par les guides, n'avait pu le joindre qu'à sept heures du matin. L'éveil était donné, et toute une multitude, les uns à cheval, les autres à pied, l'eut bientôt entouré de ses flots pressés. La position était critique; Kléber l'avait acceptée en homme de tête et de cœur. Ayant formé son monde d'abord en trois carrés, puis en deux, il repoussait toutes les attaques. C'était un curieux et émouvant spectacle que cette poignée d'hommes étouffée pour ainsi dire au milieu d'une foule immense et désordonnée, mais s'en faisant respecter par sa ferme contenance.

Cependant la lutte se prolongeait sans qu'on pût en prévoir l'issue; l'inquiétude commençait à se répandre; quelques-uns parlaient d'enclouer les canons et de chercher à se faire jour. Tout à coup des soldats crièrent : « Le voilà ! voilà *le petit caporal !* » Avaient-ils en effet aperçu au loin quelques baïonnettes reluisant au soleil, ou bien obéissaient-ils à ce sentiment instinctif qui, dans un grand péril, porte à invoquer celui dont on peut espérer quelque secours?... Les regards cherchèrent en vain; les officiers d'état major braquaient leurs longues vues; on ne découvrait rien, et Kléber n'avait plus qu'une espérance, celle de se maintenir jusqu'à la fin du jour, moment où les Orientaux cessent ordinairement de combattre.

C'est à peu près à cet instant que Bonaparte les avait aperçus. Il vit qu'il avait bien calculé sa marche. Malgré l'impatience de ses soldats il les arrêta pour prendre haleine; puis il divisa ses troupes en trois colonnes, composées chacune d'un régiment, et les fit marcher à quatre cents toises l'une de l'autre, disposées en échelons par la droite, de manière à couper à l'ennemi la retraite sur Naplouse. Il tenait beaucoup à ne pas se montrer avant que son mouvement fût bien dessiné. Les blés dont la plaine était couverte et qui avaient près de six pieds de hauteur le servirent : les hommes y disparaissaient.

Les dispositions étaient prises, les colonnes en marche, lorsqu'on aperçut dans l'armée ennemie un grand mouvement qui semblait préparer une attaque générale contre les carrés de Kléber. Il n'y avait plus un moment à perdre.

Bonaparte fit monter un bataillon sur une digue, puis tirer un coup de canon d'une pièce de douze. Cette fois, les soldats de Kléber n'eurent plus à s'y méprendre; ils reconnurent leur sauveur et répondirent par des cris en mettant leurs chapeaux au bout de leurs baïonnettes.

Kléber avait aussi compris le signal. Sortant alors de son immobilité, il prend énergiquement l'offensive, détache du carré et lance sur le village de Foulah quatre compagnies de grenadiers, commandées par le général Verdier. L'ennemi cède devant l'impétuosité de cette attaque et voit presque au même instant sa gauche assaillie par la gauche de Bonaparte, formée de la 32e, que conduit Rampon. En vain les Mameluks courent à la rencontre de cette troupe ; ils sont accueillis par la mitraille, la fusillade des carrés, et chargés par la cavalerie de l'adjudant général Leturq. Les Naplousains, qui voient les Français prêts à intercepter la retraite de leurs montagnes, s'effrayent, et toute cette armée, étonnée de cette attaque imprévue, de l'arrivée de ces troupes nouvelles qui menacent de l'entourer à son tour, saisie de terreur, ne songe plus qu'à fuir. Les uns se dirigent vers Naplouse, les autres se précipitent du côté du Jourdain et vont s'entasser au pont de Magamah, où beaucoup périssent. Les attaques contre les carrés de Kléber leur avaient déjà coûté beaucoup de monde, mais ce fut surtout dans le désordre et la panique de la retraite qu'ils éprouvèrent de grandes pertes.

Telle fut la bataille du Mont-Thabor. « On se peindrait difficilement, dit Napoléon, les sentiments d'admiration et de reconnaissance des soldats. » Cette apparition soudaine de leur général, l'épouvante portée tout à coup au cœur de l'ennemi, ces hordes innombrables en un instant dispersées, une lutte désespérée changée en un triomphe éclatant : tout leur semblait tenir du prodige ; cet homme déjà si grand dans leur pensée grandissait encore, et ils étaient tentés de lui attribuer un pouvoir surnaturel.

Pour nous, si nous examinons, non-seulement le fait du Mont-Thabor en lui-même, mais l'ensemble des opérations qui s'y rattachent ; lorsque, embrassant d'un seul coup d'œil le vaste champ de bataille qui s'étend du pont d'Yacoub jusqu'aux montagnes de Naplouse, nous voyons d'abord avec quel art Bonaparte, disposant de cinq mille hommes au plus, enlace pour ainsi dire une armée puissante par le nombre, comment ensuite, jugeant avec une singulière sagacité des obstacles que doit rencontrer Kléber dans sa marche, il calcule la sienne de manière à arriver à point nommé, à heure fixe, pour arracher son lieutenant au péril et fixer la victoire, alors nous comprenons l'enthousiasme des soldats de Kléber, et notre raison s'associe à leurs cris d'admiration.

La journée du 17 fut employée à poursuivre les débris de l'armée vaincue. — Quelques relations font intervenir Murat et sa cavalerie le soir de la bataille. Murat, comme nous l'avons vu, était alors à Tabariéh, et il n'avait d'autre cavalerie que la compagnie de dragons qu'il avait confiée à son aide de camp Colbert pour s'éclairer et aller reconnaître le pont de Magamah. Parti, comme je l'ai dit, le 16, de Tabariéh, celui-ci dut se trouver aux environs de Magamah, si ce n'est le 16 au soir, à coup sûr le lendemain,

CHAPITRE XII.

et rencontrer ainsi les fuyards du champ de bataille. Reçut-il alors l'ordre de se réunir à la cavalerie qui se trouvait sur ce point, pour l'aider à la poursuite de l'ennemi? La chose est probable. Ce qu'il y a de certain [1], c'est que le 18 il était à Nazareth, où il voyait le général en chef, et qu'après y avoir passé la journée, il rejoignait, le 19, dans la matinée, le général Murat à Tabariéh.

Bonaparte avait assisté, à Nazareth, à un *Te Deum* chanté dans l'église du couvent des Pères latins, située, dit-on, sur l'emplacement de la grotte où la Vierge reçut la visite de l'ange Gabriel. « L'armée, dit Napoléon dans ses Mémoires, crut entrer dans une église d'Europe. Tous les cierges étaient allumés; le Saint-Sacrement exposé. Il y avait un très-bon organiste. » On trouve dans ce peu de mots la trace de l'impression qu'il reçut. L'homme qui devait un jour relever les autels en France a montré, à toutes les époques de sa vie, du penchant pour le catholicisme.

Les blessés français furent soignés dans le cou-

[1] D'après une lettre d'Auguste Colbert.

vent par les Pères; plusieurs demandèrent et reçurent les secours de la religion.

Le général en chef, après avoir chargé Kléber de garder les passages du Jourdain, d'en surveiller le cours, ainsi que la contrée environnante, rentra au camp devant Acre le 19 avril. Murat fut de retour le 22.

La bataille du Mont-Thabor était un beau succès; elle relevait l'armée de l'échec moral que ses tentatives infructueuses, depuis un mois, devant Acre, avaient pu lui faire subir. Enfin, on pouvait se livrer désormais aux travaux du siége sans crainte d'être inquiété par l'ennemi du dehors.

En revenant au camp on apprit une bonne nouvelle. Le contre-amiral Perrée, trompant la vigilance de la croisière anglaise, avait pu débarquer, au petit port de Tentourah, trois pièces de canon de 24 et deux mortiers. On avait jusqu'alors attribué le peu de résultats que nous avions obtenus à l'insuffisance du calibre dont on s'était servi; on se livra donc à l'espérance. Les dispositions de l'attaque furent changées : au lieu de battre la grosse tour carrée contre laquelle on s'était épuisé en vains efforts depuis le commencement du siége, les pièces de 24 furent dirigées contre la courtine de l'est. L'effet en fut plus prompt qu'on ne l'avait pensé. En quelques heures la courtine fut renversée et la brèche jugée praticable.

Tout était préparé pour une attaque ; l'ordre fut donné ; le général Rambaud s'élance à la tête des grenadiers, suivi et soutenu par Lannes. En un instant la brèche est franchie, puis tout à coup la colonne s'arrête : elle avait rencontré un retranchement intérieur dont on ignorait complétement l'existence. En vain cherche-t-on un passage sous une grêle de projectiles : l'obstacle est continu et partout infranchissable. Lannes impatient se fait jour jusqu'aux premiers rangs et veut entraîner les troupes : il est dangereusement blessé. Rambaud est tué. La colonne, refoulée sur elle-même, est bientôt précipitée au bas de la brèche.

Jusque-là les tentatives qu'on avait faites n'avaient été que des coups de main aventureux dont l'imprudence pouvait expliquer l'insuccès, car il n'y avait pas encore eu de brèche faite, mais cette fois la brèche était praticable, elle avait été franchie, et c'était à l'intérieur qu'on rencontrait un obstacle imprévu, contre lequel était venue se briser la valeur des plus braves, celle même de l'intrépide Lannes. Qu'on juge de l'impression produite sur l'armée, sur Bonaparte lui-même, lorsqu'on apprit le résultat de l'assaut. On ne pouvait plus le nier : cette bicoque qu'on s'était flatté de prendre en quelques jours résistait et menaçait de tenir encore longtemps. Chaque jour la situation devenait plus difficile ; les munitions étaient si rares qu'on en était pour ainsi dire réduit à la ressource des boulets lancés par la flotte anglaise. Chaque jour on avait de nouvelles pertes à déplorer ; le sang le plus précieux coulait. Caffarelli, l'un des hommes les plus éminents de l'armée par l'élévation du caractère, la distinction de l'esprit et les talents, venait de mourir : frappé d'une balle au coude, il avait fallu l'amputer. Sa fermeté dans les souffrances et sa fin furent stoïques.

Bonaparte s'irritait; mais il ne pouvait s'avouer vaincu. Il donna l'ordre de continuer à battre la brèche, de manière à éteindre les feux

CHAPITRE XII.

de l'ennemi sur ce front, et fit revenir au camp Kléber et sa division, qui n'avaient pas encore pris part au siége.

Le 10 mars, au matin, deux jours après le dernier assaut, tout était disposé pour une nouvelle attaque. Vers midi, le général en chef arrive dans les batteries, se place derrière une traverse d'où il peut parfaitement voir la brèche, et donne le signal de l'assaut. Le général Verdier conduit les grenadiers et les guides à pied. La brèche est encore franchie; mais on rencontre de nouveau le profond fossé et le retranchement intérieur. Cette fois on cherche à se couvrir et à combler le fossé avec des fascines; mais c'est en vain. La colonne, écrasée sous une pluie de feu, est forcée à la retraite après des pertes considérables. Le général Bon avait été atteint mortellement.

Bonaparte ne peut cependant se résoudre à abandonner ce terrain fatal. Il avait encore une brigade fraîche sous la main; il est tout près des soldats, il les encourage. L'adjudant général Fouler prend un drapeau, s'élance à leur tête. A peine est-il arrivé sur la brèche qu'il tombe percé de plusieurs balles. Le chef de brigade Venoux a le même sort. Tant de sang, tant d'héroïques efforts, demeurent inutiles en présence du redoutable retranchement intérieur qui eût été enlevé depuis longtemps si le courage seul eût suffi pour en triompher.

La journée avait été cruelle ; la mort avait frappé à coups redoublés. Fouler, Venoux, étaient des officiers distingués. Autour du général en chef, Croisier, Beauharnais, Arrighi [1], avaient été atteints. Croisier succomba quelques jours après ; Arrighi n'échappa que par miracle aux suites d'une blessure presque toujours mortelle. Duroc avait été horriblement déchiré par un éclat d'obus.

Ce n'étaient pas seulement les assauts qui étaient meurtriers. L'ennemi multipliait ses sorties, et chaque jour son audace semblait s'accroître. Le 16 mai, toutes les milices turques, le régiment des Chychlys formé à l'européenne, s'avancèrent résolûment pour s'emparer de la troisième parallèle. Presque tous les officiers d'infanterie

---

[1] Arrighi de Casanova, depuis duc de Padoue, général de division, né en 1778, mort en 1852.

CHAPITRE XII.

étaient hors de combat. Murat avait demandé à faire le service de tranchée et y commandait ce jour-là. L'attaque fut vive, impétueuse. L'ennemi pénètre dans nos travaux où s'engage une lutte corps à corps. Murat, toujours bouillant, était au plus fort de la mêlée. Le général en chef, une lorgnette à la main, suivait avec anxiété les phases de cette lutte acharnée ; tout à coup il s'écrie : « Ah ! Colbert est tué ! » Mon père étant de très-haute taille et seul dans toute l'armée portant un collet jaune [1], il était facile de le distinguer. Voici ce qui s'était passé : il venait d'abattre à ses pieds un Turc qui menaçait Murat, lorsqu'un autre Turc, déjà blessé et couché par terre, lui tira à bout portant un coup de pistolet qui lui traversa les deux cuisses. L'ayant vu subitement tomber et disparaître, Bonaparte l'avait cru mort.

La sortie une fois repoussée, on ramassa les blessés, et Colbert reçut les premiers soins de Larrey. Sa blessure était grave : la balle

---

[1] Comme appartenant au 4ᵉ de chasseurs dans lequel il comptait comme chef d'escadron. Ce régiment ne faisait pas partie de l'armée d'Égypte.

avait fait quatre trous en traversant les cuisses un peu au-dessus et en arrière des genoux ; mais, par un singulier bonheur, elle n'avait occasionné aucune lésion qui pût nuire à la marche.

Le lendemain, 17, le général en chef faisait publier la proclamation suivante :

« Soldats,

« Vous avez traversé le désert qui sépare l'Afrique de l'Asie avec plus de rapidité qu'une armée arabe.

« L'armée qui était en marche pour envahir l'Égypte est détruite ; vous avez pris son général, son équipage de campagne, ses outres, ses chameaux.

« Vous vous êtes emparés de toutes les places fortes qui défendent les puits du désert.

« Vous avez dispersé aux champs du Mont-Thabor cette nuée d'hommes accourus de toutes les parties de l'Asie, dans l'espoir de piller l'Égypte.

« Les trente vaisseaux que vous avez vus arriver devant Acre, il y a douze jours, portaient l'armée qui devait assiéger Alexandrie ; mais, obligée d'accourir à Acre, elle y a fini ses destins ; une partie de ses drapeaux orneront votre entrée en Égypte.

« Enfin, après avoir, avec une poignée d'hommes, nourri la guerre pendant trois mois dans le cœur de la Syrie, pris 40 pièces de campagne, 50 drapeaux, fait 6,000 prisonniers, rasé les fortifications de Gazah, Jaffa, Haïfâ, Acre, nous allons rentrer en Égypte ; la saison des débarquements m'y rappelle.

« Encore quelques jours et vous aviez l'espoir de prendre le pacha même au milieu de son palais ; mais dans cette saison la prise du château d'Acre ne vaut pas la perte de quelques jours ; les braves que je devrais d'ailleurs y perdre sont aujourd'hui nécessaires pour des opérations plus essentielles.

« Soldats, nous avons une carrière de fatigues et de dangers à courir ; après avoir mis l'Orient hors d'état de rien faire contre nous cette campagne, il nous faudra peut-être repousser les efforts d'une partie de l'Occident.

« Vous y trouverez une nouvelle occasion de gloire ; et si, au milieu de tant de combats, chaque jour est marqué par la mort d'un brave, il faut que de nouveaux braves se forment et prennent rang, à leur tour, parmi ce petit nombre qui donne l'élan dans les dangers et maîtrise la victoire. »

Certes, il n'est pas possible de dissimuler un échec sous de plus magnifiques paroles. Mensonge! dira-t-on mais eût-on; préféré qu'il jetât le cri d'alarme pour démoraliser les siens et exalter ses adversaires? Il avait cent vingt lieues de retraite à faire en pays ennemi, et cette Égypte vers laquelle il se retirait, et qui renfermait ses ressources, était vaincue sans doute, mais non domptée; l'esprit de révolte y fermentait. La position était, comme on le voit, des plus critiques, le salut de l'armée dépendait de l'attitude qu'elle saurait conserver, du prestige moral qu'elle exercerait encore : il fallait donc soutenir tous les courages, stimuler l'énergie de chacun, pour se trouver au niveau des difficultés, des périls qui n'étaient que trop imminents.

CHAPITRE XII.

Le moyen de doubler, de décupler la valeur des hommes, comme celle des armées, est de les grandir à leurs propres yeux, de les pénétrer du sentiment de leurs forces, de leur supériorité : c'est ainsi que l'on fait des héros et qu'on accomplit des prodiges; personne ne le savait mieux que Bonaparte.

En même temps que le général en chef faisait publier cet ordre du jour, il ordonnait que tous les malades et les blessés fussent évacués sur Tentourah et Jaffa, pour gagner ensuite par mer Damiette et l'Égypte. Là se montrait la réalité dans tout ce qu'elle avait de plus triste, de plus poignant. On avait donc à transporter deux mille hommes environ, dont un grand nombre ne pouvait ni marcher, ni même aller à cheval ou à âne, et les moyens de transport manquaient. Enfin, pour comble de misère, la peste était parmi eux.

Auguste Colbert faisait partie de ce triste convoi. Quel changement! La veille encore, à la face du soleil, sous les yeux de Bonaparte, il combattait et luttait d'ardeur avec Murat; aujourd'hui, hélas! couché sur un pauvre grabat, déjà en proie aux angoisses de la fièvre, il n'avait autour de lui que le lugubre spectacle de la douleur et de la mort!... Arrivé à Tentourah, il fut placé sur une barque qui devait le conduire à Jaffa. Dans la traversée, il vit mourir à ses côtés deux soldats pestiférés. Rassemblant ses forces, il se traîna péniblement à quelques pas pour échapper au contact de ces cadavres.

A Jaffa, un convoi de plus grands bâtiments était préparé pour conduire les blessés à Damiette. Ce convoi était placé sous la direction d'Alphonse Colbert, alors commissaire des guerres. Je ne vois pas d'ailleurs, par les lettres que j'ai entre les mains, que les deux frères se soient alors rencontrés, ce qui eût été une grande consolation pour l'un et un grand bonheur pour l'autre.

Le convoi se mit en route. Alphonse Colbert fut pris, avec le bâtiment qu'il montait, par les Anglais, et ne fut rendu à la liberté qu'après six semaines de captivité, n'ayant cessé de protester avec énergie contre une détention contraire au droit des gens, puisqu'il ne combattait pas et remplissait en conduisant des blessés une mission toute d'humanité. Les Anglais voulaient le renvoyer en Europe ; il s'y refusa d'une manière positive, disant qu'il devait revenir là où son devoir l'avait placé, et obtint enfin d'être ramené en Égypte. Auguste, plus heureux, était arrivé sans accident à Damiette.

CHAPITRE TREIZIÈME.

Levée du siége de Saint-Jean d'Acre. — Soins de Bonaparte pour les malades et les blessés. — Héroïque dévouement de Desgenettes. — Les pestiférés de Jaffa. — Retour de l'armée à Salahiéh. — La division Kléber se rend à Damiette. — Rentrée triomphale de l'armée de Syrie au Caire. — Sésostris et Bonaparte. — Auguste Colbert malade à Damiette. — Bonaparte lui écrit en lui envoyant une paire de pistolets. — Son retour au Caire; rechute. — Départ de Bonaparte; ses adieux, sa proclamation à l'armée. — Il désigne Kléber pour lui succéder. — Impression produite par son départ. — Auguste Colbert aide de camp de Kléber. — Le nouveau général en chef. — Lettre de Kléber au Directoire. — Il entre en pourparlers avec Sidney Smith. — Desaix et Poussielgue chargés de traiter avec le grand-vizir. — Convention d'El-Arish. — Lettre de lord Keith au général Kléber. — Le réveil du lion. — Auguste Colbert s'embarque avec les généraux Desaix et Davout. — Nouvelles de France. — L'*Étoile* et la *Santa-Maria delle Grazie*. — Adieux à l'Égypte. — Une odyssée. — Relâche à Coron. — Sciacca. — Les côtes de France. — Les deux vaisseaux sont pris par les Anglais. — Livourne; conduite de l'amiral Keith envers Desaix et ses compagnons. — Rencontre de deux bâtiments barbaresques. — Encore un navire anglais. — Arrivée à Toulon. — Joie du retour; ennuis de la quarantaine. — Lettre du premier consul à Auguste Colbert.

Cependant le siége de Saint-Jean d'Acre avait été levé le 20 mai. A partir du 17, les batteries, redoublant leurs feux, avaient fait pleuvoir sur la ville tout ce qui leur restait de bombes et de boulets, pour mieux donner le change sur la retraite qui se préparait. Le 20, dans la matinée, l'ennemi fit encore une sortie, et vers neuf heures du soir, l'armée française quittait en silence les positions qu'elle occupait depuis plus de soixante jours. Le succès avait pu lui échapper, mais elle n'avait pas failli à sa renommée. Sur le champ de bataille elle s'était montrée inébranlable. Ces meurtriers assauts tant de fois renouvelés n'avaient pu lasser son courage, et dans cette longue lutte, ni les périls, ni les maux, ni les privations de tout genre, n'avaient pu triompher de sa constance.

En se retirant, l'armée se dirigea sur Haifâ. La division Lannes ouvrait la marche; Kléber formait l'arrière-garde. Quand l'aube parut, les derniers bataillons gravissaient les pentes du Mont-Carmel. De cette position élevée on découvrait Saint-Jean d'Acre, sa plaine, ses défenses, sa rade. Tout y était en repos; aucun mouvement, rien qui pût faire croire que l'ennemi fût instruit de notre départ et pensât à nous poursuivre. Bonaparte arrêté, sur le flanc de la montagne, voyait défiler ses troupes: il jeta un long et dernier regard sur la ville, puis rejoignit son avant-garde.

De Haifâ on gagna Tentourah. La journée fut chaude et fatigante.—Le lendemain, au moment du départ, on vint annoncer au général en chef que deux cents malades ou blessés manquaient de moyens de transport. Aussitôt il ordonne que tous les officiers montés cèdent leurs chevaux et tout le premier donne l'exemple en abandonnant le sien. Son piqueur Vigogne s'obstinant à lui en présenter un, il le traita fort rudement. Un grenadier blessé hésitait à monter sur une belle selle toute brodée: « Va donc! lui dit-il, il n'y a rien de trop beau pour un brave. »

Assez d'accusations calomnieuses ou exagérées ont été dirigées contre Bonaparte à propos de ce qui s'est passé dans cette campagne et dans cette retraite, pour qu'on ne rapporte pas, dès qu'on en trouve l'occasion, des faits tels que ceux que je viens de citer, qui témoignent si hautement de ses véritables sentiments et de la généreuse ardeur avec laquelle il s'efforça toujours de venir en aide aux pauvres soldats malades ou aux blessés [1].

[1] Qu'on lise sa correspondance de cette époque: au milieu de toutes les préoccupations, de tous les embarras de la retraite, dans trois

Larrey a toujours passé pour honnête homme; voici ce qu'il dit dans sa relation de la campagne de Syrie : « C'est au général Bonaparte que ces honorables victimes durent principalement leur salut, et la postérité ne verra pas sans admiration, parmi les vertus héroïques de ce grand homme, l'acte de la plus sensible humanité qu'il a exercé à leur égard[1]. »

Il y a un nom qu'il n'est pas permis d'omettre ici, c'est celui du médecin en chef Desgenettes. Ses lumières, les sages conseils qu'il donna, sa fermeté d'esprit, rendirent les plus grands services à l'armée durant toute la campagne. Rien ne dépassa le dévouement qu'il montra pendant le siége d'Acre. La peste augmentait, les esprits étaient frappés; il fallait calmer les imaginations, réveiller les courages. Desgenettes, au milieu de l'hôpital, trempa une lancette dans le pus d'un bubon pestilentiel et se fit une légère piqûre

---

ou quatre dépêches il renouvelle ses recommandations pour les soins à donner à Duroc, Croisier, Arrighi; ils sont sans cesse présents à sa pensée. C'étaient, dira-t-on, des amis ou des parents; mais tous les parents ou les amis eussent-ils montré cette affectueuse sollicitude dans de pareils moments ?

[1] Larrey, *Relation historique et chirurgicale*, p. 117.

dans l'aîne et au voisinage de l'aisselle. Après avoir fait ce récit, il ajoute, avec une simplicité bien digne de son héroïque action : « Cette expérience incomplète, et sur laquelle je me suis vu obligé de donner quelques détails à cause du bruit qu'elle a fait, prouve peu de chose pour l'art; elle n'infirme point la transmission de la contagion démontrée par mille exemples... Je crois avoir couru plus de danger avec un but d'utilité moins grand lorsque, invité par le quartier-maître de la 75ᵉ demi-brigade, une heure avant sa mort, à boire dans son verre une portion de son breuvage, je n'hésitai pas à lui donner cet encouragement [1]. »

Pendant la retraite de Syrie, précisément à l'époque où je suis arrivé, Desgenettes se trouve mêlé à un fait grave, sur lequel plusieurs écrivains ont basé une des accusations les plus graves qu'on ait dirigées contre Bonaparte.

Il y avait dans l'hôpital de Jaffa des moribonds pestiférés, arrivés, de l'avis des médecins, au dernier période de la maladie. On ne

---

[1] Desgenettes, *Histoire médicale de l'armée d'Orient*, 2ᵉ édition, p. 87.

pouvait les emmener ; les laisser, c'était les abandonner à la brutalité des Turcs. Dans cette perplexité, Bonaparte demanda à Desgenettes s'il ne vaudrait pas mieux donner de l'opium à ces malheureux. Ce fut alors que Desgenettes répondit « que sa mission était de guérir, mais non de tuer. » — « Je ne propose, au reste, ajouta Bonaparte, que ce que je ferais pour mon fils en pareille circonstance. Cependant, comme ils doivent mourir dans vingt-quatre heures, je ne partirai qu'à minuit, et Murat restera avec 500 chevaux jusqu'à demain, deux heures de l'après-midi. » Puis, il donna l'ordre au chirurgien qui restait avec l'arrière-garde de laisser près de ces malades de l'opium, en leur en désignant l'usage, dans le cas où ils ne seraient pas morts au moment du départ de Murat. Tel est le récit de Napoléon.

Selon Desgenettes, qui fournit le seul témoignage sérieux qu'on puisse lui opposer, « on donna à des pestiférés, au nombre de vingt-cinq ou trente, une forte dose de laudanum; quelques-uns le rejetèrent par le vomissement, furent soulagés, guérirent et racontèrent ce qui s'était passé. » On voit que ces deux récits, s'ils ne concordent pas tout à fait, se rapprochent au moins beaucoup, et il y a bien loin de là aux 580 hommes que sir Robert Wilson et d'autres font empoisonner.

Si Bonaparte, au lieu de se préoccuper du sort de ces malheureux, qui ne paraissait que trop certain, les eût abandonnés à eux-mêmes, comme cela n'arrive que trop souvent à la guerre, en des circonstances analogues, cette affaire démesurément grossie n'eût pas donné matière à des interprétations suggérées plutôt par la malveillance et la haine que par un amour sincère de la vérité.

La retraite de l'armée se fit plus facilement qu'on n'aurait pu le penser. Malgré de grandes privations et une chaleur qui souvent monta à 33 degrés Réaumur[1], elle ne mit que vingt-cinq jours, dont dix-sept de marche, à franchir les 119 lieues qui séparent Saint-Jean d'Acre du Caire, ce qui fait sept lieues par jour. « On s'étonnera sans doute, dit Larrey, d'apprendre qu'avec quelques galettes de biscuit, un peu

[1] Le thermomètre placé sur le sable marquait 45°.

d'eau douce et l'usage seul d'eau saumâtre pour pansement, un très-grand nombre de ces individus affectés de blessures graves à la tête, à la poitrine, au bas-ventre, ou privés de quelque membre, ont pu faire cette longue marche sans nul accident, et avec de tels avantages que la plupart se sont trouvés guéris lorsqu'ils ont revu l'Égypte. Le changement de climat, les chaleurs sèches du désert, et la joie que chacun d'eux éprouvait de son retour dans un pays qui nous était devenu aussi cher que notre propre patrie, me paraissent être les causes qu'on peut assigner à ce phénomène[1]. » La perte totale en hommes, pendant la campagne de Syrie, ne s'éleva pas à deux mille.

Lorsqu'on eut atteint Salahiéh, la division Kléber se dirigea sur Tinéh où elle s'embarqua pour Damiette. Le reste de l'armée, continuant sa route vers le Caire, s'arrêta à Matariéh. Deux jours furent employés à se remettre du désordre causé par une longue route et par une aussi rude campagne, à réparer la tenue, enfin à des soins hygiéniques. On brûla

[2] Larrey, *Relation historique et chirurgicale*, p. 118.

CHAPITRE XIII.

tout ce qui avait pu appartenir à des pestiférés. Alors, comme, depuis la sortie du désert, il n'y avait eu aucun cas de peste, il fut décidé, sur l'avis d'une commission, que, sans plus attendre, l'armée entrerait au Caire. Le général Bonaparte voulut que son retour et celui des troupes fût entouré de tout l'appareil possible. Il voulait revenir non pas seulement en maître, mais en victorieux, et montrer triomphante aux habitants du Caire cette armée que tant de fois on avait dite perdue dans les sables du désert.

Je me rappelle qu'un jour l'illustre Champollion, déchiffrant sur les hiéroglyphes une proclamation de Sésostris, faisait remarquer à son auditoire l'analogie qu'il y avait dans les images et les idées avec les proclamations « d'un grand conquérant moderne. » Il aurait également pu faire remarquer quelle analogie il y avait entre l'appareil qui entourait le retour du Pharaon vainqueur et celui de Bonaparte rentrant sur cette même terre d'Égypte. Qui n'a vu ces longs cartouches représentant des scènes triomphales accomplies il y a trois mille ans? Les vaincus captifs ouvrent la marche, les trophées

de la victoire sont portés devant le roi qui s'a-
vance dans un attirail guerrier, et les peuples se
prosternent sous ses pas en offrant de riches ca-
deaux. Bonaparte s'était fait précéder par les
prisonniers ; des soldats portaient les drapeaux
pris sur les Turcs. Les généraux français restés
au Caire, les grands de la ville, vinrent au-devant
de lui jusqu'au faubourg de Coubbé et lui présentèrent de magnifiques présents. Le scheik
El-Bekri, descendant vénéré du Prophète, offrit
un beau cheval couvert d'une selle brodée d'or
et de perles, et le jeune esclave qui le conduisait[1]. L'intendant général copte lui présenta
des dromadaires renommés pour leur vitesse ;
puis, c'étaient des esclaves noires et blanches,
des armes d'un travail exquis, de riches tapis, du
café du plus précieux moka, des cassolettes remplies d'encens et d'aromates. A part quelques
détails, Sésostris n'eût rien trouvé de changé.

Après avoir accueilli les félicitations qui lui
furent adressées, le général Bonaparte monta
sur le cheval qu'on venait de lui offrir et entra
dans la ville par la porte des Victoires (Bab-El-

[1] C'était Roustan, depuis *le mameluk de l'empereur.*

Nasr) précédé des chefs des milices, des corporations, des quatre muftis et des ulémas de Gama-El-Azhar. Derrière lui marchaient ses troupes, portant à leurs chapeaux des branches de palmiers. L'allure martiale de ces hommes excitait l'admiration, leur nombre causait de la surprise : ils étaient huit mille. Les Français poussaient des cris de joie en retrouvant sous ces visages étrangement brunis par le soleil de Syrie de vieux camarades qu'ils pressaient dans leurs bras. Les musulmans eux-mêmes se laissaient entraîner à l'enthousiasme. Vraie ou simulée, l'allégresse était générale, et les habitants du Caire prirent part aux fêtes qui, pendant trois jours, célébrèrent le retour de l'armée de Syrie.

. Tandis que les Français rentrés au Caire semblaient y retrouver une patrie et se livraient à toutes les joies du retour, Auguste Colbert était toujours à Damiette. Aux souffrances causées par sa blessure était venue se joindre une cruelle maladie. Des symptômes alarmants avaient d'abord fait craindre la peste : ce ne fut qu'une fièvre bilieuse, mais grave, et qui pendant un mois le mit en danger. Ce fut à cette époque qu'il reçut la lettre suivante du général en chef :

« Au quartier général du Caire, 24 messidor an VII (12 juillet 1799).

« Je vous envoie, citoyen, une paire de pistolets pour vous tenir lieu de celle que vous avez perdue. Je ne puis les donner à personne qui en fasse un meilleur usage.

« Je vous salue,

« Bonaparte. »

Il m'a été impossible de découvrir à quelle circonstance se rapporte cette perte de pistolets dont il est question ici. Toujours est-il que cette lettre témoigne d'une attention bien flatteuse pour celui qui en est l'objet, et, si je ne m'abuse, pour qu'un jeune officier de vingt et un ans attirât ainsi les regards de Bonaparte, et fût l'objet d'une distinction aussi particulière, il fallait qu'il y eût en lui quelque chose de particulièrement remarquable.

Certes, une lettre semblable était faite pour adoucir bien des souffrances, pour payer de bien des maux; malheureusement, Auguste Colbert n'était pas au terme des siens. Il crut pouvoir partir pour le Caire, où il était impatient de retrouver le général en chef, son général, et de reprendre sa vie active; il s'était cru guéri, mais, à peine arrivé, de nouveaux accidents se manifestèrent. « Ma convalescence, dit-il[1], devint plus cruelle que la maladie; mon estomac délabré ne pouvait plus souffrir aucun aliment, et de fréquentes attaques de nerfs me mirent dans un état pitoyable. Je ne pus partir avec l'armée lorsqu'elle marcha sur Aboukir pour combattre et vaincre, et ne pus partager la gloire dont elle se couvrit, ni profiter des événements qui pouvaient me ramener en France. Éloigné des affaires, peu instruit de ce qui se passait dans le plus grand secret, j'ai vu partir le général Bonaparte et Murat sans pouvoir les suivre. Ce dernier me laissa cependant un ordre pour me rendre de suite à Alexandrie et profiter du départ du premier bâtiment qui ferait voile pour

[1] Lettre datée du Caire, 17 nivôse an VIII (7 janvier 1800).

la France. Mais le général Kléber se refusa à mon départ, il mit à ses refus l'obligeance la plus grande, et, forcé de céder à ses volontés, j'acceptai l'offre qu'il me fit d'être son aide de camp. »

Bonaparte était en effet parti le 23 août 1799, n'ayant mis dans sa confidence que ceux qu'il emmenait avec lui. C'était un mois après la bataille d'Aboukir. Voici la proclamation qui contient ses adieux à l'armée :

« Soldats,

« Des nouvelles de l'Europe m'ont décidé à partir pour la France. Je laisse le commandement de l'armée au général Kléber; l'armée aura bientôt de mes nouvelles : je ne puis en dire davantage. Il me coûte de quitter des soldats auxquels je suis le plus attaché, mais ce ne sera que momentanément, et le général que je leur laisse a la confiance du gouvernement et la mienne. »

Les instructions qu'il laissait au général Kléber se terminent par les passages suivants :

« La place importante que vous allez occuper va vous mettre à même de déployer les talents que la nature vous a donnés. L'intérêt de ce qui se passe est vif, et les résultats en seront immenses sur le commerce et la civilisation : ce sera l'époque d'où dateront les grandes révolutions.

« Accoutumé à ne voir la récompense des peines et des travaux de la vie que dans l'opinion de la postérité, j'abandonne l'Égypte avec le plus grand regret. L'intérêt de la patrie, sa gloire, l'obéissance, les événements extraordinaires qui viennent de se passer, me décident à traverser les escadres ennemies pour me rendre en Europe. Je serai d'esprit et de cœur avec vous; vos succès me seront aussi chers que ceux où je me trouverai moi-même, et je regarderai comme mal employés tous les jours de ma vie où je ne ferai pas quelque chose pour vous. Consolidez le magnifique établissement dont les fondements viennent d'être jetés.

« L'armée que je vous confie est toute composée de mes enfants. J'ai eu dans tous les temps, même au milieu de leurs plus grandes peines, des marques de leur attachement. Entretenez-les dans ces mêmes sentiments ; vous le devez, pour l'amitié et l'estime toute particulière que j'ai pour vous, et l'attachement que je vous porte. »

Ainsi donc, poussé par les événements, guidé par son étoile, Bonaparte courait à travers mille périls vers les grandes destinées qui l'attendaient en Europe.

La première impression causée par la nouvelle du départ de Bonaparte fut la consternation. Cet homme occupait une telle place dans l'esprit, dans l'imagination de chacun, qu'il semblait, en vérité, qu'on n'existât, qu'on ne vécût que par lui. Lorsqu'il était là, l'avenir, la pensée du retour et les moyens de l'accomplir préoccupaient peu : on se fiait à son génie, à sa fortune, à cette puissance qui semblait être en lui de tout vaincre et de tout dominer. Lui parti, il sembla que tout manquait ; l'avenir ne se présentait plus que sous l'aspect le plus sombre ; on se croyait à jamais abandonné, voué à un exil éternel.

Le sentiment de consternation fut donc d'abord général, puis il se modifia : les uns passèrent de leur premier abattement à l'irritation et à la colère ; les autres, et c'étaient surtout les soldats de l'armée d'Italie, après s'être attristés du départ de leur héros, lui eurent bientôt pardonné, et déjà, dans leurs pressentiments, ils le voyaient ramener en Europe la victoire sous nos drapeaux, puis tourner toute sa sollicitude vers ses compagnons d'Égypte. L'armée se divisa donc en deux partis : les premiers ne pensaient plus qu'à abandonner l'Égypte et à revenir en France ; les autres, au contraire, voulaient rester pour continuer leur œuvre, la consolider, et assurer à la mère-patrie une colonie, fruit précieux de tant et de si glorieux travaux.

En désignant Kléber pour le remplacer dans le commandement en chef, Bonaparte montra l'opinion qu'il se faisait des talents et du caractère de ce général. On a beaucoup parlé de la mésintelligence qui, dit-on, existait entre eux ; on l'a fort exagérée.

De la part de Bonaparte, il n'y eut jamais pour Kléber que de l'estime et de la bienveillance. Il fit toujours une juste appréciation de son mérite; on doit même dire qu'en lui conférant le commandement suprême, il montra qu'il discernait en lui des qualités d'un ordre élevé que Kléber n'avait pas été appelé jusque-là à mettre au jour.

Pour Kléber, il comprenait moins Bonaparte qu'il n'en était compris; il sentait bien une supériorité qu'il avait trop d'esprit pour ne pas reconnaître, mais il y avait dans le génie de Bonaparte quelque chose d'inusité, d'imprévu, d'aventureux, qui n'allait pas, qui déplaisait même à la nature tout allemande de Kléber. Aussi, spirituel, railleur, il ne se faisait pas faute de propos piquants, lorsqu'il trouvait le moindre côté faible. La manière même dont Bonaparte faisait la guerre choquait l'esprit de méthode qu'il avait puisé dans l'armée autrichienne où il avait servi huit ans.

Au moment de partir, Bonaparte lui avait donné rendez-vous à Damiette. Lorsque Kléber s'y rendit, il le trouva déjà parti; il se crut joué, et sa colère s'exhala tout d'abord en propos grossiers. Mais quand il eut ouvert les dépêches laissées pour lui, qu'il y vit la confiance dont il était l'objet, qu'il envisagea avec orgueil et satisfaction ce commandement suprême dont il était investi, il s'adoucit, et sembla se pénétrer de l'esprit des instructions qui lui étaient données. Les proclamations qu'il adressa aux troupes respiraient la confiance et parlaient en termes fort convenables de Bonaparte et de son départ.

Mais un nouveau changement devait encore s'opérer dans son esprit. Kléber avait près de cinquante ans; jamais il n'avait commandé en chef, et c'est une grande épreuve que le premier rang. On a coutume de dire que pour apprendre à commander il faut savoir obéir : cela peut, en effet, être utile à un certain point de vue, mais ne suffit pas. Souvent même, à force d'obéir, on devient incapable de commander; l'habitude d'un rôle subordonné engourdit l'esprit et ne lui permet pas de mettre en jeu tout son ressort, de développer tout ce qu'il peut posséder de spontanéité et d'initiative. A bien peu d'exceptions près, les hommes qui ont accompli les plus grandes choses à la guerre avaient de bonne heure contracté l'habitude du commandement, et cette habitude se prend plus facilement dans la jeunesse, douée d'une vigueur, d'une confiance en elle-même, parfois présomptueuse, si l'on veut, mais qui fait accepter plus résolûment la responsabilité, tandis que dans l'âge mûr, à cet âge où les illusions ont disparu, où les choses apparaissent dans leur réalité, avec toutes leurs difficultés, on se défie plus de soi-même. C'est ce qui arriva à Kléber lorsqu'il examina froidement sa position et l'immense responsabilité qui allait peser sur lui, responsabilité d'une situation qu'il n'avait pas créée. Le fardeau lui parut trop lourd, il se prit à douter de ses ressources, de l'armée, de lui-même, et dès-lors il résolut d'abandonner l'Égypte.

Dans cette disposition d'esprit, il commença par adresser au Directoire une lettre où, par mauvaise humeur ou parti pris, exagérant le mal, diminuant le bien, il dépeignait la situation comme désespérée et parlait de sa *détresse*. A peu près en même temps, un mois après avoir pris le commandement en chef, il écrivait au grand-vizir, insistant sur la nécessité de terminer une guerre sans but et de faire au plus tôt la paix. Enfin il entra en pourparlers avec le représentant de l'Angleterre, Sidney Smith, et, dans l'échange d'une longue correspondance, il ne se livra que trop à un adversaire rusé et habile.

Il y avait bien un motif à ces démarches de Kléber, à ces ouvertures de négociations; c'était de gagner du temps d'abord, mais le fond de sa pensée était l'évacuation de l'Égypte. Seulement, comme il avait besoin de justifier à ses propres yeux une résolution aussi grave, il rêvait de faire de cet abandon le gage de la paix générale, et de pouvoir ainsi rendre à la patrie une glorieuse armée compromise inutilement pour la conservation d'une conquête que la destruction de notre marine, l'impossibilité de rapports avec la France, rendaient désormais stérile pour nous. Telles étaient les raisons par lesquelles Kléber cherchait à colorer une retraite, une capitulation dont son âme élevée, son vif sentiment de l'honneur militaire se fussent indignés si, plus maître de lui-même, il ne se fût laissé aller à un moment de découragement.

Une fois entré dans cette voie, il la poursuivit avec l'ardeur fébrile d'un homme qui, se sentant dans une position désagréable, veut surtout en finir. Il nomma, pour traiter avec le grand-vizir, le général Desaix et Poussielgue, administrateur en chef de l'Égypte. Desaix ne partageait pas l'opinion du général en chef sur l'abandon, mais il dut suivre ses instructions.

Les conférences s'ouvrirent d'abord sur le vaisseau anglais *le Tigre*. Longtemps traînées en longueur, quelquefois même interrompues par les frémissements de colère de Desaix, qui ne pouvait se résigner à accepter des conditions contre lesquelles tous ses sentiments se révoltaient, elles se terminèrent enfin, et ce fut le 24 janvier 1800 que fut signée, dans le camp du grand-vizir, à El-Arish, une convention par laquelle l'armée française devait quitter l'Égypte. C'était l'évacuation pure et simple, gratuite, sans compensation. « Je n'ai obéi qu'à l'ordre très-précis du général en chef, » écrivait Desaix.

Cet abandon de l'Égypte était, de la part de Kléber, non point une lâcheté : un tel sentiment ne pouvait entrer dans son âme, mais une erreur, une faiblesse de l'esprit[1]. C'est ce que Kléber, hâtons-nous de le dire, se chargea bientôt lui-même de prouver.

Pendant que le traité d'El-Arish se négociait et se signait en Égypte, les dépêches dont j'ai parlé plus haut, adressées par Kléber au Directoire, étaient tombées aux mains du gouvernement anglais. Le ton de ces dépêches, les renseignements qu'elles contenaient étaient tels, que le cabinet de Londres en conclut que la position de l'armée française en Égypte était désespérée. Aussi, grande fut sa colère lorsqu'il apprit que par la convention de El-Arish cette armée était libre de se retirer en France. M. Dundas avait dit en plein parlement: « Il faut qu'elle périsse et soit un exemple de la vengeance britannique, et que pas un des hommes qui en ont fait partie ne rentre dans ses foyers. » Malgré les engagements pris, désavouant ses agents, le gouvernement anglais donna immédiatement l'ordre à lord Keith, commandant en chef dans la Méditerranée, de

---

[1] Seignelay, étant ministre de la marine, écrivait à Tourville : « Il y a des gens braves de cœur, mais poltrons d'esprit. »

s'emparer de tous les bâtiments qui transporteraient des troupes françaises. Ce fut alors que celui-ci adressa au général Kléber la lettre suivante qu'il lui fit remettre :

« Monsieur, ayant reçu des ordres positifs de Sa Majesté de ne consentir à aucune capitulation avec l'armée française que vous commandez en Égypte et en Syrie, excepté dans le cas où elle mettrait bas les armes, se rendrait prisonnière de guerre, et abandonnerait tous les vaisseaux et toutes les munitions des port et ville d'Alexandrie aux puissances alliées ; et dans le cas où une capitulation aurait lieu, de ne permettre à aucune troupe de retourner en France qu'elle ne soit échangée, je pense nécessaire de vous informer que tous les vaisseaux ayant des troupes à bord, et faisant voile de ce pays, d'après des passe-ports signés par d'autres que ceux qui ont le droit d'en accorder, seront forcés par les officiers des vaisseaux que je commande, de rentrer à Alexandrie, et que ceux qui seront rencontrés retournant en Europe, d'après des passe-ports accordés en conséquence de la capitulation particulière avec une des puissances alliées, seront retenus comme prises, et tous les individus à bord considérés comme prisonniers. »

« — Vous allez avoir ma réponse, » dit Kléber à l'envoyé de l'amiral; puis il fait immédiatement lire aux troupes et afficher partout la lettre elle-même, après avoir ajouté au bas : « Soldats, on ne répond à de telles insolences que par la victoire. » Le lion s'était réveillé.

Peu de jours après, il défaisait à Héliopolis l'armée du grand vizir, reprenait victorieusement possession de l'Égypte, déjà à moitié cédée à l'ennemi par suite de la convention, et s'y trouvait bientôt plus solidement établi que jamais.

Lorsque ces événements s'accomplirent, à la fin de mars 1800, il y avait un mois que mon père avait quitté l'Égypte. Depuis le départ de Bonaparte, malgré les prévenances dont il avait été l'objet de la part de Kléber, l'inaction, l'incertitude, les dissensions qui déchiraient l'armée, lui en avaient rendu le séjour insupportable. Sa pensée était tout entière avec ceux qui étaient partis, il n'aspirait qu'à les rejoindre, à rejoindre le héros qui l'enthousiasmait et dont il disait dans ses lettres : « Sans doute la victoire a déjà signalé son retour. Qu'il me tarde de servir encore sous ses ordres!... Il y a longtemps que pour la première fois il a allumé dans mon âme le désir de la gloire. Mériter son estime sera toujours mon plus beau trophée... Plus j'ai vu cet homme et plus je l'ai trouvé fort... »

Aussi, dès que le traité d'évacuation avait été signé, apprenant que les généraux Desaix et Davout retournaient en France, il avait demandé de partir avec eux. Une seule chose l'attristait, c'était la pensée de quitter ses frères : Édouard était au Caire, et Alphonse dans la Haute-Égypte, mais n'allaient-ils pas eux-mêmes le rejoindre bientôt? Kléber céda à ses instances, et le 20 février il s'embarqua avec le général Desaix et le général Davout sur le Nil. Arrivés à la mer, ils la trouvèrent trop forte pour que les djermes pussent les conduire jusqu'à Alexandrie, et furent obligés de mouiller dans la rade d'Aboukir.

Ils venaient de descendre à terre, lorsqu'ils signalèrent un bâtiment dont les allures annonçaient de l'indécision ; il louvoyait et semblait n'oser s'approcher de terre ; puis, on le vit arborer le pavillon tricolore : il avait probablement aperçu celui qui flottait sur les djermes, et, peu après, un canot se détacha de son bord et se dirigea vers la côte. Ce ne pouvait être qu'un bâtiment venant de France; tous les regards suivaient le canot avec anxiété; enfin il aborde, et un matelot provençal saute à terre en criant : « *Tron de dious! Bonaparte il est le premier consul de France!* » Manière sans doute fort piquante d'annoncer une grande nouvelle, mais qui était loin de satisfaire la curiosité qu'elle éveillait si vivement. On voulut en savoir plus long, et le pauvre matelot, poursuivi de questions, ne fit, par ses réponses décousues, que mettre le comble à l'impatiente avidité de ceux qui cherchaient à en obtenir quelques renseignements plus positifs. La seule chose qu'on put bien comprendre, c'est que le bâtiment qui venait d'arriver s'appelait *l'Osiris* et qu'il amenait à son bord le colonel Latour-Maubourg chargé de dépêches pour le général en chef.

Les généraux Desaix et Davout étaient déjà partis pour Alexandrie. Le général Dugua, qui campait sur la plage, fit inviter le colonel à descendre à terre, et bientôt, entouré de gens silencieux, avides de l'entendre, M. de Latour-Maubourg raconta la révolution du 18 brumaire, l'élévation de Bonaparte au rang de premier consul et les débuts de ce gouvernement ferme et réparateur qui semblait ouvrir pour la France une ère nouvelle. Le retour merveilleux de Bonaparte, les grands événements si rapidement accomplis les frappèrent sans doute, mais sans les étonner : ils y reconnurent la fortune extraordinaire de cet homme qui déjà tant de fois leur avait paru marqué par le destin. On conçoit combien leur désir du retour fut encore augmenté par ces nouvelles. Enfin, le 3 mars, ils s'embarquèrent, Desaix avec ses aides de camp Rapp et Savary et le commissaire des guerres Miot sur la *Santa-Maria delle Grazie*, bâtiment marchand ragusain, le général Davout et mon père sur l'aviso *l'Étoile*.

Tous étaient dans la joie d'un départ si vivement souhaité, et cependant plus d'un regard sérieux et pensif restait encore attaché sur cette terre d'Égypte qui bientôt allait se perdre à l'horizon. Par quel mystère de notre nature le proscrit jette-t-il un dernier et mélancolique regard sur la terre de l'exil qu'il va quitter ?

Pourquoi ce dernier adieu adressé par le prisonnier à la prison témoin de ses douleurs?... La mer se chargea bientôt de les arracher à ces rêveries où l'âme va chercher des félicités comme des maux imaginaires, pour les ramener à toutes les réalités d'une navigation féconde en accidents. « Rien ne m'a mieux rappelé, dit une lettre que j'ai sous les yeux [1], le sort de ces malheureux princes qui ne pouvaient retrouver leur patrie après le siége de Troie. »

Après avoir été péniblement ballottés pendant quelques jours, ils croyaient être près de Candie, et les vents et les courants les avaient entraînés jusqu'à Rhodes. Reprenant leur route vers le Nord, ils reçurent un violent coup de vent, pendant qu'ils longeaient les côtes de l'Anatolie, parages remplis d'écueils, de récifs, où leurs mauvais navires, horriblement secoués, faisant eau, ne gouvernant plus, risquèrent mille fois de se briser.

Le conquérant de la Haute-Égypte, l'impassible Desaix, l'intrépide vainqueur de Mourad, était gisant sans pouvoir articuler un mot,

---

[1] Lettre d'Auguste Colbert à sa mère, du 4 mai 1800.

en proie aux horribles convulsions que lui causait le mal de mer.

On aperçut Cerigo (*Cythère*), qui fut loin d'éveiller les riantes images dont la mythologie a entouré son nom. Le mauvais temps continua jusqu'à la hauteur du cap Matapan. Le mont Taygète montrait ses cimes couvertes de neige. Pour trouver un abri et un peu de repos, on entra dans le port de Coron. Un vieux pacha turc, à qui l'on apprit que la paix était faite, les accueillit fort bien. Les navires furent réparés, leurs voies d'eau bouchées, puis on embarqua des vivres frais. Des Grecs, à qui l'on avait acheté ces provisions, avaient eu soin d'y fourrer des quartiers de boulets afin d'en augmenter le poids. Les navires sortirent cette fois du port avec l'intention de se diriger sur Malte. On commençait à l'apercevoir, lorsque les vents, sautant à l'ouest, se déchaînèrent avec une violence qui força de mettre à la cape, et les pauvres bâtiments, jouets de leurs caprices, et n'allant jamais où ils voulaient aller, se trouvèrent au bout de trois jours en face des côtes de la Sicile. On reconnut la petite ville de Sciacca.

Équipages et passagers étaient fatigués; Desaix, dans un état presque alarmant. Une des personnes qui étaient à bord prétendit avoir des amis dans la ville et proposa d'y relâcher. En vain Miot rappela que l'ordonnateur Sucy, revenant d'Égypte avec quelques Français, ayant abordé en Sicile, y avait été massacré ainsi que ses compagnons : on lui rit au nez; le désir d'un peu de repos fit tout braver. En vain les deux bâtiments, en entrant dans le port, furent salués par des coups de canon à boulets, accueil qui semblait peu promettre : ils continuèrent leur route, puis, laissant tomber leur ancre, ils se hâtèrent d'envoyer deux canots à terre pour s'expliquer. Le premier revint avec d'assez bonnes nouvelles; mais le second ne reparaissant pas, Miot, avec quelques autres, voulut aller à sa recherche. Arrivés à terre, ils furent très-mal reçus et on les obligea de retourner à bord chercher leurs papiers. Ils prévinrent alors le général Desaix de l'état des choses et de l'attitude menaçante de la population.

Il y avait à bord un officier anglais donné par Sidney Smith pour servir de sauvegarde dans le cas où l'on rencontrerait des bâtiments de sa nation ou des nations alliées de l'Angleterre; c'était le moment d'invoquer son intervention. On l'envoya à terre, et comme mon père parlait l'anglais, on le dépêcha avec lui pour le soutenir et l'aider. Desaix, qui n'avait plus le mal de mer, était fort inquiet. Dans le premier moment, il eut la pensée de s'emparer de vive force de Sciacca et donna en conséquence l'ordre aux soldats qui montaient les bâtiments de préparer leurs armes, mais la réflexion lui vint que le premier acte d'hostilité serait peut-être le signal de l'assassinat de ceux qu'il voulait sauver, et qui étaient comme autant d'otages aux mains de l'ennemi. Il s'était donc arrêté à l'idée d'envoyer à terre la grande chaloupe armée d'une pièce de canon et montée par des grenadiers, pour tâcher d'en imposer aux autorités de Sciacca, en leur signifiant qu'il ferait connaître au gouvernement anglais qu'ils avaient méconnu ses agents et l'avaient insulté, lorsqu'enfin l'officier britannique et mon père revinrent, ramenant les canots. Ce n'avait pas été sans peine; l'échauffourée avait été vive; les gens de Sciacca s'apprêtaient à jouer du couteau et lançaient déjà des pierres qui avaient blessé le passager descendu pour voir ses *amis*, et le capitaine de la *Santa-Maria*. L'Anglais, heureusement, avait montré de la vigueur, et ses menaces avaient fini par produire leur effet.

Le lendemain, à la pointe du jour, les deux bâtiments se hâtèrent de s'éloigner de cette terre inhospitalière. Doublant la pointe de l'île de Sardaigne, ils en remontèrent la côte occidentale ainsi que celle de la Corse, et dans la soirée du 2 avril, après trente jours de souffrances et de dangers, on signala les îles d'Hyères; c'était la France! Quelle joie! elle tenait du délire.

Le lendemain matin, une brume épaisse entourait les navires, lorsque tout à coup apparut à côté d'eux un vaisseau de guerre qu'on reconnut pour être la frégate anglaise *la Dorothée*. Comme on naviguait sur la foi des traités, on n'avait aucune crainte. Après quelques explications, le commandant de *la Dorothée* avait laissé les deux bâtiments continuer leur route, lorsqu'un coup de canon, parti de la frégate, leur donna le signal de mettre en panne, et, cette fois, malgré tout ce que put dire Desaix, les deux navires furent amarinés pour être conduits à Livourne, où l'amiral Keith devait décider de leur sort. A ce moment même la brume, qui les avait entourés jusque-là, se dissipait, et nos pauvres passagers purent apercevoir les côtes de France dont il leur fallait encore s'éloigner.

L'arrestation de bâtiments voguant sous la garantie donnée par les Anglais eux-mêmes était la violation brutale, sans pudeur, d'un traité conclu sous les auspices des agents autorisés de l'Angleterre. A Livourne, la conduite de l'amiral fut grossière. Pendant plusieurs jours il laissa sans réponse une lettre qui lui avait été adressée par Desaix. Le gouvernail et les voiles des vaisseaux français furent enlevés, et tout ce qui était à bord conduit au lazaret, où le consul anglais fit prévenir Desaix que lui et ses compagnons auraient vingt sous par jour pour leur nourriture, et cela sans distinction de grade, pour se conformer à leurs principes d'égalité républicaine.

Tandis que les Anglais donnaient satisfaction à de vieilles rancunes en multipliant ainsi les plus ridicules vexations, qu'un amiral, un homme haut placé, oubliait ainsi le respect que des gens d'honneur se doivent réciproquement, la conduite des officiers autrichiens en garnison à Livourne était bien différente. Ils avaient connu et apprécié Desaix en faisant la guerre contre lui; ils admiraient ses talents et étaient pleins de respect pour son caractère. Dès qu'ils eurent appris son arrivée, ils se rendirent en grand uniforme près de son vaisseau, demandèrent à le saluer, témoignant leur regret de ce que la quarantaine les empêchât de monter à son bord, et se mettant à sa disposition pour tout ce qui pourrait lui être agréable et qu'il serait en leur pouvoir de faire. Dans la conversation ils demandèrent des nouvelles du général Kléber et eurent le bon goût de ne pas parler des succès récents qu'ils venaient de remporter sur les Français.

Au bout de plusieurs jours, arriva enfin la réponse de l'amiral Keith. Il mandait à Desaix qu'il avait fait partir un courrier pour demander les instructions de son gouvernement à son égard et à celui de ses compagnons, et que d'ici là ils pourraient purger leur quarantaine. Ainsi donc, outre l'ennui d'une longue et pénible attente, ils allaient peut-être encore être considérés comme prisonniers de guerre! Enfin, au bout de vingt-neuf jours, on leur rendit la liberté.

Remontés sur leurs bâtiments, ils atteignirent en même temps les côtes de France en face de Fréjus. La joie qu'ils éprouvaient ne saurait se dire. Désormais plus rien ne pouvait s'opposer à leur débarquement, qui devait se faire le lendemain; lorsqu'au lever du jour ils virent trois bâtiments qui semblaient leur donner la chasse. L'inquiétude ne fut pas bien grande d'abord, mais bientôt, gagnés de vitesse, ils furent sommés de s'arrêter et se trouvèrent placés entre deux bâtiments qu'à leurs pavillons ils reconnurent pour des barbaresques. Tout, à leur bord, était préparé pour le combat et l'abordage. La résistance était difficile : on tenta de parlementer, et le capitaine ragusain de la *Santa-Anna* alla montrer les passe-ports du grand vizir. Le chef de ces forbans voulut à peine les voir, et dit qu'on s'expliquerait à Tunis. La position était cruelle et chacun se livrait aux plus tristes réflexions, lorsque, de l'un des bâtiments barbaresques, on entendit ces paroles, et certes jamais voix humaine ne caressa plus doucement les oreilles : « Le capitaine est de mes amis, je prends le chocolat avec lui ; tout est arrangé ; nous allons continuer notre route. » C'était le capitaine Roustan, de l'aviso *l'Étoile*, qui parlait ainsi. A son tour il avait été pour s'expliquer, et, par le plus heureux des hasards, il se trouva que le chef pirate était une de ses anciennes connaissances et il lui avait fait entendre raison.

Les deux navires se remettaient en route au milieu des éclats d'une joie qui, pour les plus graves, se traduisait en mille folies, lorsqu'on aperçoit un brick de guerre qui, par un coup de canon, donne le signal d'arrêter. Il y avait de quoi désespérer à jamais du retour, et les plus noirs pressentiments traversaient déjà les esprits : heureusement les alarmes furent vite dissipées. C'était un navire anglais qui, croyant les deux bâtiments aux prises avec les barbaresques, courait à leur secours. On se hâta de remercier l'Anglais, cette fois généreux, puis enfin, après la longue et pénible odyssée que je viens de raconter, le 14 floréal an VIII (4 mai 1800), la

Santa-Maria delle Grazie et *l'Étoile* entraient dans la rade de Toulon.

Terre sacrée de la patrie! De quelle ineffable joie le cœur de tes enfants ne doit-il pas se remplir lorsque, après une longue absence, après avoir combattu pour ta gloire, souffert pour ta grandeur, ils t'embrassent enfin!

« Je suis à Toulon, écrivait Auguste Colbert à sa mère. Enfin, après tant de vicissitudes, l'espérance renaît dans mon cœur. La France, mes amis, mes parents, une mère tendre et bonne que je vais revoir!... Je ne m'étendrai pas en épisodes dans cette lettre; je la consacre seulement à ce moment d'effusion où l'esprit et le cœur sont tellement pleins qu'ils en font perdre la mémoire; dans ma position, on ne sait que sentir; le temps calmera un peu tout cela, et alors je vous conterai mon histoire. Après deux ans de maux, l'idée seule de les voir finir m'étonne. La pensée de ne pouvoir jouir tout de suite de l'effet du changement me désole... Je maudis cette misérable quarantaine, je déteste mon devoir qui m'empêche de voler au milieu de ma famille et m'arrache à de bien doux embrassements. »

CHAPITRE XIII.

Auguste était vrai dans les sentiments qu'il exprimait. Il ne se doutait pas qu'une voix plus puissante sur son âme que la tendresse d'une mère, que toutes les joies du retour, allait se faire entendre : celle de ce devoir qu'il semblait maudire, celle de la gloire. Il apprit, en effet, que la guerre allait commencer en Allemagne et en Italie, et, le 7, il écrivait à sa mère une seconde lettre, dans laquelle il est curieux de voir avec quel soin le fils s'efforce d'expliquer l'ardeur du soldat :

« Je soupire après une réponse... Plus que jamais j'ai besoin de cette consolation. Après deux ans d'absence et de privations, il est cruel de renoncer à vous voir ; mais ne pensez-vous pas que je ne puis faire autrement ? Une nouvelle campagne s'ouvre ; le général Bonaparte appelle au secours de la patrie, dont il est le premier magistrat, tous ses défenseurs : serait-ce après sept années de campagnes que je me rebuterais ? Serait-ce envers celui qui est l'auteur de tout ce que j'ai éprouvé de plus agréable que je serais ingrat ? Suspendez donc, ainsi que moi, vos justes regrets. Le temps n'est pas éloigné où vous

vous verrez encore au milieu de vos enfants, qui tous, par leur tendresse, mériteront votre amour, et, par les honorables services qu'ils auront rendus à leur pays, votre estime. »

La lettre suivante, qu'il reçut peu de jours après du premier consul, n'était pas faite, comme on peut en juger, pour le faire changer de sentiment :

« Lausanne, 24 floréal.

« J'ai reçu, citoyen, votre lettre du 15, par laquelle vous m'annoncez votre retour. Jamais je n'oublierai la bravoure que vous avez montrée en Syrie.

« Soyez le bienvenu.

« Bonaparte. »

APPENDICE.

CORRESPONDANCE.

Lettres d'Auguste Colbert à sa mère.

Alexandrie, le 17 brumaire, an VII de la République
(7 novembre 1798).

« Isolé de vous, ma chère maman, moins encore par la distance que par les difficultés qu'il y a à les franchir, vous ne devez point vous étonner de recevoir rarement de nos nouvelles ; la mer est occupée par les Anglais, et les vaisseaux qui échappent à leurs poursuites sont peu nombreux ; d'ailleurs le genre de vie que j'ai mené jusqu'à présent ne m'a pas laissé connaître les occasions : éloigné des ports de mer, occupé continuellement à courir après les Arabes ou autres ennemis, je n'ai jamais pu faire que des vœux tacites pour votre bonheur et votre santé. Depuis deux jours je suis arrivé en cette ville, et je profite du départ du bâtiment pour vous écrire.

« Si je devais vous raconter nos fatigues, nos dangers, nos vicissitudes, il faudrait plutôt faire l'histoire détaillée de notre expédition jusqu'à ce moment, que vous dire isolément une portion des événements qui ont eu lieu. Après une marche cruelle, nous sommes arrivés au Caire dont nous nous sommes emparés, ayant vaincu dans une affaire générale les Mameluks. Depuis cet instant, l'armée, disséminée en colonnes mobiles, a occupé les provinces. Nous avons cependant eu d'autres affaires intéressantes.

« A Salahiéh, dernier village limitrophe du désert de Syrie, nous avons eu une charge de cavalerie; le généra en chef a eu la bonté de me nommer chef d'escadron sur le champ de bataille. Je chercherai à mériter toujours ses bonnes grâces.

« Nous sommes toujours errants; la terre, couverte des eaux du Nil, n'a pas ralenti nos efforts; les canaux les plus profonds n'ont point empêché la poursuite de nos ennemis. Sans la malheureuse défaite de notre escadre, tout serait succès.

« Je ne sais quel effet a pu produire en Europe ce nouvel envahissement. Il doit être grand, sans doute. L'Égypte, par sa position géographique, par ses productions, susceptibles, entre les mains des Européens, d'une amélioration immense, doit inquiéter, sous les rapports commerciaux et politiques, le cabinet de Londres, donner de l'envie à la Russie, qui ose peut-être regarder cette conquête comme l'enlèvement d'une portion de sa proie. Cependant, au milieu de tous ces avantages, qui, en résultat, ne sont que spéculatifs, on s'est trompé sur les ressources existantes : il y a peu d'argent, ou il est caché. Sous un gouvernement despotique, la fortune des individus est à la disposition du maître. Celui qui possède enfouit ses richesses pour échapper à l'envie et à l'avarice du despote. D'ailleurs, d'autres inconvénients moraux existent encore.

La différence de mœurs et de religion est un ennemi presque invincible chez un peuple fanatique et ignorant.

« Depuis près de trois mois, nous n'avons pas reçu de nouvelles de France... D'après tous les calculs raisonnables, l'Europe doit être en crise ou sur le point de se pacifier entièrement. Sommes-nous à Naples? Avons-nous la guerre continentale? Ou le gouvernement, reprenant un peu de sagesse, médite-t-il la paix générale? Voilà ce que je voudrais savoir.

. . . .

« Nous nous portons tous bien. Alphonse est dans la Haute-Égypte, avec le général Desaix; Édouard est avec nous.

« Tout est assez tranquille ici. Nous avons échappé, il y a quelques jours, à l'effet d'une conspiration dont les fils s'étendaient dans presque toute l'Égypte, et qui avait pour but de nous massacrer tous. Cinq ou six mille Turcs ont été victimes de leur audace. Nous avons perdu quarante [1] Français, parmi lesquels j'ai eu à regretter des amis.

« Adieu, ma chère maman, ne vous affligez pas de notre absence; nous reviendrons sûrement, et, quel que soit le résultat de nos exploits, les Français de l'Égypte auront toujours droit à la reconnaissance de leur patrie. Ils l'auront bien méritée.

« Adieu, encore une fois, je vous embrasse comme je vous aime, et suis, avec respect, votre fils,

« A. Colbert. »

---

[1] Comme j'ai déjà eu l'occasion de le dire, ce fut 400, et non pas seulement 40 hommes que coûta aux Français la révolte du Caire.

Du Caire, le 17 nivôse an VIII
(7 janvier 1800).

« Dix mois se sont écoulés, ma chère maman, et vous n'avez sans doute pas plus reçu de mes nouvelles que moi des vôtres. La communication interceptée entre la France et nous, nous a privés des nouvelles de nos parents et de la douce consolation de pouvoir correspondre avec eux.

« J'ai reçu vos dernières lettres le matin du jour où nous avons livré le premier assaut à Acre; depuis ce temps aucune autre ne m'est parvenue.

« Depuis cette époque, je n'ai pas toujours été le jouet heureux des événements : blessé dans une sortie peu de jours avant la levée du siége d'Acre, je fus transporté à Tentourah, petit port de mer à neuf lieues de cette ville et à une demi-lieue de l'ancienne Césarée, pour y attendre le moment où je pourrais partir pour Damiette, au risque d'être pris par les Turcs dont les bâtiments couvraient ces parages. Je vis mourir à mes côtés deux soldats pestiférés, et quoique je fusse déjà familiarisé avec ce fléau, je fus bien aise de partir, car je craignais d'ajouter cette maladie à mes douleurs.

« Après plusieurs jours de traversée, j'arrivai enfin à Damiette; mais, soit que le traitement que je suivais pour ma blessure eût dérangé ma santé, soit que les fatigues d'une longue campagne eussent remué mes humeurs, je tombai malade trois jours après mon arrivée. Je craignis d'abord la peste, mais j'en fus quitte pour une fièvre bilieuse qui me mit sur le grabat pendant un mois. Aussitôt que je fus convalescent et que ma blessure me permit de marcher, je me rendis au Caire où étaient déjà le général Murat et le général Bonaparte. Je me croyais guéri, mais dans les climats chauds les convalescences sont plus longues que les maladies; la mienne fut plus cruelle que mes autres maux. Mon estomac délabré ne pouvait plus souffrir aucun aliment, et de fréquentes attaques de nerfs me mirent dans un état pitoyable; enfin je ne pus partir avec l'armée lorsqu'elle marcha sur Aboukir pour combattre et vaincre l'armée turque qui était débarquée; je ne pus partager la gloire dont elle se couvrit, ni profiter des événements qui pouvaient me ramener en France. Éloigné des affaires, peu instruit de ce qui se passait dans le plus grand secret, je vis partir le général Bonaparte et Murat, sans pouvoir les suivre. Ce dernier me laissa cependant un ordre pour me rendre de suite à Alexandrie et profiter du départ du premier bâtiment qui ferait voile pour la France.

« Le général Bonaparte désigna en partant le général Kléber pour son successeur; ce dernier se refusa à mon départ; il mit à ses refus l'obligeance la plus grande, et, forcé de céder à ses volontés, j'acceptai l'offre qu'il me fit d'être son aide de camp.

« Pendant que je courais ces chances, mes deux frères en couraient aussi d'assez bizarres.

« Alphonse, qui était en Syrie, fut chargé, à Jaffa, d'une évacuation de blessés et fait prisonnier par les Anglais. Il est resté deux mois avec eux, s'est promené dans ces

Échelles et a ensuite été rendu bien portant, à un peu de scorbut près.

« Édouard, qui était resté dans la Haute-Égypte tandis que l'armée était en Syrie, courait dans ces mêmes temps de grands dangers.

« Un rassemblement de dix mille paysans arabes, ou Mameluks, envoyés par Mourad-Bey, se porta sur Miniéh, lieu où il habitait, et pendant trois jours consécutifs, cent cinquante Français eurent à soutenir les efforts de ce rassemblement. Le second jour, Édouard reçut une balle dans sa casquette, et le premier il eût perdu la vie sans un de ces heureux hasards de guerre dont le récit fera sans doute palpiter votre cœur maternel : tandis qu'il poursuivait un Arabe, un autre lui tirait à bout portant un coup de tromblon dans le dos; heureusement l'amorce seule a pris et le coup n'est pas parti.

« Voilà, ma chère maman, le récit succinct de ce qui est arrivé à vos enfants. Édouard et Alphonse sont à présent dans l'Égypte supérieure ; ils se portent bien ; leur éloignement et l'ignorance dans laquelle ils sont de l'occasion qui se présente d'écrire en France, fait que vous ne recevez point de lettres d'eux. Quant à moi, quoique rétabli, je n'ai plus cette santé dont je jouissais avant ma blessure ; l'air natal rendra, je l'espère, mon estomac débile un peu plus vigoureux.

« Dans ce moment de nouveaux combats se préparent. Le grand-vizir est en marche, et déjà peut-être s'est-on battu. Le général Kléber part d'ici demain ou après; une bataille gagnée fera réussir plus promptement les négociations déjà entamées, et je ne doute pas, ma chère maman, que d'ici à six mois nous ne puissions nous embrasser.

« La France réclame les talents de plusieurs officiers généraux qui lui seraient si utiles en Europe. Pour moi, il me paraîtra bien doux d'avoir affaire à des Européens et non à ces animaux de Turcs, qui ne connaissent aucune des convenances adoptées par les nations policées.

« Le général Bonaparte est sans doute en France; déjà peut-être la victoire a signalé son retour. Il me tarde bien de pouvoir encore servir sous ses ordres. En partant d'Égypte, il m'envoya pour adieux une paire de pistolets avec une lettre flatteuse.

« Adieu, ma chère maman, conservez-moi votre tendresse; croyez qu'au milieu de tous mes maux votre souvenir porte dans mon cœur une grande dose de courage; oui, ma chère maman, mon affection est grande et semblable à la vôtre si vous payez mes sentiments d'un égal retour.

« Votre respectueux fils,

« Colbert, chef d'escadron. »

Le 14 floréal (4 mai) an 1800.

« Je suis à Toulon, ma chère maman, sain et sauf, Dieu merci, après une navigation longue et féconde en événements ; je suis cependant prêt à regagner mes pénates. Pris par les Anglais devant Toulon, échappé au couteau des Siciliens, tout semblait, il y a quelques jours, s'opposer à mon retour ; rien ne m'a mieux rappelé ces malheureux princes qui ne pouvaient retrouver leur patrie après l'expédition de Troie.

« Je me suis décidé à revenir en France aussitôt que le traité d'évacuation a été conclu ; j'ai eu de la peine à quitter mes deux frères, mais, courant une route différente ; il faut quelquefois sacrifier ses jouissances à sa fortune.

« Au reste, ma chère maman, depuis longtemps la mienne n'est pas brillante : blessé à Acre, malade et à moitié pestiféré, abandonné par des motifs d'intérêt personnel, j'ai eu beaucoup à souffrir ; enfin, après tant de vicissitudes, l'espérance renaît dans mon cœur : la France, mes amis, mes parents, une mère tendre et bonne que je vais revoir, voilà de justes raisons pour ne pas m'attrister.

« Depuis dix-huit mois je n'ai pas reçu un mot de vous ; cela, au reste, n'est pas étonnant ; les dernières me furent remises le jour du premier assaut d'Acre. J'espère que vous vous êtes toujours bien portée. Quoique j'ignore si le temps que la quarantaine me retiendra à Toulon sera assez long pour recevoir des lettres, écrivez toujours.

« Je suis indécis sur ma nouvelle destination; on m'assure que le général Murat n'est plus à Paris; dans ce cas, malgré tous mes regrets, je le rejoindrai de suite, mais, à moins que la campagne ne soit commencée, je prendrai la poste après avoir arrangé mes affaires avec lui, et j'irai vous embrasser.

« J'ai laissé Édouard au Caire, bien portant et content; il mérite à tous égards de l'être : sage, laborieux, brave, ami et frère sûr, il a acquis l'estime et l'amitié de tous ceux qui le connaissent. Il est commissaire des guerres de première classe.

« Alphonse était à Siout; il se portait également bien; il a fait l'expédition de Syrie, et, en revenant en Égypte, il a été fait prisonnier par les Anglais et rendu six semaines après; il est toujours aussi gai, aussi bon et aussi gros que de coutume.

« Je ne m'étendrai pas en épisodes dans cette lettre; je la consacre seulement à ce moment d'effusion où l'esprit et le cœur sont tellement pleins qu'il fait perdre la mémoire; dans ma position on ne sait que sentir; le temps calmera un peu tout cela, et alors je vous conterai mon histoire.

« Après deux ans de maux, l'idée seule de les voir finir m'étonne; la pensée de ne pouvoir jouir tout de suite de l'effet du changement me désole; je maudis cette misérable quarantaine, je déteste mon devoir qui m'empêche de voler au milieu de ma famille et m'arrache à de bien doux embrassements.

« . . . . Adieu, ma chère maman; écrivez-moi au reçu de cette lettre, écrivez-moi à mon passage à Aix, à Lyon, à Dijon, partout, et beaucoup à Toulon.

« Je vous embrasse tendrement,

« A. Colbert. »

Toulon, le 17 floréal, an VIII
(7 mai 1800).

« Je vous ai écrit le jour de mon arrivée, ma chère maman, et depuis ce temps je soupire après une réponse; il me semble que la joie que me donneront ces premières nouvelles sera un vrai délire. Plus que jamais j'ai bien besoin de cette consolation : après deux ans d'absence et de privations, il est cruel de ne pouvoir aller se délasser quelques moments au milieu des siens; mais ne pensez-vous pas que je ne puis faire autrement? Une nouvelle campagne s'ouvre; le général Bonaparte appelle au secours de la patrie, dont il est le premier magistrat, tous ses défenseurs : serait-ce après sept années de campagnes que je me rebuterais? serait-ce envers celui qui est l'auteur de tout ce que j'ai éprouvé de plus agréable que je serais ingrat? Suspendez donc ainsi que moi, ma chère maman, vos justes regrets; le temps n'est pas éloigné où vous vous verrez encore au milieu de vos enfants, qui tous mériteront par leur tendresse votre amour, et, par les honorables services qu'ils auront rendus à leur pays, votre estime.

. . . .

« Je désirerais que vous et les *bonnes filles* [1] me fissiez un trousseau, qui consisterait en une douzaine de che-

[1] Les femmes de chambre de madame de Colbert.

mises, vingt-quatre mouchoirs, douze cravates de mousseline, douze de batiste et des chaussons. J'aime le linge fin ; ainsi il vaut mieux payer un peu plus ; vous me manderez aussitôt qu'il sera prêt, et je vous donnerai à l'armée une adresse où vous pourrez me l'envoyer ; vous y joindrez le prix si vous ne payez pas, et je vous en ferai passer le montant. Je recommande bien cela à votre tendre amitié : je suis tout nu.

« J'aurais bien envie de vous parler de l'Égypte, mais je sais que je vous en apprendrais bien moins que Volney, Norden, etc... J'ai parcouru la terre sainte, j'ai été à Nazareth ; j'ai vu, au château de Safed, l'endroit où cette cruelle et sainte Juive coupa la tête d'Holopherne ; j'ai bu l'eau du fleuve de la régénération, où saint Jean-Baptiste baptisait les croyants : je m'y suis battu. J'ai vu Génézareth, le lac de Tibériade et celui de Galilée, à l'endroit où les cochons endiablés s'y précipitèrent ; j'ai vu le Mont-Thabor, lieu de la Transfiguration, le Mont-Carmel, etc... Je m'arrête, de peur d'être, avec tous mes *j'ai vu*, aussi bête que *l'Intimé*.

« Je me reproche tous les jours d'avoir oublié S... ; j'aurais voulu lui rapporter quelque chose de l'Égypte, mais il y avait peu de jolies marchandises ; tout ce qui m'a plu en ce pays sont des choses bien peu faites pour cette aimable nièce : des cimeterres de Damas ou de Perse, des armes de Mameluks, voilà les seuls monuments qui me laisseront un souvenir agréable de nos guerres et de nos combats en Afrique et en Asie.

« Je suis bien impatient d'être sorti de la maudite quarantaine et de pouvoir courir les champs. Jusqu'à présent, au milieu de mes vicissitudes, je n'avais pas encore connu beaucoup la prison ; maintenant je pourrai en parler savamment.

« Adieu, ma chère maman, je vous embrasse tendrement ; faites-en autant de ma part à toutes les personnes qui vous entourent. Rappelez à A... que j'exige de lui un peu de complaisance et que je lui écrirai encore demain.

« Votre respectueux fils,

« Auguste Colbert. »

Toulon, le 29 floréal an VIII
(19 mai 1800).

« Je suis tout joyeux, ma chère maman, j'ai de vos nouvelles ; on vient de me remettre les lettres que vous écriviez à Édouard et à Alphonse, le 30 brumaire : elles n'ont pu partir, la frégate *l'Égyptienne,* qui devait les porter, ayant reçu contre-ordre ; elles me causent un plaisir inexprimable.

« J'ai vu avec bien de l'intérêt l'expression de la joie que vous a causée la journée du 18 ; vous dites que cette révolution doit assurer votre bonheur, je la bénis donc, car, puisque c'est ainsi, rien ne peut mieux assurer celui de vos enfants.

« Je suis reconnaissant des soins que Murat a pris de vous donner de mes nouvelles ; quant au projet qu'il a dit avoir eu d'emmener deux de nous, il est Gascon, et je lui en tiens peu de compte. . . . .
. . . .

« J'ai reçu hier une lettre du général Bonaparte en réponse à celle que je lui ai écrite à mon arrivée ici ; elle est bien honorable pour moi ; il me dit qu'*il n'oubliera jamais la bravoure que j'ai montrée en Syrie, que je suis le bienvenu.*

« Voilà mon grand homme, ma chère maman, voilà celui pour lequel je saurai me dévouer. Il y a longtemps que pour la première fois il a allumé dans mon âme le désir de la gloire. Mériter son estime, ce sera toujours mon plus beau trophée. Plus j'ai vu cet homme-là et plus je l'ai trouvé fort. Je connais des hommes de grand mérite, de grands talents, mais aucun n'a l'ensemble de son génie; j'ai vu des gens faire de grandes choses avec de grands moyens, mais lui sait créer ces moyens.

« ... Il ne faut pas vous étonner si vous avez reçu peu de lettres d'Édouard depuis qu'il est en Égypte. Dispersés et éloignés du Caire, les trois quarts du temps, nous ne savions pas les occasions, et d'ailleurs bien peu de bâtiments sont passés. Si vous voulez ménager de grandes jouissances à mes deux frères, il faut, dans un mois, commencer à leur écrire poste restante à Toulon ou à Marseille.

« Ma quarantaine finit le 7 du courant. Dans quinze ou vingt jours j'aurai rejoint l'armée. Je ne sais pas positivement où est le général Murat, mais, comme je ne doute pas qu'il ne soit près du général Bonaparte, je me dirige vers l'Italie.

« Adieu, ma chère maman, je vous embrasse tendrement.

« Auguste Colbert. »

Toulon, le 4 prairial (24 mai 1800).

« Je vous ai écrit cinq lettres et n'ai pas encore reçu de réponse : je suis bien malheureux ; vous me privez de la consolation la plus grande que je pouvais attendre dans mon ennuyeuse captivité : vous savoir en bonne santé, apprendre ce que vous faites, ce que vous avez fait ; tout cela était pour moi le but de mes désirs. Dans trois jours je pars, et peut-être ne saurai-je point encore ce que vous êtes devenue. Je suis d'autant plus étonné que l'autre jour l'amiral Vence m'a fait dire que vous lui aviez écrit pour lui demander s'il avait reçu quelques nouvelles de nous. Qui accuserai-je ? A qui ferai-je supporter le poids de mes ennuis ? Ce ne peut-être à vous, ma tendre mère, vous dont le cœur est tout pour vos enfants, vous dont j'ai su bien souvent apprécier les angoisses que pouvait vous causer notre absence; j'exhalerai donc ma colère contre l'inexactitude des postes, contre leurs lenteurs.

« Dans quinze jours je compte être rendu au quartier général du général Bonaparte. Je vous écrirai de là aussitôt que je serai arrivé et vous dirai ce que je deviens définitivement.

« Je suis tout rempli de joie de la prospérité de nos armes sur le Rhin. Incessamment on aura, je crois, à parler de celles d'Italie. Le général Bonaparte a maintenant débouché dans la vallée d'Aoste et marche au secours de Massena, qui, par sa fermeté et sa belle résistance dans Gênes, lui donne le temps d'arriver. Quoique entouré de tous côtés, il a fait, il y a quatre ou cinq jours, une sortie dans laquelle il a pris cinq mille Autrichiens et amassé pour quinze jours de vivres.

« N'oubliez pas, je vous prie, ma chère maman, de me faire le petit trousseau que je vous ai demandé dans une de mes précédentes lettres, j'en ai le plus grand besoin ; une fois que je serai à mon poste, je vous indiquerai les moyens de me le faire parvenir.

« D'après les nouvelles que j'ai reçues d'une personne de mes amis, j'ai l'espérance d'être attaché directement au général Bonaparte. Duroc lui a dit plusieurs fois que le général me prendrait avec lui ; je vous avoue que, sans trop me livrer à un espoir aussi agréable, ce serait le comble de mes souhaits. Plus d'une chose vient à l'appui de cela : la lettre qu'il m'a écrite est charmante ; j'ai déjà été dans son ménage militaire, il connaît mon dévouement ; il a peu d'aides de camp en ce moment ; je ferai bien tout ce que je pourrai, une fois que je serai arrivé, pour y parvenir ; cependant je tâcherai de mener ma barque de manière à ne pas me brouiller avec Murat et me trouver définitivement *entre deux selles*.....

« Je vous annoncerai aussitôt qu'il sera temps la décision de mon sort. En attendant, *motus*, je vous prie, sur cela.

« Adieu, ma chère maman ; écrivez-moi à Lyon, poste restante. Adieu, je vous embrasse tendrement.

« Votre respectueux fils,

« COLBERT. »

NOTE

SUR LA FIN DE L'EXPÉDITION D'ÉGYPTE.

Je crois devoir dire ici quelques mots sur les événements qui précédèrent et accompagnèrent l'évacuation de l'Égypte par les Français, en septembre 1801 ; ils serviront de complément à mon récit qui a dû s'arrêter à la rupture du traité d'El-Arish, et seront justifiés, je l'espère, par la production de documents qui auront peut-être quelque intérêt pour le lecteur.

On a vu dans ce volume comment Kléber, répondant à la violation du traité d'El-Arish par la victoire d'Héliopolis, avait reconquis l'Égypte déjà livrée aux Turcs, et s'y était rétabli d'une manière plus ferme que jamais. La sagesse, l'habileté de son administration semblaient consolider l'œuvre qu'il avait si héroïquement commencée, lorsque, le 14 juin 1800, le jour même où Desaix était frappé à mort sur le champ de bataille de Marengo, Kléber tombait au Caire sous le poignard d'un musulman fanatique.

Le général Menou fut appelé par son ancienneté de grade à lui succéder; le premier consul le confirma dans le commandement en chef. Un seul motif peut expliquer ce choix : Menou avait toujours été opposé à l'abandon de l'Égypte. Reynier, que ses talents et sa position désignaient pour remplir la première place, n'était pas favorable à l'occupation et avait approuvé la capitulation d'El-Arish. Bonaparte, enfin, montra toujours une singulière faiblesse pour Menou, et il lui pardonna tout, même la perte de l'Égypte.

Menou, maréchal de camp avant la Révolution, membre de l'Assemblée constituante, où il fut même l'auteur de quelques propositions importantes[1], ayant de l'instruction, causeur habile, faisait l'effet d'un homme à talents; au fond, ce n'était qu'un homme médiocre, vaniteux, nonchalant, bizarre, un *esprit fort* avec une tête faible. Il crut se montrer supérieur à tous les préjugés parce qu'en Égypte il se fit musulman; il ne se rendit que ridicule. Méticuleux, tracassier, plein de rancune pour ceux qui ne partageaient point ses opinions, envieux du mérite des autres, il s'aliéna bientôt les généraux les plus distingués et les caractères les plus honorables de l'armée.

Tel était l'état des choses, la situation des esprits, lorsqu'on apprit qu'une nombreuse flotte anglaise apparaissait sur les côtes de l'Égypte. La nouvelle en parvint au Caire le 4 mars 1801. Ici l'ineptie de Menou, son man-

---

[1] On lui dut l'augmentation de la paye du soldat, l'idée de la conscription avec faculté de remplacement, l'armement des gardes nationales, et la première levée de cent mille hommes.

que absolu de toute qualité militaire dépassent ce qu'on peut imaginer. Au lieu de faire comme Bonaparte, deux ans auparavant à Aboukir, de rassembler son monde et de courir à la côte, il reste immobile au Caire, et l'ennemi ne trouve le 8, pour s'opposer à son débarquement, que 2000 hommes commandés par le général Friant. Si Menou se fût trouvé là, à Alexandrie, le seul point de la côte où le débarquement était possible, avec quinze ou dix-huit mille hommes qu'il pouvait aisément rassembler, nul doute, même de l'avis des historiens anglais, que Sir Ralph Abercromby et son armée n'eussent été rejetés à la mer. Ce ne fut que le 19, après avoir laissé aux Anglais, malgré leur lenteur, tout le temps de s'établir, qu'il arriva avec onze à douze mille hommes pour se faire battre. Ce n'est pas tout, après cet échec, au lieu de concentrer ses forces et de s'établir à un point central, tel que Rahmaniéh ou le Caire, d'où il aurait marché soit sur les Anglais, soit sur les Turcs, à mesure qu'ils se seraient présentés, il dissémine ses troupes, laisse Belliard avec sept ou huit mille hommes au Caire, place Lagrange avec quatre mille à Rahmaniéh, et va lui-même avec neuf ou dix mille hommes s'enfermer dans Alexandrie.

Les Anglais, sous le commandement d'Hutchinson remplaçant Abercromby tué à la bataille de Canope, mirent deux mois à arriver du point de débarquement jusqu'à Rahmaniéh. Dès lors l'armée française était coupée en deux. Unis aux troupes du grand vizir, les Anglais arrivèrent au Caire où, après une honorable résistance, le général Belliard fut obligé de capituler le 27 juin, et six semaines après, Menou, qui avait juré de s'ensevelir sous les ruines d'Alexandrie, capitula lui-même (2 septembre 1801). La capitulation portait que toutes les troupes seraient ramenées en France aux frais de l'Angleterre.

Ce fut ainsi que 24,000 Français, les glorieux soldats d'Italie et d'Égypte, mirent bas les armes devant une armée qui jusque-là avait à peine tiré un coup de fusil. Les Anglais eux-mêmes ne revenaient pas de leur triomphe. Lorsqu'ils virent sur les drapeaux tombés, hélas! entre leurs mains, ces grands noms des victoires de l'armée d'Italie, ils ne pouvaient en croire leurs yeux et avaient peine à se reconnaître comme les vainqueurs de ces vétérans fameux [1].

Rien n'est plus triste, je le sais, mais aussi rien n'est plus instructif que d'examiner les faits d'un peu près. Les troupes qui capitulèrent au Caire étaient au nombre de 13,672; à Alexandrie, de 10,528; total : 24,200. En supposant que 4,000 environ aient été mis hors de combat avant la capitulation, les Français auraient donc eu à opposer à l'invasion des Anglais en Égypte 28,000 hommes, ayant près de 700 pièces de canon de tout calibre à leur disposition. Voici, au reste, ce que dit Napoléon lui-même :

« En mars 1801, les Anglais débarquèrent une armée de 18,000 hommes sans cavalerie et sans chevaux pour leur artillerie; elle devait être détruite. L'armée, vaincue après six mois de fausses manœuvres, comptait encore 24,000 hommes lorsqu'elle débarqua sur les côtes de

---

[1] *Alison's History of the french Revolution*, t. IV, p. 574 et suiv.— Voir aussi *De l'Égypte après la bataille d'Héliopolis*, par le général Reynier. Paris, 1802.

Provence. Quand Napoléon l'avait quittée, à la fin d'août 1799, elle était en tout de 28,000 hommes. Comme les Anglais et leurs alliés n'entrèrent pas simultanément en action, mais, au contraire, à un intervalle de plusieurs mois les uns des autres, les Français fussent restés vainqueurs s'ils eussent eu à leur tête un général capable qui sût habilement tirer parti de sa position centrale [1]. »

Comme le remarque Napoléon, les troupes anglaises n'arrivèrent que successivement. Abercromby débarqua d'abord avec 16,000 hommes; en avril, il reçut 3,000 hommes de plus. Les 5,919 venus de l'Inde, sous le commandement de Sir David Baird, n'arrivèrent à Cosseir que le 6 juillet et au Caire le 10, après la capitulation du général Belliard, et, quant à l'armée du grand vizir, elle ne montait qu'à 14,000 hommes, en très-mauvais état. Ce fut donc, à bien dire, une armée de 19,000 hommes, n'ayant presque jamais fait la guerre, commandée par des généraux médiocres, qui contraignit à capituler une armée française de 28,000 hommes maîtresse des points fortifiés du pays. Mais, hâtons-nous de l'ajouter, pour que les Anglais arrivassent à un pareil résultat, il avait fallu, je ne dirai pas l'incapacité de Menou (non, l'expression ne répondrait pas à la réalité des faits), mais cette vaniteuse présomption, cette sottise agissante, cent fois plus funeste qu'une nullité complète, qui, lui faisant rejeter tous les conseils, l'entraînant de faute en faute, le poussant jusqu'à l'outrage et à la violence envers des hommes tels que les généraux Reynier et Damas, le rendirent

[1] Montholon, t. I, p. 80, 81, et t. II, p. 216.

le principal instrument de la désorganisation et de la ruine de son armée.

Telles sont les véritables causes qui amenèrent le triomphe des armes britanniques et condamnèrent une des plus vaillantes armées qu'ait jamais eues la France à subir l'ignominie d'un désastre dont le récit seul nous remplit d'indignation et nous fait monter la rougeur au front.

Un fait que j'emprunte aux Souvenirs du général Édouard Colbert, pourra faire juger de l'état où était réduite cette malheureuse armée par la coupable folie de Menou :

« Depuis quelques jours le bruit courait que le général Menou avait l'intention de faire arrêter plusieurs généraux aimés et estimés de l'armée, et qui, tout en obéissant à ses ordres, n'avaient pas cru devoir toujours approuver sa conduite. Les généraux Reynier et Damas étaient surtout désignés dans les rumeurs publiques qui avaient de nombreux échos dans les murailles d'une ville assiégée. Enfin le 23 floréal[1], six semaines avant la capitulation d'Alexandrie et l'évacuation totale de l'Égypte par l'armée française, cette arrestation eut lieu. Un bataillon et deux pièces de canon furent envoyés à la chute du jour pour cerner la maison habitée par les généraux Reynier et Damas. Sur l'avis de l'arrivée de cette troupe et du motif qui la faisait marcher, la porte de la maison fut fermée, et quand le commandant de la place, M. Novel, qui commandait l'expédition, voulut entrer, il fut obligé de la faire enfoncer. Il pénétra ensuite avec ses soldats

---

[1] 13 mai 1801.

jusqu'à la pièce où étaient les deux généraux entourés de leurs aides de camp, parmi lesquels je me trouvais, et leur signifia brutalement l'ordre de rendre leurs épées et de le suivre. Le général Reynier lui ayant fait quelques observations, il ordonna à une douzaine de guides à pied qui étaient en bataille dans la chambre de croiser la baïonnette et il ajouta : « Bourrez-moi ces b....-là! » Au même instant, nous mîmes tous le sabre à la main pour nous défendre, et le général Reynier, armé d'un pistolet, mit en joue le commandant Novel en le menaçant de le tuer s'il faisait un pas. La situation était critique et la scène allait devenir sanglante quand le chef de bataillon Meunier, aujourd'hui (1) lieutenant général, qui commandait les guides à pied, accourut, lui aussi, le sabre à la main, fit porter les armes à ses soldats, les fit sortir malgré le commandant de la place et engagea poliment les généraux Reynier et Damas à se soumettre à l'ordre du général en chef dont l'exécution lui était confiée. A cette sommation convenable, chacun se soumit. Les deux généraux, accompagnés chacun d'un de leurs aides de camp, furent conduits immédiatement à bord d'un bâtiment qui le lendemain mit à la voile pour se rendre en France et fut pris à quelques lieues du port. Ainsi se termina cette scène bizarre qui aurait pu avoir les résultats les plus déplorables.

« Les officiers attachés aux généraux Reynier et Damas, qui n'eurent pas la permission de les accompagner, furent mis aux arrêts de rigueur et ne recouvrèrent leur liberté que quelques jours avant la capitulation d'Alexandrie. J'étais de ce nombre. »

(1) Écrit en 1840.

FIN DE L'EXPÉDITION D'ÉGYPTE.

Pour compléter les documents relatifs à cette fin si triste de notre expédition en Égypte, je donne ici un mémoire en forme de journal, rédigé par le général Alphonse Colbert, à cette époque commissaire des guerres. L'original de ce mémoire, déposé aux archives du ministère de la guerre, faisait partie des papiers du général Belliard auquel il aura sans doute été remis par mon oncle avec qui il était fort lié.

JOURNAL D'ALPHONSE COLBERT,

PRISONNIER A BORD DES ANGLAIS DEVANT ALEXANDRIE, DEPUIS LE 5 FÉVRIER 1801 JUSQU'AU 15 MAI SUIVANT.

« Renvoyé d'Égypte par ordre du général Menou, je suis parti le 15 pluviôse (an IX) d'Alexandrie.

« Le 16 (5 février 1801), à la hauteur du Marabout, j'ai été pris par la goëlette anglaise *la Malta*, et conduit le même jour à bord du *Minautor*, capitaine Louis. J'y ai appris l'expédition projetée contre l'Égypte et les grands préparatifs faits pour cette opération. J'ai été surpris de l'espoir que fondaient les Anglais sur l'ineptie du général Menou. Un officier me dit que jamais son gouvernement n'eût songé à exécuter cette entreprise si le général Kléber eût continué à commander l'armée française.

« A la visite de mes effets, le capitaine et ses officiers se sont comportés comme des forbans, ils se sont partagé avec ironie quelques objets précieux que je rapportais en France et ne m'ont laissé de tous mes effets que ce que j'avais sur le corps. Un sabre que j'avais reçu de Mourad-Bey ne me fut rendu longtemps après que sur un ordre précis de lord Keith.

« Le même jour, plusieurs bâtiments sortis avec moi d'Alexandrie furent pris par *le Northumberland*, capitaine Martin. La conduite honnête de cet officier envers ses prisonniers fut pour moi un contraste pénible de celle que l'on avait tenue à mon égard.

« Le 28, un aviso venant de France et portant le capitaine Roise, chargé de mission, a été pris par la frégate *la Florentine* et envoyé sur-le-champ à Marmorica (lieu de rassemblement de l'armée anglaise), escorté par le brick *le Port-Mahon*.

« Le 3 ventôse, la croisière a été rejointe par un brick et un cutter venant de la grande flotte ; ils nous ont annoncé son départ de Marmorica.

« Le 4, nous avons été joints par la frégate *la Pénélope*. Un coup de vent nous avait éloignés deux jours de la côte d'Égypte.

« Le 6, en reprenant la croisière, toute l'escadre a donné la chasse à la polacre *la Vertu* venant de France et ayant à bord le capitaine Parisis, chargé de mission. Ce bâtiment fut pris par la frégate *la Pénélope*, à portée du canon du fort Marabout.

« Le 7, un événement m'a donné l'espoir de faire connaître au général en chef des nouvelles positives sur l'expédition anglaise. Un canot de la corvette *la Pétorelle*, ayant à bord le maître-pilote du bâtiment, le major Makeries, commandant en chef le génie de l'armée anglaise, et ses deux adjoints, fut pris par la djerme armée en station à Aboukir. Un coup de vent avait éloigné la corvette : à la première sommation le canot refusa de se rendre et ne le fit qu'après avoir reçu un coup de mitraille qui tua le major et coupa le mât du canot. Le but de cet officier était de reconnaître et choisir le lieu le plus propre à la descente. On assure que l'on a trouvé sur lui plusieurs lettres relatives à l'expédition et qui auront pu être fort utiles au général Friant à Alexandrie.

« Le 10, au matin, le fort Phare a fait signal parlementaire : son motif était de demander les effets des officiers pris sur le canot de *la Pétorelle*.

« Le même jour, 10, étant entre la tour des Arabes et le Marabout, l'on signala la grande flotte anglaise à l'ouest. A quatre heures du soir elle nous a ralliés devant le Marabout. Cette flotte, composée de cent trente voiles, presque toutes vaisseaux ou frégates armées en flûtes, offrait le spectacle le plus majestueux. Le coup de vent du 7 a séparé de la flotte dix-huit chaloupes canonnières turques ; un transport chargé de chevaux a coulé bas ; l'équipage a été sauvé.

« Le 11, la flotte a mouillé à dix heures dans la baie d'Aboukir ; toutes les chaloupes étaient à la mer et les soldats sous les armes pour opérer de suite le débarquement ; un violent coup de vent de terre l'a empêché.

« A quatre heures du soir, un bâtiment grec s'est jeté sous les batteries du fort d'Aboukir. Des prisonniers français m'ont dit depuis que ce bâtiment avait été envoyé par les Anglais pour tromper le général Friant par de faux rapports, car le capitaine de ce bâtiment déclara au citoyen Vinache, commandant du fort, que l'armée d'expédition anglaise devait débarquer à Jaffa pour se réunir à l'armée turque, et que les troupes embarquées sur la flotte devant Aboukir n'étaient pas au nombre de quatre mille Européens.

« Dans la même journée du 11, la frégate *la Régénérée* et le brick *le Lodi* sont entrés dans Alexandrie.

« Le 12, le vent de nord-ouest continue; la mer est très-grosse. Dans la matinée, la frégate *le Romulus*, arrivant de Malte avec des troupes de débarquement, a donné la nouvelle de la coalition des puissances du Nord contre l'Angleterre et de l'arrivée d'une escadre française dans la Méditerrannée. L'amiral Ganteaume avait été obligé de relâcher à Carthagène pour réparer une avarie occasionnée par un coup de vent.

« Le 13 et le 14, les vents sont toujours forts et contraires. Tous les jours on invente des nouvelles pour animer le soldat. Dans la nuit, des chaloupes armées ont enlevé sous le fort d'Aboukir le bâtiment grec qui avait terminé son opération.

« Le 15, le vent est au sud-ouest, avec apparence de beau. Sir Sidney Smith a été faire une reconnaissance à terre; on en a beaucoup vanté le succès, je n'ai pu en avoir aucuns détails.

« Le 16, vent frais au nord-nord-ouest. J'ai été transporté à bord de la frégate *la Cérès*, où se trouvait l'état-major du 90e régiment. Les honnêtetés que j'ai reçues des officiers et du capitaine ne m'ont pas donné lieu de regretter le séjour du *Minautor*. Voici quelques renseignements sur l'armée et la flotte anglaise :

FLOTTE.

Lord Keith, amiral sur le...	*Foudroyant:* de..	80
Sir Sidney Smith...........	*Tigre*.........	80

Cochrane................	*Ajax*...........	80
S. Robert Bikerton......	*Swiftsure*.......	80
Louis, commodore.........	*Minautor*.......	74
Martin, id............	*Northumberland*.	74
....	*Kent*..........	74

« Les frégates étaient : *la Pique, la Flora, la Florentine, la Dorothée.* — Bricks ou bâtiments légers : *le Port-Mahon, la Minorque, le Caméléon, la Malta*, un cutter et six bombardes.

« Il faut ajouter un grand nombre de transports, vaisseaux et frégates armés en flûtes, et plus de quatre-vingts navires marchands, tous de quatre à cinq cents tonneaux.

« ARMÉE DE TERRE. — Sir RALPH ABERCROMBY, général en chef. — Le colonel ABERCROMBY, s. chef. — Les généraux CRADOK, lord CAVAN, COOTE, LUDLOW, HOPE, STEWART, HUTCHINSON [1], FINCK et OAKS.

« RÉGIMENTS COMPOSANT L'ARMÉE. — 2 bataillons des gardes; 1er, 2e, 3e, 8e, 13e, 18e, 27e, 28e, 30e, 42e, 44e, 49e, 50e, 54e, 56e, 79e, 89e, 90e, 92e de ligne ; les régiments suisses Dirolls et Dillon ; le régiment espagnol de Minorque, les chasseurs corses, les dragons du prince de Galles et les chevau-légers de Hompesch. L'artillerie et les mineurs sont compris dans les numéros de la ligne. En tout, 18 à 19,000 hommes.

« Le 17, à six heures du matin, le temps était beau, le signal du débarquement a été fait. Cette journée a décidé des destinées de l'armée française en Egypte, et j'étais bien loin de croire à ses résultats. Depuis le 10, des

---

[1] Le général Hutchinson a remplacé le général Abercromby. (*Note d'Alphonse Colbert.*)

vents contraires étaient nos auxiliaires ; le général Friant avait eu le temps de concentrer les troupes de Rosette et de Damiette ; le général en chef devait être prévenu et en marche pour Alexandrie : tout me faisait espérer une vigoureuse résistance, et les Anglais la craignaient.

« A neuf heures, un convoi de quatre cents chaloupes ou canots, soutenu par tous les bâtiments légers et canonnières de la flotte, débarqua environ 6,000 hommes. Les troupes françaises, cachées derrière les monticules de sable qui occupent la langue de terre entre le fort d'Aboukir et le lac Madié, attendirent que l'ennemi fût à portée de mitraille pour commencer un feu très-vif et meurtrier : triste spectateur de ce beau débarquement, je vis bientôt par la rapidité de la marche des troupes anglaises que nous avions peu de monde à leur opposer. Elles s'emparèrent des hauteurs et continuèrent sans obstacles leur débarquement. Le général Friant était venu d'Alexandrie avec deux bataillons de la 61e et deux de la 75e, et environ 200 chevaux des 18e et 20e de dragons. Ce corps réuni à la garnison d'Aboukir formait environ 1,500 hommes. Incertain du point du débarquement, le général occupait par de faibles postes depuis Aboukir jusqu'au lac Madié. L'entrée de ce lac était défendue par une redoute et une chaloupe canonnière. La garnison de Rosette, forte environ de 600 hommes et du 3e régiment de dragons, était placée sur la rive opposée du lac à l'effet de s'opposer à un débarquement sur ce point et de couvrir Rosette. Une ligne de défense aussi étendue se trouva faible sur tous les points, surtout lorsque l'ennemi, concentrant ses forces sur le seul point d'Aboukir, réduisit à l'inaction la garnison de Rosette.

« Cette journée fut également honorable pour les deux

armées par la bravoure des troupes et remarquable par les fautes des deux chefs.

« Lorsque l'ennemi s'approcha du rivage, notre artillerie tua et blessa beaucoup de monde, plusieurs chaloupes furent coulées, sans retarder cependant la marche des assaillants. Aussitôt qu'elle le put, l'infanterie anglaise se précipita dans l'eau et se dirigea sur la grande montagne de sable. Ce mouvement rapide mit du désordre dans la marche de plusieurs régiments. L'escadron du 20e de dragons, soutenu par deux pièces d'artillerie légère, fit une charge de flanc dans cette colonne en désordre et tua beaucoup de monde. Du sommet de la montagne deux autres pièces mitraillaient la colonne anglaise et lui faisaient éprouver de grandes pertes. Deux régiments dans cette confusion mirent bas les armes, mais les reprirent bientôt, n'ayant plus de Français devant eux.

« Jusqu'alors les Anglais n'avaient éprouvé la résistance que de deux compagnies de grenadiers qui ne quittèrent leur poste qu'après avoir fait une décharge à bout portant sur l'ennemi. Derrière la montagne, l'engagement devint plus général; un feu très-vif durant près d'une heure. Le général Friant, exposant Alexandrie par une plus longue résistance, fit sa retraite; l'ennemi, au lieu de le poursuivre, prit position pour faciliter l'entier débarquement de ses troupes et investir le fort d'Aboukir.

« Le soir de cette journée, la redoute et la canonnière qui défendaient l'entrée du lac Madié furent attaquées et enlevées.

« D'après les rapports, les Anglais ont perdu dans cette journée de 14 à 1500 hommes, parmi lesquels sont plusieurs officiers supérieurs et officiers; presque tous les officiers du 90ᵉ régiment dont l'état-major se trouvait sur *la Cérès* ont été tués ou blessés. Le 42ᵉ a perdu également beaucoup de monde. Les Anglais n'ont ramené qu'une douzaine de prisonniers français, tous blessés.

« Les 18, 19 et 20 ont été employés à débarquer les munitions et les vivres, et à faire les ouvrages pour attaquer le fort d'Aboukir. L'armée anglaise a pris position à la maison des signaux.

« Le 21, les armées sont en présence; les généraux Lanusse et Reynier sont arrivés à Alexandrie avec un renfort de 2,500 à 3,000 hommes.

« Le 22, les deux armées se sont battues avec le plus grand acharnement et sans résultats décisifs, depuis le matin jusqu'à cinq heures du soir. Les Anglais gardent le plus grand silence sur cette affaire qui paraît avoir été très-sanglante.

« Le 23, les batteries anglaises ont commencé à battre le fort d'Aboukir, la canonnade a été vive de part et d'autre; plusieurs bombardes se sont également approchées du fort et l'ont bombardé.

« Le 24 et le 25, l'attaque et la défense du fort sont également vives.

« Le 26, j'ai été transféré à bord du vaisseau marchand *le Peggy's success* parlementaire.

« Le 27, cinq bâtiments de guerre turcs sont entrés dans la rade. Le feu du fort continue; la tour, point principal, ne tire plus.

« Le 28, à neuf heures du matin, le fort d'Aboukir a arboré le pavillon parlementaire, et à midi le pavillon anglais. Le chef de bataillon du génie Vinache commandait le fort; sa capitulation portait que lui et sa garnison sortiraient avec armes et bagages et seraient renvoyés en France.

« Le 29, les Turcs ont débarqué quatre ou cinq cents hommes. On dit le général Menou arrivé à Alexandrie avec toutes les troupes qu'il a pu réunir. Dans la journée le fort d'Aboukir a joint le pavillon turc au pavillon anglais. L'on s'attend à une affaire décisive entre les deux armées.

« Le 30 (ventôse an IX), il y a eu une bataille très-meurtrière. Les deux armées ont fait de grands efforts et des pertes considérables. Cette affaire devait être décisive; mais les Anglais, prévenus par les déserteurs, n'ont pas été surpris.

« Le général en chef Abercromby a été blessé à mort; les généraux Moore et Sidney Smith ont été également blessés.

« Depuis que je suis à bord d'un parlementaire, je n'ai plus de détails sur ce qui se passe à terre; l'on fait courir le bruit que le général Lanusse a été tué.

« Le 5 germinal, le capitaine Pacha a rejoint la flotte anglaise avec trente voiles.

« Le 6, il y a eu une vive canonnade à la Maison-Carrée. Le même jour, le citoyen Clément, officier supérieur de la garde des consuls, a été pris venant en mission.

« Au coucher du soleil, ordre à tous les bâtiments de guerre d'être prêts pour mettre à la voile.

« Le 7, tous les vaisseaux de guerre anglais ont quitté la baie d'Aboukir pour aller devant Alexandrie.

« Le 9, on entend une vive canonnade du côté d'Alexandrie.

« Le 10, à midi, trois bâtiments : *le Peggy's success*,

l'Apolly et *le Junk*, expédiés en cartels et pleins de prisonniers français, ont mis à la voile pour Malte, sous l'escorte de la frégate *la Ressource*.

« Le 7 floréal, nous sommes arrivés à Malte après avoir été contrariés par de mauvais temps.

« Le 9, on a rendu les honneurs funèbres aux mânes du général Abercromby.

« Le 10, nous avons remis à la voile pour Marseille.

« Du 13 au 16, mouillé dans la baie de Tunis.

« Du 23 au 25, devant les îles d'Hyères.

« Le 26, à La Pomègue.

SITUATION ADMINISTRATIVE ET MILITAIRE DE L'ÉGYPTE

A L'ÉPOQUE DE MON DÉPART.

« Lorsque le général Kléber fut assassiné, le général Menou prit par ancienneté le commandement de l'armée. Il était dû à la troupe quelques mois de solde et quelques sommes aux administrateurs, mais il existait dans la caisse de l'armée de quoi payer la dette.

« L'habillement du soldat était complet et dans le meilleur état.

« Les hôpitaux, qui avaient été désorganisés pour l'évacuation lors du traité d'El-Arish, étaient déjà sur le meilleur pied et renfermaient peu de malades. Les subsistances étaient assurées, les places fortes approvisionnées, la nourriture du soldat belle et saine.

« Les casernes bien réparées et pourvues de tous les accessoires utiles.

« Les transports de l'armée, jusqu'alors incertains, allaient être assurés par l'établissement d'un parc de réserve de 500 chameaux ; le général Menou en avait reconnu l'utilité et de nouveau ordonné l'exécution.

« Les travaux du génie étaient recommencés, les fortifications d'Alexandrie sur le point d'être augmentées par de nouveaux ouvrages.

« Tous les ateliers avaient repris leur activité, et les fabriques d'objets de première nécessité commençaient à prospérer.

« Telle était la situation administrative de l'armée à l'époque du débarquement des Anglais.

« La situation politique n'était pas moins rassurante sous beaucoup de rapports. Depuis le moment où le vizir fut battu et jeté dans le désert, le reste de son armée, relégué en Syrie, était dans l'impossibilité d'agir. La peste, la disette et la désertion la paralysaient entièrement. Depuis la reprise du Caire, l'Égypte était tranquille et soumise.

« La peste, qui dans l'an VII s'était déclarée d'une manière effrayante, faisait peu de ravages cette année.

« Mourad-Bey était devenu notre allié par des raisons d'estime et de nécessité ; il lui était difficile de continuer la guerre. Cette paix nous permettait de concentrer nos troupes et nous délivrait d'un ennemi brave et dangereux par l'influence qu'il avait dans le pays.

« Jusqu'à la mort du général Kléber, l'armée avait vécu dans la plus parfaite harmonie ; le général Menou, appelé au commandement par ancienneté, eut l'air d'adopter le système de son prédécesseur, mais, lorsque sa confirmation arriva de France, n'ayant plus d'entraves, il voulut se venger de ceux dont il croyait avoir à se plaindre. Il s'entoura de gens obscurs et en fit des sicaires et des dénonciateurs. Bientôt l'armée fut divisée.

« C'est à cette époque que les Anglais effectuèrent leur débarquement. »

FIN DU DEUXIÈME VOLUME.

TABLE DES MATIÈRES.

CHAPITRE HUITIÈME.

L'Égypte. — Le Nil. — Inondations. — Le lac Mœris et le canal de Joseph. — Que la fertilité de l'Égypte dépend de son gouvernement. — Le Désert. — Le chameau. — Déserts qui dépendent de l'Égypte. — L'Arabe Bédouin. — Les Coptes. — Population de l'Égypte sous les Ptolémées, sous les Califes, en 1798. — Arabes et Turcs. — Les Mameluks. — Leur pouvoir. — Origine, recrutement, organisation de cette milice. — Sélim partage l'Égypte en vingt-quatre beyliks. — Ali. — Mourad. — Ibrahim. — Mœurs, éducation des Mameluks. — Leurs costumes, leurs armes, leurs exercices. — Les Mameluks et la cavalerie française. — Productions de l'Égypte. — Son admirable situation commerciale. — Les caravanes. — L'Orient et l'Occident se retrouvent en présence. — Comment Mourad reçut la nouvelle de l'arrivée des Français en Égypte.. 1

CHAPITRE NEUVIÈME.

L'armée se dirige sur le Caire par Damanhour. — Dugua va s'emparer de Rosette. — La flottille du chef de division Perrée. — Desaix à l'avant-garde ; ses inquiétudes. — Marches pénibles, souffrances. — Larrey. — Le mirage. — Départ de Bonaparte d'Alexandrie. — Contraste entre la démoralisation de l'armée et l'enthousiasme des savants. — Ce n'est que la mort! — Damanhour. — Le général Muireur et plusieurs officiers massacrés par les Arabes. — Première rencontre avec les Mameluks. — Joie de l'armée à la vue du Nil. — Rahmaniéh. — Vif engagement entre la flottille française et la flottille turque. — Combat de Chébreïs. — L'eau du Nil n'est pas du Champagne. — Sainte Pastèque. — Calme de Bonaparte. — On aperçoit les Pyramides. — Terreur dans la ville du Caire. — Un chroniqueur arabe. — Mourad et les négociants français du Caire. — Rossetti. — Zetti-Zuleïka. — Mourad s'apprête à combattre. — Relation d'Abdul-Rhaman. — Ibrahim essaye de traiter. — Bataille des Pyramides. — Incendie de la flottille turque. — Le courage aveugle et la tactique. — La treille de Mourad. — Le champ de foire. — La pêche aux Mameluks. — Consternation et désordre au Caire. — Le kiaya turc au quartier général de Gizéh. — Entrée du colonel Dupuy au Caire. — Proclamation aux habitants. — Conférence de Bonaparte avec les ulémas, les scheiks, etc. — Son installation place de l'Esbekiéh. — Il organise l'administration. — Mécontentement dans l'armée, parmi les généraux. — Dîner chez le général Dugua. — Mourad dans la Haute-Égypte. —

TABLE DES MATIÈRES. 361

Ibrahim à Belbeïs. — El Kankah. — La caravane de la Mecque. — Combat de Salahiéh. — Auguste Colbert est nommé chef d'escadron sur le champ de bataille.................. 3t

CHAPITRE DIXIÈME.

Nouvelles du désastre d'Aboukir. — Leur effet sur Bonaparte. — Ses lettres à la veuve de l'amiral Brueys et à l'amiral Thévenard. — Proclamation à l'armée. — Desaix est chargé de soumettre la Haute-Égypte. — Les Divans. — Bonaparte dans la grande Mosquée de Gama-El-Azhar. — Cérémonie de la rupture de la digue du Nil. — Projets de Bonaparte sur l'Égypte. — Création d'un institut. — Questions que lui propose Bonaparte. — Desgenettes. — Les ânes et les savants au centre! — Visite aux Pyramides. — Berthier et son idole. — Desaix chasse Mourad de la Haute-Égypte. — Murat et Lanusse envoyés contre les Arabes de Darné. — Dangers de l'inaction pour une armée française. — Détails militaires. — L'Égypte durant l'inondation. — Les Français au Caire. — Police de l'agha des janissaires. — Irritation des musulmans; leurs griefs. — La *guerre sainte* est proclamée. — Soulèvement du Caire. — Mort de Dupuy, de Sulkowski. — Les insurgés à la mosquée de Gama-El-Azhar. — Répression du soulèvement. — Paroles de Bonaparte aux scheiks et imans de la mosquée. — Le scheik Sadah. — Bonaparte et les émeutes populaires. — Lettre d'Auguste Colbert, adressée du Caire. — Bonaparte visite Suez, la mer Rouge, les fontaines de Moïse. — Il échappe au sort de Pharaon. — La jambe de bois de Caffarelli. — Vestiges de l'ancien canal de Suez à la Méditerranée. — Le régiment des dromadaires. — Nouvelles des mouvements d'Ibrahim-Bey et de Djezzar-Pacha. — Rentrée au Caire... 101

CHAPITRE ONZIÈME.

Illusion de Bonaparte et de M. de Talleyrand à l'égard de la Porte. — Deux armées turques se rassemblent, l'une à Rhodes, l'autre en Asie Mineure. — Expédition de Syrie; motifs que lui assigne Bonaparte. — L'Inde, Constantinople, projets gigantesques. — Composition de l'armée de Syrie. — Désert de soixante lieues à franchir, précautions et préparatifs. — Berthier ne peut se résoudre à quitter Bonaparte. — Départ du Caire. — Le général en chef à El-Arish. — Arrivée de l'armée d'Abdallah. — Situation de Reynier et de Kléber. — Belle opération exécutée par Reynier. — Capitulation d'El-Arish. — La division Kléber s'égare dans le désert. — Bonaparte, errant lui-même, rencontre le camp d'Abdallah. — Il retrouve enfin la division Kléber; joie des troupes. — Les puits de Zawi. — Khan-Iounès. — La Syrie; les nuages et la pluie. — Souvenirs de la Bible. — On rencontre l'ennemi près de Gazah. — Fuite de l'armée d'Abdallah. — Ascalon, Esdoud, Ramléh. — Souvenirs des croisades. — Bonaparte refuse d'aller à Jérusalem. — Jaffa et ses environs. — Prise et sac de la ville. — Apparition de la peste. — Prisonniers passés par les armes. — Discussion de cet acte. — Réflexions sur la prise de

TABLE DES MATIÈRES.

Jaffa. — Qualités du soldat français. — Départ de Jaffa. — Meski. — Le général Damas. — Affaire de Kâkoun. — Lannes et les Naplousains. — La plaine d'Esdrelon. — Le mont Carmel. — Occupation de Haïfa. — Eugène Beauharnais et Sidney Smith. — L'armée s'établit en vue de Saint-Jean d'Acre. 165

CHAPITRE DOUZIÈME.

Aspect de Saint-Jean d'Acre du côté de la terre. — Sidney Smith. — Phélippeaux. — Proclamation de Bonaparte aux habitants. — Abbas-El-Daher vient faire sa soumission. — Les Druses, les Moutoualis, les Chrétiens de Syrie. — Situation morale de l'armée; ardeur des soldats. — Le chef de brigade du génie Samson reconnaît la place. — Plan d'attaque. — Singulier mode d'approvisionnement de l'artillerie. — Dispositions prises pour couvrir l'armée de siége. — Junot est envoyé à Nazareth, Vial à Sour, Murat à Safed. — Tentative d'escalade. — Mort des deux frères Mailly. — Auguste Colbert part avec son général. — Le printemps en Syrie. — Ramah. — Les femmes syriennes. — Une forteresse du moyen âge. — Fuite de la garnison turque. — Auguste Colbert envoyé à sa poursuite. — Le commandant turc prisonnier; sa fille, ses bijoux. — Un nouveau Scipion. — Les mystères du château de Safed. — Murat va reconnaître le pont d'Yacoub. — Judith et Holopherne. — Retour au camp devant Acre. — Le fils du pacha de Damas franchit le Jourdain. — Les Naplousains dans la plaine d'Esdrelon. — Junot; combat de Nazareth. — Kléber marche au secours de Junot. — Murat envoyé de nouveau au pont d'Yacoub. — Bonaparte part avec la division Bon. — Murat repousse les Damasquins. — Un camp oriental. — Murat marche sur Tabariéh. — Le lac de Tibériade. — Auguste Colbert au pont de Magamah. — Bataille du Mont-Thabor : situation critique de Kléber ; arrivée de Bonaparte ; défaite de l'armée turque. — *Te Deum* à Nazareth. — Mort de Caffarelli. — Assauts donnés à Saint-Jean d'Acre. — Les généraux Rambaud et Bon, l'adjudant général Fouler, tués. — Sorties de la garnison. — Auguste Colbert est blessé ; Alphonse Colbert est pris par les Anglais. — Auguste Colbert arrive à Damiette. 213

CHAPITRE TREIZIÈME.

Levée du siége de Saint-Jean d'Acre. — Soins de Bonaparte pour les malades et les blessés. — Héroïque dévouement de Desgenettes. — Les pestiférés de Jaffa. — Retour de l'armée à Salahiéh. — La division Kléber se rend à Damiette. — Rentrée triomphale de l'armée de Syrie au Caire. — Sésostris et Bonaparte. — Auguste Colbert malade à Damiette. — Bonaparte lui écrit en lui envoyant une paire de pistolets. — Son retour au Caire ; rechute. — Départ de Bonaparte ; ses adieux, sa proclamation à l'armée. — Il désigne Kléber pour lui succéder. — Impression produite par son départ. — Auguste Colbert aide de camp de Kléber. — Le nouveau général en chef. — Lettre de Kléber au Directoire. — Il entre en pourparlers avec Sidney Smith. — Desaix et Poussielgue chargés de traiter avec le grand vizir. — Convention d'El-Arish. — Lettre de lord Keith au général Kléber. — Le réveil du lion. — Auguste Col-

TABLE DES MATIÈRES. 365

bert s'embarque avec les généraux Desaix et Davout. — Nouvelles de France. — L'*Étoile* et la *Santa-Maria delle Grazie*. — Adieux à l'Égypte. — Une odyssée. — Relâche à Coron. — Sciacca. — Les côtes de France. — Les deux vaisseaux sont pris par les Anglais. — Livourne; conduite de l'amiral Keith envers Desaix et ses compagnons. — Rencontre de deux bâtiments barbaresques. — Encore un navire anglais. — Arrivée à Toulon. — Joie du retour; ennuis de la quarantaine. — Lettre du premier consul à Auguste Colbert... 279

APPENDICE.

Correspondance. Lettres d'Auguste Colbert à sa mère...... 321
Note sur la fin de l'expédition d'Égypte.................. 338
Journal d'Alphonse Colbert, prisonnier à bord des Anglais devant Alexandrie, depuis le 5 février 1801 jusqu'au 15 mai suivant. 346

CARTES ET PLANS.

Moyenne et basse Égypte............................... 1
Combat de Chébreïs.................................... 56
Bataille des Pyramides................................. 72
Marche de l'armée française en Syrie.................... 165
Saint-Jean d'Acre. — Safed. — Bataille du Mont-Thabor. 213

FIN DE LA TABLE DES MATIÈRES.

ERRATA.

Page 31, ligne 20 du sommaire :

Au lieu de « *Dupuis*, » lisez : « *Dupuy*. »

Page 170, ligne 6 :

Au lieu de « *soixante-dix lieues*, » lisez : « *soixante lieues*. »

Paris. — Imprimerie de Ad. Lainé et J. Havard, rue des Saints-Pères, 19.

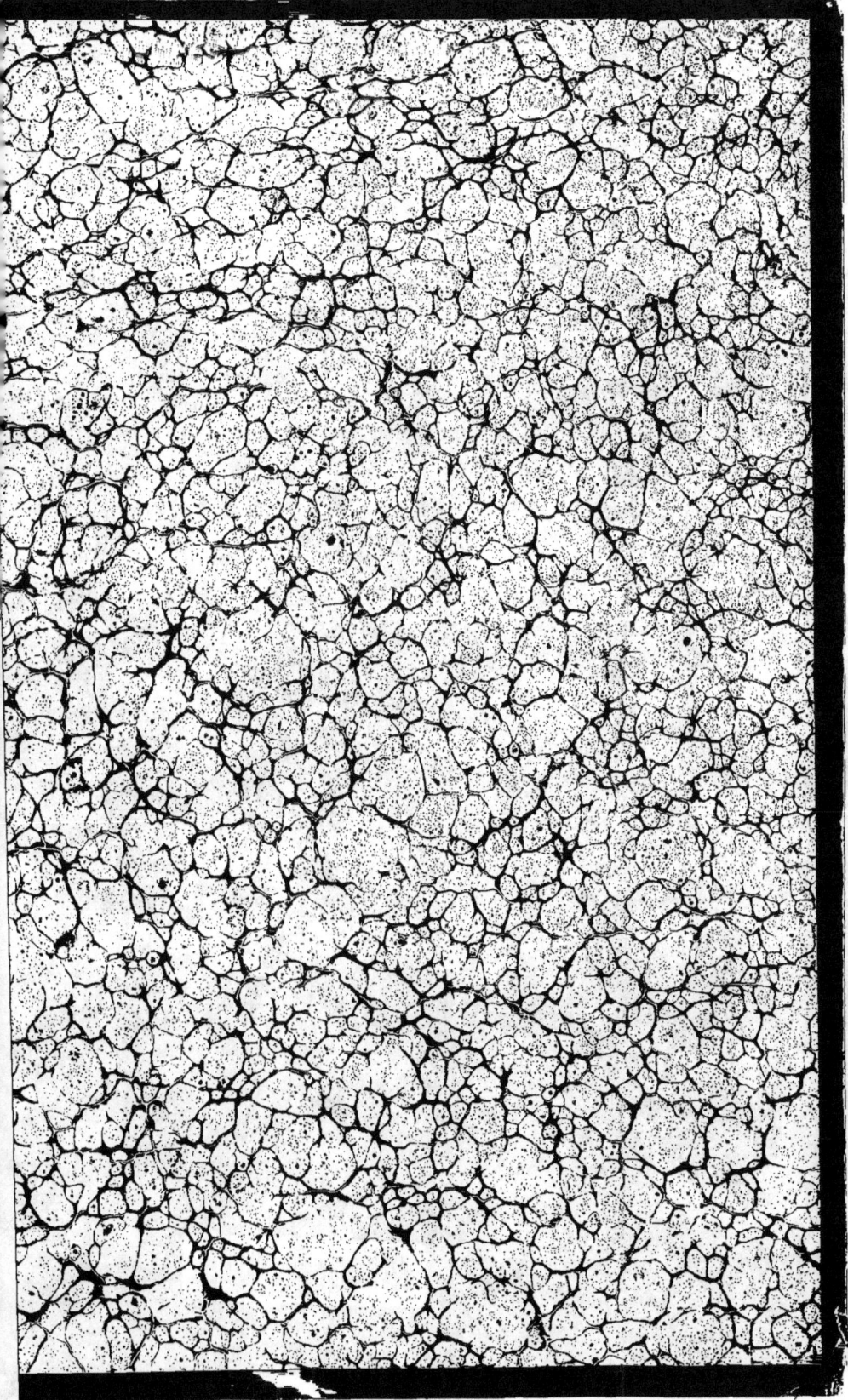

www.ingramcontent.com/pod-product-compliance
Lightning Source LLC
Chambersburg PA
CBHW050424170426
43201CB00008B/528